凤凰文库
PHOENIX LIBRARY

凤凰出版传媒集团
PHOENIX PUBLISHING & MEDIA GROUP

凤凰文库·智库系列

项目总监　徐　海

项目执行　卞清波

江苏省社会科学后期资助项目《智库管理——成熟组织的实务指南》(14HQ026) 结项成果

经营智库

成熟组织的实务指南

[美] 雷蒙德·J. 斯特鲁伊克　著
李刚　等译　陆扬　校

江苏人民出版社

图书在版编目(CIP)数据

经营智库:成熟组织的实务指南/(美)斯特鲁伊克(Struyk,R.J.)著;李刚等译. --南京:江苏人民出版社,2015.10

(凤凰文库·智库系列)

书名原文:Managing Think Tanks:Practical Guidance for Maturing Organizations

ISBN 978-7-214-16623-4

Ⅰ.①经… Ⅱ.①斯… ②李… Ⅲ.①咨询机构—经营管理 Ⅳ.①C932.82

中国版本图书馆 CIP 数据核字(2015)第 229503 号

书　　名	经营智库
著　　者	[美]雷蒙德·J.斯特鲁伊克
译　　者	李　刚　等
校　　者	陆　扬
责任编辑	卞清波
装帧设计	刘葶葶
出版发行	凤凰出版传媒股份有限公司 江苏人民出版社
出版社地址	南京市湖南路1号A楼,邮编:210009
出版社网址	http://www.jspph.com http://jsrmcbs.tmall.com
经　　销	凤凰出版传媒股份有限公司
照　　排	江苏凤凰制版有限公司
印　　刷	江苏凤凰通达印刷有限公司
开　　本	718毫米×1000毫米　1/16
印　　张	21.5　插页4
字　　数	300千字
版　　次	2015年10月第1版　2015年10月第1次印刷
标准书号	ISBN 978-7-214-16623-4
定　　价	45.00元

出版说明

要支撑起一个强大的现代化国家，除了经济、政治、社会、制度等力量之外，还需要先进的、强有力的文化力量。凤凰文库的出版宗旨是：忠实记载当代国内外尤其是中国改革开放以来的学术、思想和理论成果，促进中外文化的交流，为推动我国先进文化建设和中国特色社会主义建设，提供丰富的实践总结、珍贵的价值理念、有益的学术参考和创新的思想理论资源。

凤凰文库将致力于人类文化的高端和前沿，放眼世界，具有全球胸怀和国际视野。经济全球化的背后是不同文化的冲撞与交融，是不同思想的激荡与扬弃，是不同文明的竞争和共存。从历史进化的角度来看，交融、扬弃、共存是大趋势，一个民族、一个国家总是在坚持自我特质的同时，向其他民族、其他国家吸取异质文化的养分，从而与时俱进，发展壮大。文库将积极采撷当今世界优秀文化成果，成为中外文化交流的桥梁。

凤凰文库将致力于中国特色社会主义和现代化的建设，面向全国，具有时代精神和中国气派。中国工业化、城市化、市场化、国际化的背后是国民素质的现代化，是现代文明的培育，是先进文化的发展。在建设中国特色社会主义的伟大进程中，中华民族必将展示新的实践，产生新的经验，形成新的学术、思想和理论成果。文库将展现中国现代化的新实践和新总结,成为中国学术界、思想界和理论界创新平台。

凤凰文库的基本特征是:围绕建设中国特色社会主义,实现社会主义现代化这个中心,立足传播新知识,介绍新思潮,树立新观念,建设新学科,着力出版当代国内外社会科学、人文学科的最新成果,同时也注重推出以新的形式、新的观念呈现我国传统思想文化和历史的优秀作品,从而把引进吸收和自主创新结合起来,并促进传统优秀文化的现代转型。

凤凰文库努力实现知识学术传播和思想理论创新的融合,以若干主题系列的形式呈现,并且是一个开放式的结构。它将围绕马克思主义研究及其中国化、政治学、哲学、宗教、人文与社会、海外中国研究、当代思想前沿、教育理论、艺术理论等领域设计规划主题系列,并不断在内容上加以充实;同时,文库还将围绕社会科学、人文学科、科学文化领域的新问题、新动向,分批设计规划出新的主题系列,增强文库思想的活力和学术的丰富性。

从中国由农业文明向工业文明转型、由传统社会走向现代社会这样一个大视角出发,从中国现代化在世界现代化浪潮中的独特性出发,中国已经并将更加鲜明地表现自己特有的实践、经验和路径,形成独特的学术和创新的思想、理论,这是我们出版凤凰文库的信心之所在。因此,我们相信,在全国学术界、思想界、理论界的支持和参与下,在广大读者的帮助和关心下,凤凰文库一定会成为深为社会各界欢迎的大型丛书,在中国经济建设、政治建设、文化建设、社会建设中,实现凤凰出版人的历史责任和使命。

译者序

自 2015 年 1 月 20 日中共中央办公厅、国务院办公厅印发《加强中国特色新型智库建设的意见》以来，中国哲学社会科学界进入了“智库时代”，新型智库建设成为许多研讨会的议题。但是，目前许多讨论还集中于宏观的智库理论与外部治理问题，对于智库的内部治理问题，比如组织架构、运营制度、业务流程、绩效考核、人事管理、成本控制等，鲜有深入的研究。鉴于此，我们组织力量翻译了美国著名智库管理专家和住房政策专家斯特鲁伊克博士的《经营智库——成熟组织的实务指南》。全书共有 12 章，全面介绍了员工培训、质量控制、成果沟通、组织架构、工作计划、赢得政府合同、财务管理、团队组建模式等智库管理问题。尤其可贵的是《经营智库》在讨论这些问题时都是基于案例，实实在在地告诉智库领导者如何管理经营智库。8 个附录涵盖了智库管理中常用的各种表单，这对我国新型智库的内部管理制度设计非常有帮助。正因为实用，该书在西方出版后很快成为智库界的“管理指南”。本书是根据第 2 版翻译的。

我们认为，新型智库建设的理论问题可以在多学科视野中继续探讨，而当务之急是要为智库实务界提供切实的管理知识，这也是我们翻译这本书的初衷。书中介绍的虽然是西方和东欧国家智库管理的经验，但是，只要是新型智库，全世界在智库管理上应该具有一些共同的规律、认知和模式。因此，这本书对当下中国新型智库建设肯定有相当大的参考价值。

本书初稿由南京大学中国智库研究与评价中心的团队集体翻译，然后由我根据原文逐字逐句校读定稿。凤凰出版社陆扬女士校阅了书稿的主要章节，提出了许多宝贵意见。各章和附录的翻译者如下：

李　刚	第1章
陈媛媛	第4、10章,附录H
庆海涛	第2章
马密坤	前言,第11、12章,附录A(3—4)
薛　蕾	第6章,附录A(1—2)
黄松菲	第8章,附录D、E
孔　放	第3、7章,附录B、C
黄丽雯	第5、9章,附录F、G

马密坤承担了后期繁琐的书稿编辑工作。薛蕾负责与斯特鲁伊克博士的联络工作。附表1、2由黄丽雯编制。原书中的机构和人名除了约定俗成的译法之外,我们均严格依据商务印书馆出版的《英语姓名译名手册》翻译成中文。

整个翻译过程历时一年,我们抱着把本书做成精品的愿望,精益求精,力求至善。但是,古人云,校书如扫落叶,随扫随生。翻译也是如此,每一轮修改都能发现瑕疵。希望读者多提宝贵意见,以便新版修改。全书由我组织翻译定稿,故错漏责任由本人承担。

本书翻译得到了许多人的帮助。斯特鲁伊克博士不厌其烦地回复了我们很多邮件,答复我们拿捏不准的疑问。江苏省哲学社会科学规划办公室的尚庆飞主任、汪桥红副主任、许佃兵副主任也对此项工作给予了大力支持。在此一并致谢。

李　刚

2015年9月19日　凌晨　于南大和园寓所

目 录

contents

城市研究所

城市研究所于1968年成立于华盛顿，是一个非营利的、无党派的政策研究与教育机构。其宗旨在于调查和研究国家面临的社会、经济、管理方面的问题，并对解决这些难题的官方和非官方的方法进行评估。该研究所通过出版物、网站、大众媒体、研讨会和论坛宣传其研究成果。

为了引导符合公众利益的决策制定，研究员们通过广泛的概念性研究、行政管理和技术辅助等一系列工作贡献了大量知识。

研究所出版物中表达的结论和观点均属于作者们自己的观点，而不代表政府官员、研究所董事会、顾问团，或者任何对研究所提供资金支持的机构或组织的观点。

地方政府和公共服务改革倡议

“地方政府与公共服务改革倡议”(LGI)本来是布达佩斯开放社会研究所(OSI)开创的一个地区性项目，后来发展成为一个致力于为中欧和东欧(CEE)国家以及新独立国家(NIS)实施良好政府治理提供帮助，并能为地方政府提供资金支持的国际化组织。LGI 力图通过以下方式完成自身使命：发起研究活动，支持在权力下放、公共政策制定和公共管理改革领域内相关活动的开发和运行。

现在，多个项目正在捷克共和国到蒙古国之间的广阔区域如火如荼地进行着，伴随着这些项目的开展，LGI 也努力尝试着通过多种类型的活动来实现其目标。LGI 支持机构间的区域网络，并支持那些从事政策分析、政策改革培训、政策宣传的专业人才。LGI 也会参与政策研究活动，并传播那些有助于解决当地政府面临问题的研究成果。同时，LGI 还能够提供技术辅助并为索罗斯基金会提供专业指导。此外，LGI 不仅可以为其影响区域内的政策研究中心和智库提供支持，而且还出版图书、研究成果和讨论文稿，内容涉及在公共政策制定领域的权力下放以及在此转变过程中获取的经验。这些出版物都被用来开发培训课程以及组织培训项目。

第二版前言

不管在贫穷国家还是在高度工业化的国家，公共政策研究机构的发展都是一个循序渐进的过程。如果研究机构的发展动力不能持久，这种进步往往会很快逆转为倒退。世界各地的政府都亟需更好的建议来解决政策方案的选择和实施策略这一问题。2002 年 LGI 和城市研究所共同推出了《经营智库》一书的第一版，自此之后，智库继续扮演着为政府提供政策分析和建议这一角色。智库提供的大多数建议都具有很高的技术含量，这需要复杂的数据库做支撑，还需要具备很强的分析能力以及理解和运用经济和制度理论的能力。智库认为，他们的建议对包括政府在内的广大利益相关者来说，必须既是专业可靠的又是易于推销的。欧洲和美国各级政府在公共政策制定和实施方面失败的案例日益增多，这些经验表明政府需要更多切实可行的政策建议和见解，这样才会有助于它们真正地去倾听和接受正确的建议。

政策研究型智库自身并不能进行社会治理，它们只能提供政策建议。为了向政府提供更好的、更易被采纳的建议，智库也需要切实可行的建议来提高自身的能力。在本书第二版中，作者再次就智库管理、发展和运营为大家提供了一个实用手册指南。他划分了智库发展的三个阶段。处于第一发展阶段时，智库的全职研究员通常少于 10 个，只拥有低水平的研究活动和少数的资助方。发展到第二阶段时，智库的员工数量会增加，也会有更多的资助方和客户，并将致力于更加专业化的研究和教育活动。第三阶段是智库发展的最高阶段。在经济合作与发展组织（OECD）国家，有一大批处于第三阶段的智库，比如布鲁金斯学会（美）和经济研究所（德）。

本书将用户锁定于那些就职于第一、第二发展阶段智库的员工，以及这些智库的资助方，比如双边和多边资助方。从本书中可以学到的实用技能包括如何激励员工使之高效多产、控制研究成果质量、在竞争中赢得政府合同、确定能使审计员满意的间接成本分摊率、沟通研究成果以及生成对高级管理层有用的信息。尽管本书第一版问世已有四年之久，但关于智库管理的实用性著作还是很少见。对于独联体/中东欧地区的智库来说，虽然它们的功能和非政府组织、咨询公司、基金会的某些功能是重叠的，但二者却有着截然不同的使命、员工结构和客户源。智库需要属于它们自己的实用的管理上的指导，本书将继续填补这一空白。

《经营智库》一书的第一版已全部售罄，而且后续订单一直在源源不断地增长。面对这一市场需求，LGI 感到十分欣慰。在此背景下，LGI 和城市研究所再次携手，共同推出了《经营智库》一书的第二版(增订本)。

乔治·M.格斯

研究主管，LGI(2004—)

第一版前言

中东欧国家经过十年的发展转变，公共部门改革面临的形势变得更加错综复杂。决策制定者必须能够把握住国内立法、组织、管理方面的变革和合理的、有效的变革需求之间的平衡。在公共政策制定过程中需要有一个专业的可选方案作参考，这一政策过程不仅要考虑到那些总是会涉及到的众多参与方，还要考虑其对制度和财政方面的影响，这些影响对政策的成功制定是至关重要的。

为了满足这一突出需求，顾问和咨询机构必须改善它们的专业服务。国内的智库和政策研究机构经常需要参与政策制定。一般来说，随着这些智库规模和活动范围的扩大，它们的组织和管理也会受到自身发展的影响，这种影响对智库究竟是有害的还是有益的？问题的答案仍然存疑。除了刚才提及的专业化发展，智库管理体制和领导班子方面的问题对其成功发展和升级也是至关重要的。

对于一个运行良好的智库来说，维持其日常经营的管理职责包括员工激励、质量控制、与委员会的合作、对外沟通等。本书对上述职责和其他内部管理任务进行了综合论述，这些内部任务包括培养团队领导者、计算间接成本和开创新的咨询项目。本书通过大量实例向中东欧国家的读者证明了书中观点的可信度。

政策研究机构和智库一直都是开放社会研究所（OSI）“地方政府和公共服务改革倡议”（LGI）关注的焦点。LGI 不仅为专业网络提供资金和制度保障，为政策制定者提供建议和培训，而且最近还新设立了一个关于开发政策研究机构的重大项目。LGI 提出公共政策倡议目标是影响那些开展专业咨询活动的高效率的机构。LGI 为政策研究中心设立了专门的项目,参与其中的研究中心会接受 LGI 提供的针对组织发展的培训,学习如何向欧盟撰写提案,而且已经启动了与 LGI 共同合作的政策研究项目。这些公共政策研究中心还通过一对一指导计划从同行获得了大量的宝贵经验,这一计划沟通了它们与西欧相应智库之间的联系。LGI 最新出版了指导手册——《书写有效的政策文稿》,目标就是提高它们工作的专业质量。

这本关于如何经营智库的出版物高度契合了管理与政策相互交叉的这一主题。雷蒙德·J. 斯特鲁伊克是研究中欧和东欧政策发展方面的前沿专家,他利用自己在该领域中累积的经验为政策研究机构提供了切实可行的建议。这本书是 LGI 与城市研究所合作推出的作品,我们希望它能推进双方将来在其他研究和发展项目的合作。

加博尔·皮泰里

研究主任,LGI(2000—2004)

序　言

我写这本书的最初灵感来自我和城市经济研究所(IUE)合作的经验,它是1995年创办于莫斯科的一家智库。IUE的六个创始人曾经是我的团队成员,我们在俄罗斯一起参加过一个大的技术合作工程。我当时是城市研究所的一名常驻顾问——城市研究所是坐落于华盛顿特区的一个成熟智库。为了帮助IUE确立牢固的创建基础,在后来的三年时间内,我将自己的工作和IUE的经营管理紧密联系起来。在这段时间内,我努力搜集与智库经营管理相关的文献材料,最后竟一无所获!

从1990年到今天(出版时间为2005年),我已经对东欧和独联体国家(EE-CIS)中的超过15家智库进行访问,或与它们有过合作关系。有时这种合作关系是相当紧张的,一场讨论往往会转变成对管理现状的批评与质询,比如如何确定能使资助方审计员可以接受的间接成本分摊率。我原本想做更多,而不仅仅只是在与智库人员面对面交流的时候给出建议。但是,我又一次因为缺乏可用的书面指导材料而受挫。

对智库经营管理信息的需求与此类信息匮乏之间的矛盾,为我提供了强大的书写动力,于是我决定要写一本书介绍优秀的智库经营管理实践。我认为如果我能够记录下智库的实际经营管理模式,再介绍一些初级阶段智库经营管理实践的系统信息和一些好的实践案例,那这本书将会更具有实有价值,也更令人信服。为了这个目的,从2000年到2001年这段时间,一旦时间允许,我就针对智库经营管理的具体方面开展系列调查。大多数调查都是面对面的访谈,但有一个是通过电子邮件开展的问卷调查。这些优秀的营利性企业、非营利组织和智库运用到管理实践上的信息和数据,成为编写这本指南的基础。

我绝大部分的工作生活都是在智库中度过的——最开始是在国家经济研究所，然后在城市研究所。因此我有机会在这些机构内部观察它们的经营管理实践，我还通过几年前的一个调查项目从10个其他欧洲智库那里收集了相关信息。这些数据使我确信许多欧洲智库在很多方面的经营管理都很有效，而且我也相信这些先进的管理实践是值得分享的，以便为其他智库提供参考价值。

本书是专门为世界各地那些“年轻”的小规模的智库编写的，而且对于那些处于转型期国家或新兴经济体的智库来说，这本书也可能具有非常重大的价值。然而，我相信即使是工业化国家中那些历史悠久的智库，也能够从一些先进的经验中获益。这本书还能够为那些同智库有合作关系的基金会、双边和多边资助机构提供指导。研究和技术辅助项目的资助者常常会低估对智库发展进行小额投资所带来的回报，本书可以使这种观念得以改变，使资助方认识到对智库管理进行投资的重要性。本书也会让资助方意识到同它们合作的智库在管理中存在的局限性，书中的信息是解决这些问题的基础。

本书的第二版增添了三章新内容，这是为了响应一些智库领导者们的建议，他们都曾是我的工作伙伴。而且，我在多家政策研究机构工作时也发现人们对这一方面信息的需求，所以很有必要将这三章新内容增加进来。另外，我对其他几章的内容也进行了修改和扩充。除了新增章节中的材料，我既没有收集新材料也没有更新数据，第一版呈现的关于东欧和独联体国家智库的管理实践信息在第二版中仍保持原样。毫无疑问，这些智库组织必然会随着时间而强化其管理实践。我们鼓励读者把书中案例当成能在理论上呈现出来的例子，而不是把它们看作某个智库在目前现实中实践情况。

我想对一些人和组织表示感谢，在我准备这本书期间他们的帮助起到了非常关键的作用。首先，我要感谢的是对我工作积极配合的20多家智库的工作人员，他们为这本书的编写参与了好几次实践调查。我在多家智库都与同行就管理主题开展过拓展式讨论，这也使我获益良多，其中既包括调查中的一部分正式访谈，也包括其他形式的交流。我最大的“人情债”是城市经济研究所(IUE),尤其是它的主席娜杰日达·B.卡萨日瓦,他和我分享了IUE优秀管理实践的诸多详细信息。此外,我非常感激这些智库组织允许我出版这些材料。

城市研究所的主席罗伯特·D.赖肖尔对这一项目有着极大的热情并且给予我精神上的支持。一些行政管理部门的员工也贡献了一些宝贵的经验和有用的材料。在这里我要特别感谢凯瑟琳·库里耶提供的好想法。另外,城市研究所利用自己的非限定性资金为本书的撰写提供资助,十分感谢。最后,我要感谢以下个人和组织授权本书使用其复印件材料:城市研究所的哈罗德·利波维茨和劳拉·惠里,复印的材料包括"从研究到实践:对'评价新联邦制传播活动'的评估"和"评价新联邦制讨论稿04-02"。

雷蒙德·J.斯特鲁伊克

2006年5月

1. 为何要关注经营和管理

多数智库管理者直接专注于私立公共政策研究机构的基本任务和主要目标，这些任务和目标有：致力于为国家级或全国性“政策问题”提供多份可选择的精心研制的政策解决方案；为小型政党提供有力的证据调查和分析；为非政府组织支持政治活动中的弱小博弈者提供帮助；在关键政策议题上为公众提供及时的解读。他们乐于在政策研发过程中互动，对训练有素的研究者进行指导。总的说来，智库对政策制定过程的卓越贡献不言而喻。[①]

大部分智库管理者具有良好的学术背景：有博士学位，在研究机构或者大学里曾经拥有光彩夺目的职业生涯；一部人甚至曾经在中央政府供职过。但毫无疑问的是，他们对智库的经营管理问题并没有持久的兴趣。

如果你正是如此，或者你所在智库的管理者就是这样，那么必须知晓忽视管理有下列风险：

- 智库负责人因为信任他的资深研究员可以做出高质量的研究，研究员们能够把握住他们团队的工作质量，所以就没有设置针对发布成果的常规审核流程。假设一份众人瞩目的有关亟待解决问题的报告，虽然存在数据分析上的瑕疵但还是被提交给了财政部长，如果这报告被广泛传播后，其中的瑕疵被其他机构的分析师发现的话，智库将失去政府和其他客户的信任。
- 如果智库采取了非正式的程序决定员工薪酬水平——事实上，管理层倾向于给准备跳槽的员工涨工资，他们希望通过提高薪酬水平挽

① 例如约翰逊(2000)，兰斯福德和布朗西(1992)，麦根(1999)，里奇(2001)，史密斯(1991)，斯通、德纳姆和加尼特(1998)，斯特鲁伊克(1999)，以及泰尔加斯卡和尤恩奥(1996)。

留重要员工——那么，结果将会是全体员工都不满意，因为大家会觉得没有人真正注意到他们所做工作的数量和质量。恶性循环就是，大家都明白涨薪的唯一途径就是威胁要离职。低落的员工士气必然导致产出枯竭，那些相信别处待遇较好的员工也会跳槽加入别的智库或者商业公司。

- 如果一家智库所在的国家没有法律规定对智库进行年度审计，那么智库的负责人也乐得省下这笔钱；他会盲目信任会计人员制定的间接费用分摊率，这就可能留下祸根。如果这家智库获得了来自外国捐赠者的一个非常大的捐赠合同，但是捐赠者要求在合同生效前审计该智库的间接费用分摊率，而审计师发现该智库的间接费用分摊率并不合理，进而怀疑该智库的其他财务管理问题，那么，捐赠者很可能会拒绝履行捐赠合同，寻找其他的合作伙伴。

虽然存在许多这样让人毛骨悚然的实际事实，提醒智库应该注重经营管理，但是让智库高层管理者们花时间致力于日常行政管理和财务管理的根本原因是要提高机构的效率。活力充沛的、富有魅力的智库领导人不能忽视行政管理系统的缺陷。

不少智库的领导已经意识到需要提升智库经营与管理。1999 年秋天，世界银行全球发展网络(GDN)向智库发起了一项在线调查，希望能给智库提供一些必要的帮助和服务。“下列培训活动中对于你们机构最具价值的是哪项?”回答选项为“1 至 7 个数字，7 代表最具价值。”104 家回复[①]该问卷的智库给出了均分为 5.73 的选项是：“政策研究机构的相关管理议题”；均分 5.13 的选项是：“技术、质量控制和统计。”大多数地区智库的答复都高度一致。[②]简而言之，智库管理层已经意识到提升机构管理水平至少和加强智库的分析能力是同样重要的。这个结果和笔者对非西方国家智库调查结果是一致的。

本书致力于对智库潜在的经营管理缺陷等类似问题提供指导，以弥补智库经营管理空白点。无疑，过去慈善界已经对智库经营的制度建设给予

---

① 另外，98 家私营企业和政府机构也参与了调查，但是文中的数据仅仅是为智库提供的。问卷被分发到世界各地的 512 个事业单位，所有区域的回复率大致相同。

② 调查结果见 http://www.gdnet.org/survey2.htm。文中给出的结果是建立在城市研究所准备的表格基础之上，利用的是由世界银行提供的一个数据文件。总的来说，调查很少关注智库的经营管理这类议题。

了关注。我们的研究主要针对两类年轻智库的需求：第一，捐赠方已经为它们提供了开展研究工作的设备，特别是计算机、传真机和复印件，现在则是要为它们接入互联网和建设网站；第二，捐赠方已经为刚设立的非政府机构组织了“讲习班”。讲习班训练这些非政府组织如何进行基本的财务管理、合作治理、资金募集，如何处理媒体关系，如何进行政策推广等。[①] 这些培训项目就如何进行新颖且相对简单的运作提供了关键的技巧。

但是有一定历史的智库需要更加复杂和更加专业的“建议”，为非营利机构写的这些“怎么办”的书和资料并不符合它们的需要。[②] 智库的使命、员工结构和客户群与其他非政府组织是不同的。

谁应该阅读本书

智库的领导人是本书的主要对象。无论是西方发达国家还是其他国家，在1990年代，智库数量在经历了前10年的增长峰值后还在持续增加。一项调查表明，美国到1990年代有1200家智库，比1980年代多了数百家。1999年，“民主之家”估算东欧有250家独立智库。

一项针对800家新智库的调查显示，62％回复调查的智库来自独联体国家，它们都创建于1990年代。其他38％回复调查的智库来自非洲，其中一半创立于前十年。[③]

无疑，大部分地区都低估了创立于1990年代智库的数量，因为这项调查并未能包含全部新的智库机构。即使这样，新智库的数目的增长还是很显著。同时，许多老智库也逐渐变得成熟，它们高质量的研究分析和对政策过

① 这类财政管理课程的例子，比如国际私营企业中心(CIPE)为智库和商贸协会开设的培训课程。该课程包括基本的预算、核算、财务控制，但是它不涉及书中稍后将要阐述的那些较复杂的问题。详细信息见《财务管理手册》(CIPE，1998)。目前对非政府组织提供的一些培训课程也增多了。比如，曼彻斯特大学的政策发展与管理研究所开设了一个为期5周的课程——“非政府组织的管理”。从发布的课程大纲来看，这门课程将会着手处理一些智库面临的基础管理方面的问题，但并不是很有帮助。举例来说，一个标准的非政府组织不需要间接成本分摊率或质量控制机制，这些只是智库需要的。这个特殊的课程是专为英国的非政府组织准备的，所以对其他地方的智库的用处是有限的。

② 通过观察西方基金会和智库之间的合作，一些深思熟虑的观察家认为基金会对智库的发展投资不足，这一问题是广泛存在的。奎格利(1997)针对东欧的基金会和智库捐助方，着重调了这一观点。

③ 详细信息见麦根(1999)。

程的影响，也越发得到捐助人、政府、国会和政策博弈场其他参与者的肯定。

这样，相当多的智库不久就能达到或者已经达到了"发展的第二阶段"。智库学者对这一阶段的衡量指标是智库拥有 10 位全职研究人员。"第二阶段智库"意味着智库运作从简单到复杂，从为少数捐助者服务到开展更高等级的"活动"：更多的职员、更多的项目、更专业化的员工分工，在政策过程拥有更多的机会，以及在当下政策议题中承担更多的公众引导的责任。① 这些任务是西方国家第三阶段主要智库才承担的，如美国的布鲁金斯学会、城市研究所，德国的经济研究所等。

当智库达到了第二阶段，它们必须改变其经营管理和财务系统，这样才有可能有效且高效地影响它们的目标受众。迈向更高层次的经营管理变革是非常困难的。再优秀的政策分析师也不能弥补智库粗鄙的财务体制造成的损失，这样的财务体制无法控制住成本，也无法建立可信的间接成本分摊率。②

第一阶段和第二阶段的智库是本书的目标受众。但是，本书还有其他受众：基金会以及智库其他的支持者——双边或者多边捐助单位，例如：美国国际开发署和世界银行。这些捐助者很关注加强智库的经营管理水平和能力，那样智库就有望能成为其所在国家和所在领域的一个可持续的资源。捐助者关心智库管理的另外的原因是经营良好的智库不仅效率高而且不易腐败。同时，少数捐赠机构的项目主管缺乏和智库合作的经历，不大了解如何敦促智库提高管理水平。本书一些章节对这些关键问题也提供了指导。

最佳实践案例

和智库多年合作的经验告诉我，理念传播的最佳途径是通过来自实践的具体而相关的案例。本书每章都包含这样的案例，这些案例和信息都源于我参访智库时和领导层的会晤。

这里展示的指导性意见来源于 4 个方面：(1) 本书作者 30 年的智库工

① 1997 年对东欧智库的全面调查发现约 30%的智库满足这一标准。上文引用的麦根调查向所有员工提出了一个简单的问题，不管是全职或兼职员工、研究员或后勤保障人员。但这里并没有用到这些数据。这项调查在民主之家被报告过。在独联体国家中，只有白俄罗斯和乌克兰是满足这一标准的。

② 当今美国也面临着从整体上改善非政府组织管理的压力，见莱特(2000)。

作经验；(2) 过去15年研究和指导智库的经历，(3) 和10个西方顶级智库领导层及30多个转型经济体内的智库领导层的深度访谈；(4) 对营利和非营利组织高级管理培训和实践的一项管理学范畴的深入研究。

表1-1 接受访谈的智库(按照国别排序)

智库	国家
美国和西欧智库	
美国企业研究所	美国
布鲁金斯学会	美国
欧洲政策研究中心	比利时
战略和国际研究中心	美国
外交委员会	美国
传统基金会	美国
胡佛研究所	美国
皮特森国际经济研究所	美国
斯德哥尔摩国际和平研究所	瑞典
城市研究所	美国
东欧和独联体国家智库	
民主研究中心	保加利亚
市场经济研究所	保加利亚
政治研究与比较分析中心	罗马尼亚
城市经济研究所	俄罗斯
经济转型研究所	俄罗斯
俄罗斯实业家和企业家研究所	俄罗斯
民主和自由企业研究中心	捷克
社会和经济研究中心	波兰
克拉科夫不动产研究所	波兰
格丹茨市场经济研究所	波兰
大都会研究所	匈牙利
TARKI社会研究所	匈牙利

续表

智库	国家
政策研究国际中心	乌克兰
维托鲁基金会	摩尔多瓦
丹麦政治研究中心	丹麦
萨拉热窝经济研究所	波斯尼亚-黑塞哥维亚
班加卢卡经济研究所	波斯尼亚-黑塞哥维亚
安全研究中心	波斯尼亚-黑塞哥维亚

对智库的访谈是本书写作的基础材料，包括了美国、西欧、东欧转型国家和独联体国家的众多智库。笔者对转型经济体智库的了解，始于为本书早期版本写作时对保加利亚、匈牙利、亚美尼亚和俄罗斯等国智库政策研制绩效的一系列访谈。① 亚洲的一些智库领导人也告知我，他们和转型经济体智库面临一样的管理问题。也就是说，本书所访谈的智库之当下实践对世界其他地区智库也具有代表性。这当然涵盖了包括美国和西欧所有国家在内的第一阶段和第二阶段智库。

这对具有大致背景的东欧地区智库检讨其实践和经验时自然是有用的。几个重要的要点见表单 1－1。

如何利用这本书

下面章节讲述了智库领导人应该引起注意的 11 个重要管理问题：

- 激励员工，提供产出；鼓励优秀员工留在机构（具体要素包括员工评价、培训和薪资福利）；
- 组织高水准相关培训；
- 对提交给客户的产品进行质量控制，充分利用同行评议的评价方法；

① 斯特鲁伊克（1993）从整体上阐述了对西方智库调查的结果。为了早期的一个关于智库成功制定公共政策的研究，表 1－1 中列出的东欧和独联体国家的智库大多数都参与过采访调查；斯特鲁伊克（1993）曾报告过这些机构的信息。

- 和政策制定者、一般公众进行充分沟通，有效地推广研究成果；
- 和董事会或者理事会充分合作——获得战略议题上的最佳建议，同时不让董事（理事）过度介入日常管理；
- 开发新的产品和服务，寻找新的客户和其他机会；
- 了解如何竞争政府合同；
- 决定准确的间接费用分摊率，使之经得住外部审计的严格审查；
- 为机构的高级管理人员提供机构各种业务活动的信息；
- 优化研究人员结构——何时以及为何雇佣研究团队，或者何时以及为何为高级研究员雇佣一位或两位研究助理；
- 培养强有力的团队领导——项目管理，以及和政策制定者进行互动的智库关键中层管理者。

表单 1－1　东欧和独联体智库的关键要点

- 政策研制的传统来自旧的封闭体制，政策方案调整范围的决策群体过于窄小，也缺乏政策分析的规则；在转型前夕，一些国家的政策分析师，如俄罗斯和匈牙利，受到高级政策制定者的鼓励已经变得比较开放和多元；对于实际部门的人和公共政策的决策而言，西方那种风格的政策分析在一些地区仍然具有新鲜感。在中欧和东欧的许多国家，如俄罗斯、乌克兰和摩尔多瓦等，智库已经深度卷入政策形成过程，但是其他独联体国家并非如此。
- 西方，特别是美国，基金会帮助成立了大量智库，因而在私营政策分析行业具有广泛影响。美国智库模式，主要特征是具有非常强的独立性，已经成为衡量智库的标准。尽管如此，仍然存在另外的范例——和政党与产业资本家结成联盟的智库，即“欧洲模式”。公众存在不少对智库公正性的担忧：相当多的智库拥有良好的政府关系，也有许多智库领导人在政府担任过高级职务。当智库利用这些资源进行政策研制时，人们自然怀疑他们的职务有没有影响其政策行为。
- 虽然有 30—35％的智库属于第二阶段，但是大部分智库都处在发展的第一阶段。第一阶段的智库一般只有一两位长期员工、数位临时咨询顾问、不稳定的资金来源，以及非常原始的财务和行政管理体制。而第二阶段智库拥有至少 5 到 10 名的固定员工、相对稳定的资金、复杂的运作系统，员工分工进一步细化（如安排职员专门担任公共关系工作）。当大部分第二阶段智库都从第一阶段发展而来时，少部分智库一开始就能进行大型运作是由于在创业阶段就得到了政府和捐赠者慷慨支持。
- 独联体和东欧国家的中央政府和地方政府并非是智库的好客户，比较而言只有匈牙利和俄罗斯政府给予智库较多的合同，但合同数量仍然有限。当地的慈善捐赠也不多。目前智库的法律和税收环境比较好，但这些地区的智库和商业咨询公司相比并没有什么特权。
- 慈善捐赠界并未把智库放在优先地位。实际上，捐赠者经常利用智库为自己的特殊利益服务。部分因为捐赠方缺乏领导力，许多智库的管理同样薄弱。

每章包含对最佳实践原则的讨论，同时也提供机构实际运行的正面和负面案例。最佳的特别实践案例都用了明显的形式展示。附录中包含了最佳实践的模板，如员工评估表，也提供了其他议题讨论时常用到的参考材料。

所有讨论的设计目的都为了刺激对经营管理问题的思考。针对具体问题的管理案例并不能应用于全体管理领域。每个机构自己都可能需要根据自己面临的特殊问题或者运作环境的特别情况调整自己的管理。比如，在人力资源管理方面，劳动法的条款会影响采用这些案例的流程，而理念的创新严重依赖潜在客户的类型。简而言之，本书中的文章只是指南，而非秘诀。

2. 激励员工提高工作效率和稳定性

于所有的服务行业而言，员工素质是其成功的关键因素，但对于智库机构来说则是其存在的根本因素。高级研究员和政策分析师会指出其供职机构可以解决国家所面临的哪些问题，然后进行分析并提出解决问题的方案及政策。他们同时代表机构，说服政策精英们，使其确信机构提出的行动步骤是切实可行和高效率的。在一些智库，员工薪酬占到智库成本的三分之二以上。

因此，2001 年城市研究所对东欧九国和独联体的智库调查研究发现在对培训课程需求方面，"员工激励"排行第一，就一点也不奇怪了。① 这个结论与其他智库机构领导关于管理项目的评论是一致的，这些领导都希望自己能应对更大的挑战，而"员工激励"可以影响到机构内生产力的高低和员工的稳定性，直接关乎一个机构的运营成败。

人事管理制度的优劣，将影响员工在工作中的能力、工作激情、个人奉献精神等，除了研究所领导、高级经理和员工关系建设，还包括其他重要的因素，如薪酬、工作环境、对工作出色员工的非物质激励、员工考核系统等，这些方面在具体执行过程中环环相扣，互相影响，任何一个环节的薄弱都会影响到其他的环节。在分析人员流动、道德、生产力等因素时，一定要超越薪酬和考核体系的范畴，从一个组织与员工交互的整体高度去考量。

无论是在发达国家还是正在转型的经济体，尽管雇员激励和满意度对

① 这 9 个国家中每个国家都会有一个智库是 TPN(过渡政策网)成员，就像城市研究所一样。更多关于 TPN 的内容请见网站：http://www.urban.org/tpn。目前尚无有关智库如何界定管理和财务管理领域的系统调查，需进一步加强。

智库的成功运作是很重要的，目前还是很少有这方面的指导。[①] 智库和它的赞助者一定要高度重视“员工激励”，给能力强、热情高的员工以合适位置，从而提升研究所的绩效。

这一章给智库及它的赞助者们展示了专业的(研究/政策)员工激励观，一开始将谈到一般人力资源管理文献推荐的实践经验，尤其是针对私立机构的内容(包括非政府组织)。这对于智库设计它们自己的制度来说，是一个重要的导航图。接着将把这些措施和六个俄罗斯智库的员工激励措施进行比较。

作者发现，被调研的智库花了相当大的精力来研究员工激励问题。尽管有很多的不同，但是在西方国家，该领域中那些已被认同的所谓“最佳实践”在实际执行中却各不相同，只有一家智库的实施情况符合目前被认同的“第三阶段”智库的实践经验。

在某种程度上，这些差异可能来自文化的不同(也就是说，在员工如何应对各种评价指标和对非正式管理风格的偏爱上，东欧各种机构有不同的观点)。或许更重要的是，人事管理做法更多的来自管理者的直觉，而不是来自于已被认可的实践经验。

首先，我们要注意非政府组织(如智库)、政府机构、营利性公司间根本的不同点，这些机构有着不同的激励和提高生产力的方法。(莱茨、瑞安、格罗斯曼，1999)等已阐述过这些不同的方法的精髓。

非营利部门员工致力于其机构所从事的社会动因调查研究，同时被鼓励发挥重要影响。而由于资金的原因，营利性和非营利机构所面临的人力资源问题则与之不同。他们最大的挑战不是吸引上进的人员(他们会寻找非营利性机会)，而是引导机构的人力去完成机构的目标和使命。

最佳实践

这一部分主要列举了与员工激励相关实践经验的文献。这些经验建立

① 斯特鲁伊克、尤恩奥及苏祖基的一些文章观点不同(1993)。

在作者与许多智库多年合作经验的基础上，因而更能适合智库管理。

设定期望

当研究人员能够完全理解他们被寄予的期望时，能够工作得更好。主管要设定期望，并让员工能很好地理解它们。设定期望主要是在两个时机：一是当分析师入职时，二是年度绩效评估时。这一章主要讨论员工入职时的目标设立，雇员考评后面再谈。

在与员工沟通绩效期望前，主管自己必须要搞清楚该员工的业绩目标，对于雇员来说，他的岗位职责必须已经确定好，附录 A 的第一部分以城市研究所岗位职责为例。制定目标前需完成两部分工作：第一是制定工作职责要求，主要包括该职位的各种具体工作；第二是制定对该岗位的应聘要求，包括学历、工作经验、工作技能。

根据这些材料，然后和新员工交流以上两部分要求，包括后面几个月需从事的工作，同时为他们设立工作目标。这些事项可以被概括为具体指标。这些指标应该书面化，同时让分析师充分理解，他们的绩效是建立在这些指标的完成上的。

奖励

关于激励的理论可分为两类：一类是外激励，主要是靠物质激励；一类是内在激励。[①] 人事研究表明两种理论均适合于任何工作，智库机构需重视影响工作激励的本质因素，这样才能真正地激励员工，让员工真正担负起责任。

大部分人力资源专家强调，激励因素对于改善工作表现来说最为根本[②]。对于智库机构来说，哪些激励因素是最适合的呢？成功的政策分析师应该具有以下三个方面的能力：首先，他应该是一个好的研究者；其次，其能力应该超过研究助理的水平，成为一个好的研究管理者；最后，他还应该是一个政策建议的推销者(无论是通过书面的方式还是亲力亲为的方式)。下面是一些对政策分析师而言有效的激励建议：

1. 成就感。分析师希望他们所做的政策建议是高质量的并能在政策实

① 关于这些理论的综述内容请见雷宾和其他人的文章(1985，154—156)。

② 参考赫尼曼(2001，167)、赫茨伯格(1987，112—113)和赫斯克特(1987，121)。

施中产生重要影响。其他如电脑、网络、研究助手、人际关系等条件，也是影响分析师能否高质量完成其目标的重要因素。

2. 承认员工成就。如果智库允许分析师独立署名出版著作（而不只是以智库机构的名义），同时创造更多的机会让分析师参与到政策制定者的会议及讨论中去，就能很好地激励研究者。另外机构也可以通过各种形式的奖励来认同员工的成就。[①] 这些奖励可以包括让员工自由支配时间（而不是全部为了完成项目），出版一本书或者发表一篇文章，资助员工参加其感兴趣的会议，为其举办庆功会，或者发放奖金。

3. 工作内容有趣性。研究内容对分析师来说兴趣越大，项目内容和当时政策的相关性越大，对他的激励就越大。

4. 晋升机会。很多智库机构职业层级很少，对于分析师来说往往只有三个阶梯。在很多小的智库，确实没有明确的职业阶梯，成长空间是模糊的（附件 A 是关于从三阶梯到六阶梯的职位描述）。当职业阶梯明确时，升职就是一个很好的激励因素。当没有明确的职业阶梯时，主管要清晰地界定责任及工作程序，经理必须清晰地定义增加的职责和工作要求，但并没有必要改变职位，比如项目中给分析师首席分析师的头衔，配备研究助手，或者允许分析师与客户及政策制定者更自由的交流空间。[②]

通过阶段性布置高挑战和高视野的任务，偶尔转移工作焦点，可以让员工保持战斗激情。其他的方法包括将高级分析师纳入到董事会或者允许高级分析师列席董事会议。其他重要的是给员工提供培训机会，如具体的技能提升（如计量经济学研讨会），或者进修政策分析知识（如关于养老金项目的国际会议）。

5. 有竞争力的薪水。薪水对所有员工来说无疑是最关键因素，因为薪水实质上决定了分析师的生活质量，代表了他们对组织的价值判断。薪酬包括基本工资和福利，尤其是奖金，如年终奖或一年中因具体的贡献而颁发的奖金。一些机构在预算不足的情况下，往往采用降低底薪、提高奖金的方式。

---

① 参考鲍舍(1998)和威尔逊(1994)。

② 关于这种类型，一些通用的例子由赫茨伯格(1987)提供。

上述因素中，前四个因素对于员工激励来说是内因，薪水是外因。智库必须综合运用内外因因素。在一定的预算范围内，物质激励及非物质激励都要充分地运用。

不管来自营利性还是非营利性组织的人力资源经理都普遍认为，充足的底薪对于降低员工流失及保持基本工作热情而言都是最基本的。但是如之前已经提到的其他的奖金形式对于激励员工创造更多成绩也是非常重要的。例如，（莱茨，1999）提到优越的基本工资更多的是保障作用，只能让员工没有不满，而不能起到长久的激励作用，因此底薪并不能达到让员工满意的结果。[①] 富利波士顿银行所做的一个关于降低员工流动的研究项目的案例研究表明，非金钱的奖励是对合理薪资增长的补充（纳巴蒂娜、绍斯塔克，2004）。

同样地，在政府机构采用的明确的业绩工资并没有显现出很好的效果（利嫩，2001），非营利性组织很少采用这一做法，对于营利性公司其价值也值得怀疑（克尔，2003）。一个严重的制约因素就是难以确定目标和评估业绩。[②] 例如，一个高级政策分析师针对某个新项目的建议如果没有被国会接受的话，评估员该如何评估众多参与该项目的分析师的绩效呢？

研究者在一个能提高他们收入的激励体系下工作，通常能够交出令客户满意的报告。如果报告并不能让客户满意，随着时间推移，这些低质量的报告就会损害智库的名誉并让客户逐渐流失。其他常见的问题，包括员工觉察到绩效和工资增长的关联度不高、评级中存在不公平现象，以及论功行赏模式有失公正。这样看来，这些制度给员工带来的负面影响大于其积极作用（佩里，1991）。虽然如此，很多公司通过贯彻激励制度来提高员工绩效（麦克亚当斯、霍克，1994）。

智库有很多种的激励方式，比如现金分红、提供在专业杂志发文章的机会、对工作的认可、推荐参加政府客户的会议、升职、提供培训机会等。为了让这些奖励能够达到预期的效果，必须做到以下几点：

---

① 参考赫茨伯格（1987）、赫斯克特（1987）及威尔逊（1994，83）。赫斯克特在这方面的贡献是很有意义的，因为他的著作都是关于以营利为目的的服务业中的个人动机的内容。

② 参考麦克亚当斯及霍克（1994，33），斯通、比奇洛、克里滕登（1999，382）。

1. 奖励与贡献大小对等；

2. 要让员工认识到所受的奖励是与其贡献直接挂钩的(因此，奖励应该在员工做出贡献后很快兑现)；

3. 奖励要有力度。①

绩效评估

格伦(1990)说，对于人力资源专家而言，员工考核是一个充满争议的话题。一个好的评价体系可以作为主管和员工共同遵守的关于员工绩效的约定，同时也有助于设定合适的员工目标，以及帮助员工完成目标。

人们希望数据来自于系统观察，系统观察不仅能精确测量当前业绩，同时能增强优势，找到不足，提供必要的反馈信息以对未来绩效进行调整。系统观察目的是衡量进展，区别绩效水平，查明培训需求，验证奖励，选拔出值得提升的员工。

好的体制应该在设立目标和描述成就方面征求员工的大量建议(李，1996；威尔逊，1994)。这些评价指标被用来为考核工资审核流程提供依据而不是推动因素。

换句话说，薪资调整和其他的奖励既不要和评价指标相冲突，也不要完全依赖评价指标。② 依赖机械性的评分表来决定绩效工资往往会导致更多的问题，起不到应有的作用。③

目前评价指标存在一个比较新的问题，那就是关于团队而非个人绩效的等级评定。(赫尼曼，2001，第 8 章)。(附件 A 描述了一个第三阶段智库的优秀员工评价指标)，对于执行大项目的智库，这样的团队等级评定是有用的，员工评价应该有章可循。

对于智库来说，很多评价系统和程序都是很有用的，但这超出本章要讨论的内容。④ 评价的本质特征是给出信息，根据这些信息制定薪酬，同时从

---

① 参考威尔逊(1994，47—50)。

② 目前笔者了解到这个系统正被不少西方国家的智库使用，除此之外，一些管理良好的大公司也在使用相同的程序，比如 GE 公司。李(1996)、莱德弗(1995)等人强烈支持将评估从薪酬调整程序中分离出来。

③ 福克斯(1991)、雷宾及其他人(1985，183—184)、威尔逊(1994，第 9 章)列出了评估过程中存在的问题。李做了关于 218 家公司的调查，结果显示其中 60%在使用述职和全面的数字评分结合的方式进行评估。

④ 雷宾等人(1985，184—94)以及赫尼曼(2001)在其著作中的第 7 章中阐述了其他的观点。

专业的角度协助员工发展。反过来，提高职业发展也会提升工作满意度并产生激励。

培训

员工培训包括正式培训项目以及在职训练(OJT)。多数公司和智库只是偶尔组织在职培训，因此其潜在的作用很难预测，也很难评价其重要性(鲍舍，1998；罗思韦尔、凯赞纳斯，1994)。本文的重点还是关注正式培训，因为正式培训和员工奖励关系更紧密。

总的来说，员工培训对于管理者来说可以起到两方面的作用，即满足组织需求和提高员工能力。首先，只有员工技能提升，才能更好地完成分配给他们的特定工作，消除绩效落差。这种形式的培训同样能帮员工以后适应更高水平的工作。这种培训应根据组织未来的明确或不明确的战略目标来决定。(鲍舍，1998；班恩、费尔曼、里库奇，1992)。其次对于员工个人来说，培训则更适合提高员工的个人能力及技能，新的技能可能仅仅是大体上适应现在或未来智库工作的要求。例如，一个智库正在做难度适中的银行政策工作，负责该项目的员工报名参加一个学习复杂的银行风险管理课程。对于现在和预期的工作，这将是很有用的背景知识，而对于员工来说他们也可能更加珍视，因为这能增强他们的人力资本。

大多数第三阶段智库(包括其他组织)非常认可第一种目的的培训。第二种目的的培训通常作为优秀员工的奖励。创建或维护一个培训计划，组织必须在年度预算中做出相应的培训经费以及制定培训计划。① 对于智库来说，年度固定的培训预算标志着有明确的规定，培训经费属于管理经费。② 培训项目的发展可以是正式或非正式的，但文献研究表明一定要有培训项目(罗思韦尔、凯赞纳斯，1994)。培训给智库成功带来的实质贡献，与智库明确或不明确的经营战略直接相关——包括使用培训作为对一些员工的激励或者出于维持人员稳定的目的。③ 莫斯科城市研究所在财政分析方面，为它们的员工提供大量的培训，因为他们明白如果员工掌握相应技能，将在该

---

① 按照企业界的经验法则，培训支出一般占工资支出的5%。

② 第9章对管理费用做了更详尽的解释。

③ 参考班恩等人(1992，410及其后)及鲍舍(1998，第2章)。

领域取得相应的优势。同时，在财务分析领域的核心竞争力给管理层在分配员工一系列项目时赋予更多的灵活性。

对于绝大多数处于转型和发展经济体中的智库机构而言，一个挑战就是将捐款人提供(经常在国际场馆举行)的培训整合到智库自身的培训体系中。这确实很困难，因为这样的机会经常是临时通知而且经常不是高水平的项目。但这些培训费用比较低而且涵盖的范围和原来的教育项目不同，对智库机构还是比较有吸引力的。下一章将全面讨论员工培训。

第二阶段智库的实践

这一部分包括和前述部分相同的三个关联议题：奖金、员工评估、培训——来自独联体国家的六个智库。首先本书概述这些智库如何选择以及操作这些议题。

选择的标准是最少有 10 个全职的研究人员并且有五年以上的运营时间(也就是说被选中的组织需具备这样规模和年限)。[①] 这六个智库来自两大团体。其中三个是作者和他们有着长期的合作关系的机构。他们之所以被选中，是因为他们在人事管理系统上有着不错的经验。其他三个研究所是城市研究所在 1997 年关于智库的初步研究中的研究对象。

根据在以前获得的信息及前面三个智库的经验，我们邀请了这些机构来参与本项目，这一部分所有的信息均指 2000 年左右的实践做法。

表格 2－1 显示 2000 年研究所以及全职研究员的数量(以下使用缩写)。包括三个俄罗斯智库，部分因为俄罗斯的智库往往有相当多的全职研究员(斯特鲁伊克，1999)。当然，这儿讨论的智库决不能视为一个具有代表性的样本。为期半天的访谈主要是在 2001 年的 3、4 月份与负责人或人事总监展开的。

作者根据相关的人力资源管理的文献以及几个美国智库的实践经验(一般认为这些做法对员工激励和创造力激发具有积极的作用)的相关材料

① 对当地两个较小智库的人事措施进行了解后发现它们的措施是很自由和无组织的。

作为访谈指南，其中包括员工薪酬系统（包括基本工资和绩效工资）、员工激励系统、员工职业生涯规划，以及员工培训项目。①

表 2-1 六个智库和他们的员工规模（2000 年）

研究所	地区	成立时间	全职研究员数量
大都会研究所	布达佩斯（匈牙利）	1990	11
TARKI 社会研究所	布达佩斯（匈牙利）	1985[a]	31
民主研究中心	索菲亚（保加利亚）	1990	20
城市经济研究所	莫斯科	1995	38
转型经济研究所	莫斯科	1990	53
俄罗斯产业与企业家同盟研究所	莫斯科	1991	10[b]

注：

a. 社会研究所 1997 年将其主要操作领域转向营利方向，尽管仍然保留非营利部分。

b. 包括总裁、执行主任、8 个部门主管，所有其他的研究人员则根据合同负责各自的项目。

环境

表格 2-2 第一行列举了工作环境的四个因素，受访的几个智库在这些领域比较相似：他们认为自己的办公环境以及电脑设备在同行的机构中也是比较有竞争力的。

表 2-2 受访智库的员工环境

因素	大都会研究所	TARKI 社会研究所	民主研究中心	城市经济研究所	转型经济研究所	俄罗斯工商业联盟高级研究所
研究设备的等级[a]：办公室的质量以及办公面积	非常好	非常好	好	好	非常好	不好
计算机和网络支持	好	好	非常好	好[c]	好	不好

① 关于这一点，鲍舍（1998）、迪布尔（1999）、赫尼曼（2001）、莱茨及其同事（1999）、雷宾等人（1985）做了详尽的综合说明。

续表

因素	大都会研究所	TARKI社会研究所	民主研究中心	城市经济研究所	转型经济研究所	俄罗斯工商业联盟高级研究所
署名政策：是否有作者署名	有	有	有	有	有	无[b]
是否有正式的研究员职称分级（如初级、中级、高级、项目总监）	无	有	无	有	有	无
层级	不适用	3	不适用	5	4	不适用
是否鼓励员工出版成果	是	是	是	是	是	是
员工流动率（2000年）[d]						
高级研究员和领导团队	0	0	0	0	0	0
初级、中级研究员	30%	0	10—15%	20%	25%[e]	不适用
管理层对团队创造力的观点	好，可以提升	好，可以提升	好	一般	好，可以提升	好

a. 和类似机构比较。

b. 除了在出版物上发表观点外，是作者而不是机构。

c. 层级从低到高分别是专家、权威专家、项目领导、部门总监。近两个首先是管理设计。

d. 员工流动率是指职位空缺或填补；扩展或合同工不包括在内。

e. 中等水平是5%—10%；高级水平是50%。

他们会将报告作者的姓名列在出版物上，并鼓励员工发表文章，这些都是积极的因素。另一方面，仅三个机构有正式的研究人员分级系统，也就是说，其他三个智库并没有清晰的职位评级。既然升职对于员工来说是一个重要的激励因素，缺少职业发展梯队显然是缺少了一项激励选择。

人员流动可以反映出员工满意度（包括工作条件、薪水），但要谨慎地解释人员流动的数据，因为很多因素会影响人员流动。这六个机构的数据表明，高级人员的流动率非常低，这六个机构的高级人员确实都没有流动。但初级人员及中级人员的流动率就很高，从0—30%不等。调查表明，在这些流动较高的人员中，一些初级人员重新返回校园，一些换了新的工作，还有一些工作表现不好被辞退。

受访者被问到关于对雇员工作效率看法时(这是一项可以反映管理层对研究人员满意度的指标)发现:管理层对雇员工作效率越不满,雇员需要改进的压力就越大。然而从各方面数据来看,反馈还是比较积极的。六个调查对象有四个认为有改进空间。

主要的抱怨有:分析员研究能力不够;职员因能力缺乏经常不能如期完成任务,特别是对于实时政策研究,分析人员缺乏处理相应问题的创新能力。缺少创新意味着团队善于在熟悉的领域或者使用熟悉的方法给客户提供技术支持,而不愿提出新的主题或运用新的方法。所有这些有关创造性的问题与个人的偏好和团队的习惯相关,即不愿改变现状。解决的办法很可能在于智库领导层对研究人员的工作予以切实掌控并提供指导。

员工评估

除了正规评估可以反馈员工的表现,还可以通过提供一个论坛来讨论员工的职业发展。六个研究所中只有三个有正式的评估(表格 2-3)。

表 2-3　受访智库的员工评估实践

实践	大都会研究所	TARKI社会研究所	民主研究中心	城市经济研究所	转型经济研究所	俄罗斯产业与企业家同盟研究所
是否有年度员工评估	有	有	无	有	无	无
是否要包括员工自评吗	无	无	不适用	有	不适用	不适用
总监完成一个正式书面报告吗	否	否	不适用	是	不适用	不适用
是否和员工评估结果	是	是	不适用	是	不适用	不适用
评估和薪酬关联大吗?	总体有关联	关联	不适用	关联	不适用	不适用
各种奖金和评估关联大吗	弱相关	有实质关联[a]	不适用	有实质关联	不适用	不适用

a. 年度评估和薪酬关联很大,然而,一年中很少有正式的评估指导绩效。

从对民主研究中心、俄罗斯产业与企业家同盟研究所和转型经济研究所的调查结论来看，他们并没有评估程序。他们认为自己的机构太小了，对于员工的反馈或多或少都在进行，没有必要制定正式的评估流程[①]。即使总监级别也持这样的观点（他要避免给予负面评论带来的潜在冲突）。两个人数超过 20 人的研究所同样持这样的观点。

三个机构中的两个（大都会研究所和 TARKI 社会研究所）做了正式的评估。评估形式只是一两个高级管理人员和研究人员之间的讨论。并未要求所有员工正式加入讨论。（举例来说，一年中完成工作的书面报告），也没有要求主管准备书面陈述。

只有城市经济研究所拥有完整的员工评估系统。流程是首先由员工开始，提交一份全年的个人成绩书面报告，包括职责与能力方面的改变，下一年度目标，以及提供给主管关于如何提高协助员工完成任务的建议。评估员（部门主管）再完成一个补充的评估报告。这两个报告作为和员工面谈的基础。面谈还包括其他事情，如主管关于员工需要的相关培训是否对组织是有益的意见。所有的面谈结束后，专门的评估委员会会邀请被评估部门领导参加评估报告，决定是否进行加薪。研究所管理层对员工评估流程给予高度重视，认为员工评估系统是评估员工成绩及未来发展非常重要的工具。城市经济研究所的做法相当于第三阶段的智库。

这三个研究所都使用评估系统来考核员工，决定年终是否调薪。只有城市经济研究所将评估结果用于决定员工是否接受其他非物质奖励，如支持参加国际会议。

报酬和奖励

一系列的主题表明报酬对员工稳定和激励的至关重要。大多数研究所研究表明商业界对于他们来说是主要的竞争对手。研究所不能仅仅依靠报酬，而且要建立一系列的制度，如奖金、工作乐趣、良好的工作环境等，才能迎接挑战。

1. 报酬

TARKI 社会研究所、俄罗斯产业与企业家同盟研究所、转型经济研究

---

① 民主研究中心通常会在室内请部门不同级别的人员对目的进行讨论，下面章节会讲到。

所都建有提供高收入的薪酬方案(参见表-1)。这些薪酬方案需要项目经理和员工逐个项目商讨合同价格。分析师通过超额完成任务来提高他们的收入。转型经济研究所时常增加具体项目的额外奖金。另外一方面,TARKI社会研究所对项目主管有特别的激励方案。根据设定的项目领导和团队之间的分配比例,将项目的部分净利润分给团队成员。同样地,在高级研究所的项目主管根据受益来设定分配方案,他们有对参与合同项目执行团队薪酬分配的决定权。

大都市研究所最近实施了一个薪酬方案,包括在每一个为期六个月的时间段内,为员工创造充分的激励,使其至少将75%的计薪时间用于项目工作上(而不是日常性的工作)。但是大都市研究所仍然保留了传统的年薪制。新的机制可以根据员工表现增减年薪的数量。

民主研究中心有个弹性的系统决定薪资。实践中,管理层可以根据各种因素随时对分析师加薪。但红包和奖励费不是常用手段。另外一方面,城市经济研究所在所有智库中有着最传统的薪资决定体系。这个体系根据年终审核程序,员工的薪资主要根据市场条件、生活开支的改变、员工的工作效率、销售情况来决定。正如,由一个跨部门的委员会来审核是否加薪以确保公平和稳定。

总之,六个智库的薪酬战略各不相同。大多数将奖金融入薪酬体系,这和薪水在员工稳定和激励中具决定性作用的观点相一致。他们还设计了一些奖金计划用来提高营销和工作承接,但这些计划也带来了负面效应。一些转型经济研究所和TARKI社会研究所从事固定价格合同的员工,总是偷工减料地去履行合同。

表单2-1 受访智库的薪酬体系

研究所	薪酬体系
大都会研究所	全体员工。从2001年开始,员工每月领取75%的基本工资。一年两次,管理层评估(分拨给计费项目的时间比例)员工绩效,如果在整个期间完成超过75%比例,将获取剩余的25%基本工资。超过40小时以外的工作,员工可以获取加班费。但至少75%收费时间应为计薪时间。研究被分为两个项目组,每个组由一个项目经理领导,项目组成员的薪资主要取决于整个项目组的工作绩效。

续表

研究所	薪酬体系
TARKI 社会研究所	项目总监和团队主管。整个薪资包括基本工资和奖金。奖金会占很大的比例，有时要比基本工资还高。奖金由项目总监开展的项目所产生的净利润来决定。项目总监负责项目的洽谈并对整个项目负责。净利润的分配比例是基于包括项目经理及机构等多方洽谈来决定的。 初级和高级研究员。这类员工同样可以拿到除基本工资外的奖励。项目总监和初级员工商讨具体的工作时限内完成的任务(比如两个月完成一个特别分析工作)。实际上，工作人员会被分配具体价格的合同。员工根据承诺全职工作，从而提高整个薪资。
民主研究中心	全体员工[a]。月基本工资加上第 13 个月的工资。
城市经济研究所	全体员工。根据综合的员工考核程序设定年薪。
转型经济研究所	全体员工[b]。员工的薪资有三部分构成：较少的基本工资；参加具体的项目，由项目经理和员工间签订的固定合同价格决定，主要收入来自这里；合同奖金，根据项目完成的质量，由项目经理来决定。
俄罗斯产业与企业家同盟研究所	项目经理。薪资包括两部分：较少的月薪和指导项目的报酬；项目经理决定人员配置及项目的安排，包括决定全体人员的薪资。项目经理的薪酬由执行总监决定。

a. 不包括董事会成员(总经理、执行总监)，研发总监和调查研究团队的收入主要靠对项目的贡献大小来决定。

b. 不包括高级经理。

TARKI 社会研究所和俄罗斯产业与企业家同盟研究所的一些项目主管会迫使客户提高报价，同时降低合同中自己的付出，从而最大限度地提高收益。很明显，对高层来说阻止这种行为是一个很重要的挑战，客户付出高额代价，收到的却是低质的产品，最终这些客户将慢慢流失掉。

与之类似，大都会研究所会对将 75％的工作时间用于合同项目的团队进行奖励激励，可这种方法势必会影响到非市场部门的团队的激情，因为这些部门的管理者和高级员工在市场上所起的作用比较小。如果达不到公司的要求而被降低收入的话，就会影响他们的斗志。

民主研究中心使用的极具弹性的机制具有很多的好处，但也有明显的潜在局限性。缺乏董事会常规审查的薪酬，会使工作和技能相似的员工的收入出现高于预期的差异，员工可能感到不公正或专断。为了防止这种情况发生，调薪需要经过谨慎的审查，虽然看上去很繁杂。

2. 奖励

在六个智库机构中，或许因为报酬人事策略上的中心作用，非物质激励并没有起到重要的作用。所有的智库在一定程度上，帮助员工出版著作，提供参加会议和培训。当然了，这些工作很少被当成奖励分配给那些最适合的人。例如，文案工作时常被安排给当时没有项目做的人，下面是一些使用这种奖励的例子。

TARKI社会研究所有一个建立在竞争基础上的内部年度研究奖学金，为研究员提供几个月的工作奖金支持。管理层和研究员都认为奖学金是一个非常有价值的奖励。管理层选择谁能胜任项目，一个重要的因素是看谁的工作对整个组织的发展有益。过去的表现是第二考虑的因素。

城市经济研究所、俄罗斯产业与企业家同盟研究所及转型经济研究所奖励优秀员工参加国际会议，尽管参加这类会议对英语水平有一定的要求。他们也会通过升职，奖励过去工作和能力有提升的员工。城市经济研究所做得更好，时常奖励最优秀的员工加入理事会，理事会决定研究所未来的发展方向和资源的使用。他们会奖励部分员工参加每年的董事会，一些会被邀请在董事会上发言。

所有被评估的智库在很多方面认可员工的成就。他们时常在新成功出版的成果、成功举行的会议、大的中标合同、成功的政策成果的研究所的研讨会上以及工作对话中公布员工的成就。转型经济研究所经常在他们出版物的公告栏进行公开表扬。城市经济研究所的管理层和部门总监每年都会选出最优秀团队（比如专家、高级专家），并在年终聚会上公布奖励。

3. 休养

许多智库机构安排休养以增加团队精神。每次休养都会有一个主题。但时常休养完全是交流感情，比如，在暑假的一个周末，整个大都会研究所和他们的家庭都会去一个疗养的地方。同样在冬天的一些周末，城市经济研究所会安排他们的员工和家人去莫斯科的郊外度假，大多数员工会参加。俄罗斯产业与企业家同盟研究所研究所同样会安排。

对于所有的组织来说，这些事情都是非常休闲的。另外一方面，民主研究中心部门员工每年会有一到两次，周五至周六在一起疗养，放松的同时进行工作总结和确定未来的方向。

城市经济研究所每年一个专门疗养“会议”（例如具体的管理回顾以及对未来的规划）。智库根据活动的不同程度进行补贴。所有的智库都认为这样的活动能够增加员工忠诚度。

4. 培训

培训在六个机构中所占的分量各不相同。民主研究中心、俄罗斯产业与企业家同盟研究所和 TARKI 社会研究所三个机构中培训所占的分量并不大，每年只有相对较少的员工在机构外参加培训。但是，俄罗斯产业与企业家同盟研究所和 TARKI 社会研究所有大量的内部培训项目。培训的花费不到机构总花费的百分之一。这些机构主要是靠雇佣已进行过培训并具有必要技能的员工。而且，这些机构中的高级研究人员多数同时供职于各州的著名学府，因此都能够紧跟学科发展的前沿。

另外三家机构则认为人员培训非常重要，每年几乎有一半的研究人员参加相关的会议及正规培训（表 2－4）。比如城市经济研究所每年大概会有3%—4%的营业额用于人员培训（包括内部和外部资金）。不过，不同的机构培训方式不同，城市经济研究所和转型经济研究所有完整的培训计划。城市经济研究所尽管没有正式的培训计划，但是有规范的培训程序和做培训活动的条件。国际机遇有时也能够满足培训的需要，为培训提供必要的补充。国际旅游交流经常是作为奖励安排给需要进行工作培训的员工的。

转型经济研究所有很多国际培训活动，一般是一年两次。城市经济研究所和转型经济研究所中的许多培训内容就是安排员工参加国际会议或国际培训活动。这些培训的资金来源有的是根据合约内容，有的由机构的一些基金提供，还有一些项目有国际上的赞助。城市经济研究所会送员工参加当地的培训项目。如果目前机构的培训课程不能满足需要的话，机构也会与一些专家机构签订合同来进行专门的培训（比如财政方面的计划分析等课程）。

TARKI 社会研究所、城市经济研究所、俄罗斯产业与企业家同盟研究所、转型经济研究所 4 家单位的室内培训项目主要是通过研讨班进行大量的方法论的学习。这4家机构一般鼓励员工(主要是初级和中级人员)参加这些培训。大都会研究所每个月都有研讨会来对机构内进行中的项目进行总结分析,这些研讨班主要是为了传播技术方面的信息以及使员工了解机构的工作内容。

表 2-4　六家研究所的人员培训情况

培训项目	大都会研究所	TARKI社会研究所	民主研究中心	城市经济研究所	转型经济研究所	俄罗斯产业与企业家同盟研究所
培训在机构中的重要性	高	低	很低	高	高	很低
运营费中是否有专门的培训经费	有,但不是独立的项目	无	有	有	无	无[a]
是否每年都有培训计划	无	有,内部项目	无	无,但有必须的培训项目[b]	有,每六个月有国际机会	无
参与人员	不适用	高管和项目带头人	不适用	不适用	高管	不适用
是否在财政年度开始就做了计划	不适用	是	不适用	不适用	否	不适用
资源分配	根据资金提供者及人员需求	力度较小根据人员需求	根据人员需求	按培训程序规划	根据资助者提供的机会[c]	根据资助者需求
其他组织在培训中的赞助力度[d]	非常重要	很少	很少	非常重要	非常重要	非常重要
每年至少参加一次培训的人员比例	0—50%	5%—10%	5%—10%	0—50%	0—50%	10%—15%
有无正式的室内培训项目	无,但每月有项目研讨会	有,方法学研讨会	很少	有,实质性主题及方法学研讨会	有,实质性主题及方法学研讨会	有,项目总结研讨会及方法学培训

a. 但是有专门的员工差旅费,尤其包括了大部分参加培训项目和会议的费用。
b. 作为员工评估的一部分。
c. 部门主管决定关于参加国内的会议以及带有培训内容的研讨会。
d. 包括由各种捐赠人和基金会发起的活动。

总结

关于这六个第二阶段的智库同第三阶段智库的实践措施的不同之处的记录不是很完整,现概括其中一部分如下:

(一)员工评价比较薄弱。六个智库中只有三个有每年的员工评价流程。仅仅有一个机构由员工本人和评估人员填写书面评估材料。很重要一点就是,评估的结果可以用于后期的培训和薪资调整。

(二)薪资结果各不相同,激励项目类型繁多。有三个方案针对提高有潜能的员工待遇,同时有一个方案侧重于设立一些项目为员工的时间支付薪酬。一个智库有灵活的薪资调整政策。西方的机构很少使用类似的奖励计划,第五个方案的弹性程度则招来可能引起不公平及滥用职权的批评。只有一个薪资体系与正常的西方实践相一致。

(三)对于可以实施的及管理文献中推荐的激励措施,实践中并未充分利用。但是有五个智库明确地学习使用激励措施,如出国旅行等激励措施经常被使用。

(四)培训被视作第三阶段智库员工发展不可缺少的部分。但培训在其中三个智库并没有得到重视,其他两个智库有很多培训项目,但培训经费并不多。只有一个智库将培训要求同员工评估相关联。

事实表明,这六个智库的员工管理实践和第三阶段的组织相比,有很多不同。这些智库需要修订他们的人事管理政策吗?

这些智库的领导普遍认为他们绝大多数实践和各自具体机构的结构、规模、操作风格是相适应的。宽松的环境和民主的共事氛围备受重视。这样的态度,在争取优秀员工方面与商业机构之间可以想见的不平等竞争,以及普遍忽视管理问题,这三点可能是造成上述员工管理实践的主要因素。但是,我们研究的这些智库的工作成绩卓越,并成功地使他们的研究成果运用于政策制定中。

然而,这五个人事体系并不完善的智库能够取得成功,更多地依靠核心管理者的个人管理风格。大多数智库,尤其是比较年轻的,更多是靠创始人的魅力。如果依靠这种个人管理风格，当一个新的领导加入智库，将又会出现混乱的状况。这些智库可以在不改变他们整体运作风格的情况下汲取第三阶段智库的实践经验。总之，采用结构化的人事管理经验，既可以产生近期收益也可以产生远期收益。近期的收益是管理层以下的员工会感觉到被公平对待，这当然会影响工作效率和人员稳定。长期的收益是，高层变动不会导致管理震荡。

3. 组织员工培训

在第 2 章一般性人事政策和做法中已经简要提及了智库员工培训，本章主要是进一步探讨常规员工培训计划的制定和实施。

大多数智库都出现过明显的员工离职现象，这种现象在初级研究人员和行政人员中尤为显著。在某些情况下，随着员工的离职、替换，该机构也逐渐扩大了规模。因此，机构需花费大量的时间以一个员工向另一个员工介绍的方式对新员工进行在岗培训，主要介绍该机构关于形成规范性文档、归档统计分析、客户服务以及利用信息技术系统等方面的政策。

除了这些常规的内容，智库还设立了一些旨在提升员工“人力资本”的培训项目，这对缺乏工作经验的研究人员来说是非常重要的。许多刚工作的研究人员不善于对政策进行分析和对项目进行监测、评估，然而这是大多数智库所需要的。行政人员和研究人员可以通过寻求同事的帮助来提升自身的竞争力，但这种做法是低效率的。因为，同事并不总是有时间把问题解释清楚，而且同事也没有能力回答提出的所有问题。此外，同事的回答也不是全面的。因此，智库需要对内部员工有一个持续的培训计划。

本章介绍了一个行政人员和政策研究人员的培训计划。该计划并没有涉及拓展研究能力的培训，比如计量经济学、调查样本的设计。研究能力是智库的核心力量，一般都是通过项目中开展的内部研讨会来传递的，并辅以正规的大学课程教育。更确切地说，培训焦点在于提升机构内部每一位员工的工作效率，以及在大学教育中无法获得的政策研究技能。[①]

本章节按下列顺序组织：先是向转型期或发展中国家中处于第二和第三发展阶段的智库，概述一个全面的员工培训计划，该计划是笔者在对若干个智库的培训需求和员工培训的调查基础上提出的[②]；随之，是关于如何组织一个培训项目的讨论。本书的附录B和附录C为正文中曾经讨论的课程的提纲实例以及演示文稿。

一个全面的培训计划

智库的培训需求可分为两个部分：一部分是针对绝大多数的员工，另一部分是针对特定个人或岗位。正如第二章提到的那样，特定个人或岗位的培训需求一般是由每年的绩效考核系统来确定的。本章节主要讨论针对绝大多数员工的培训。

显而易见，并非所有的培训项目都适合全体员工。分析师和行政人员的培训项目差别最大，但是即使存在这种明显的差别，也会有一些例外。对专家的培训有时对行政人员也是有帮助的。比如翻译人员可以参加有关项目评估的讲习班，学到相关的概念和词汇，然后把新学到的知识和技能用到翻译项目报告中，以此来提升自身能力。尽管如此，不同群体有各自同质的培训需求，我们可以为这些群体制定与之相适应的培训项目。

表单3－1分别列出对分析师和行政人员不同的典型培训类型。对于分析人员来说有三种类型：一般培训、人力资本建设和研究工具；对于行政人员来说有两种类型：一般培训和办公软件。

① 西方国家那些在社会科学领域拥有很高学历的学生，也并不具备较强的政策分析能力，虽然大学会开设公共政策分析课程，但是社会科学专业的学生并不参与其中。因此，这些新的研究人员可以从一个短期的公共政策课程中受益。

② 并没有找到这一主题的相关文献，第2章介绍了一个一般性培训方案，即某个智库的培训实例。

表单 3-1 智库员工培训类型

关于分析师
一般培训
· 该机构的主要活动，如何组织工作，以及如何提升效率
· 关于如何在智库开展工作的指导——比如，如何同时工作于多个项目，如何在预算范围内工作
· 目标和理念、工作作风、工作规则等
人力资本建设
· 公共政策分析能力培养，包括如何撰写高质量的书面政策建议
· 项目评估
· 投资项目的财务分析——比如社区服务、道路、公共运输、住房等
研究工具
· 基本软件——内部计算机系统、电子邮件、存档、报告格式
· 统计软件包(如 SPSS、SAS、Excel 和 Microsoft Project)
关于行政人员
一般培训
· 目标和理念、工作作风、工作规则等
· 文件处理规定、公司文档格式、差旅费报销等
办公软件
· 机构的文档编辑软件
· 基本软件——内部计算机系统、电子邮件、存档、报告格式等

一般培训

对分析人员的一般性培训应该包括两个部分：机构的主要职能，以及如何成为一个成功的咨询顾问。第一个部分的培训任务应该是使新研究人员熟悉机构工作方式，并引入自己喜欢的工作模式。智库业务类型多样，因此他们的培训也是多样的。在一个特别强调计量经济学的智库中，新研究人员的培训重点是分析质量的提高、数据质量的判断方法、项目组织的方式、执行项目时的团队合作，以及在计算、统计、计量经济学等问题上能提供必要帮助的机构。然而，一个旨在实施、评估技术援助项目以提高地方政府绩效的智库，其培训重点为与地方政府、非政府组织进行友好合作。培训的一般性主题如下所示：

- 理解市政当局参与试点项目的动机
- 与行政部门接洽商谈
- 和当地官员合作
- 建立互信关系
- 理解“需求驱动”的技术援助

· 附录B展现的就是这样的一个组织。

一般培训的第二个部分——如何成为一个咨询顾问，这是一个普遍存在于智库中的问题。许多初次在智库中工作的分析人员，未曾从事过有着硬性约束的项目。这种硬性约束就是分析人员有足够的时间去完成一项任务，而不应该超出预定时间。同样，用公开讨论的方式来组织自己的工作，并衡量工作进展是非常有用的。此外，如果预定时间不足以完成任务，那么在有限时间内该做些什么是非常重要的。如何在多个项目中同时工作（这些项目有可能分属于不同主管），以及解决可能存在的工作冲突，这对分析师而言，是非常重要的。另一个值得讨论的话题是每天完成工作表对记录项目成本的重要性。①

一般性培训对行政人员也是同等重要的，表单3-2显示了行政人员一次会议的日程安排。会议内容包括机构理念与目标、如何指导完成实际工作，以及员工可利用的资源。

令人意外的是，几乎所有的智库都没有上述一般培训计划。后果就是新员工在本应该为项目研究做贡献的时候，却浪费大量时间去“学习如何做事情”。

表单3-2　智库行政人员培训

介绍
- 智库的定义
- 任务、活动的主要方向

员工文件
- 劳工手册
- 劳资协议的内容：与国家法律的一致性

办公文档
- 不同类型的文件——信件、报告、给赞助商的活动报告
- 通讯录和地址的更新与规范

参与员工培养计划
- 通知指定员工参加，包括管理形成安排

介绍图书馆
- 订购机构出版物，分发给员工供其使用
- 为重大活动准备大量的出版物复本
- 使用图书馆和自动化卡片目录
- 熟悉图书馆藏书，包括期刊

① 第9章关于间接分摊率的讨论强调了这一观点。

续表

国内商务旅行的文件 · 旅行预付款 · 费用报告 · 指定项目中旅行账单的重要性 国际旅行文件 · 签证安排——信函邀请，不同的大使馆规定 · 旅行预付款 · 费用报告 计算机网络和办公设备 · 介绍计算机网络，包括备份协议 · 复印机操作（操作步骤、使用的纸张等） · 扫描仪操作 · CD-ROM 记录 · 电话系统

人力资本建设

绝大多数初级和中级研究人员初到智库时，本身就已经具备了相应的基础或较强的定量分析能力，并且拥有大量的某一经济领域的知识。例如，一个新研究人员可能有较高的经济学学历，同时又在交通领域有三年的工作经验。在这三年之中，这位研究人员掌握了该领域的法律和政策信息，分析了市民出行选择和成本的二手数据，并且分析了不同交通方式的收益。但是该研究人员缺乏政策分析和项目评估能力。这种情况在处于转型期和发展中时期的国家中是普遍存在的，这是由高等教育制度的结构和内容导致的。但分析人员若想在智库中占有一席之地，就必须具备政策分析和项目评估能力。此外，根据智库具体的工作内容，新的研究人员可能还需要其他方面的培训。例如，如果智库一直分析替代投资方案的经济效益，如供水和污水处理设施、区域供热厂或者交通改善方案，那么该机构员工需有能力对项目投资进行财务分析。对于智库来说，智库工作结构决定其培训的具体内容。

因为政策分析和项目评估对所有的智库而言都是非常重要的，所以智库为政策分析和项目评估增加了额外的培训内容。表单 3－3 概述了最近俄罗斯市政官员在政策分析课程中涉及的一些议题，如果把这些议题的形式稍加改进，就可以作为接受过西方智库关于市政教学培训的俄罗斯智库人员的培训议题。虽然这些议题都是在俄罗斯确定而具体的需求基础上制定的，但是这些一般性议题可能适合任何政策分析课程。值得注意的是，虽有四分之一的课程是专门教学生写简短而有效的政策建议的，但未经周全考虑而撰写政策建议，在智库中是普遍存在的。[①] 扩展课程大纲见附录C。

表单3－3 政策分析课程的目标：政策原则和技巧

财政援助 不同形式的援助方式及其优缺点；各个原则的说明（例如，消费者至上）。
目标 替代机构的优势和劣势，示例。
动机 对利益相关者而言，动机确定和动机说明，是政策和方案设计成功的决定性因素；利益相关者分析。
政策分析基本过程 智库人员已经探讨了议题的拓展资料，因此他们能在学习政策分析课程之前，接触到一手材料。问题的解释与原定标准不同的政策选择的权衡。
商品生产和服务的效率 介绍基本的经济概念，并强调政府的角色，这个角色要求政府以最少的运作创造适合大多数产业生存的环境（例如，强制执行合同）；引进外包以替代直接向政府提供服务的方式；关于竞争优点的讨论等。
项目监管 项目监管的基本原理；监管信息作用于项目管理的实例；介绍关于信息的收集范围及报告服务对象的更改记录。
数据评估技术 数据包的质量控制（可以被认为是项目监测和项目实施情况评估的子命题）；关于地方官员往往不审查那些通过简单推理就能发现错误的统计现象的解释。
项目实施评价 可以通过项目评估解决并解释的问题类型对优秀的项目管理而言十分重要；成功的案例；界定该评估的课堂练习。
政策建议的撰写 加强分析问题、提出建议的能力；锻炼写作和批判性思维的机会；学习案例分析，要求培训人员使用学到的相关概念。

来源：莫尔斯及其他（2002）。

除北美和西欧地区外，项目评估在其他地区仍处于起步阶段。事实上，即使是常规项目，其监管能力往往也是非常弱的。处于转型期和发展中时期的国家的智库可以带头推动项目评估，并进行此类研究。但是如果这样做的话，这些智库就需要这样的员工：了解项目评估对决策者的价值，可以与项目高层管理者沟通确定未解决的关键问题，并有效组织项目评估工作。表3－1是智库提供给自身研究人员使用的一个全面的项目评估计划。尽管很多议题与数据收集、分析技术有关，但关键内容是模块2至模块5。这就有利于确保项目评估解决的是利益相关者最感兴趣的问题，同时确定评估体系。

研究人员和行政人员的“工具”

此类培训通常会提高员工现有领域的工作效率，但并不使员工涉足诸

① 这被作为东欧-独联体地区形势记录在1999年斯特鲁伊克第4章中。

如项目评估、复杂的桌面出版等领域。表单 3-1 列出了对研究人员和行政人员的相关培训。重要的是，研究人员的培训项目包括了使用幻灯片辅助进行演讲，这种培训还应该包括组织展示演讲和提高表达技巧的实例。同样值得注意的是，此表单还包括统计包软件培训，这使得新员工在早期工作中初步了解统计软件。

对于行政人员而言，表单 3-1 中"工具"培训的目的在于，帮助员工熟练地掌握计算机系统和经常使用的软件，特别是该机构使用的文档编辑软件。

表 3-1　项目评估课程的纲要

模块	部分	主题
1	1	简介评估
2	1	确定评估对象
	2	评估者潜在角色
	3	确定评估指标
3	1	评估工作的实施及推进
	2	性能测试
4	1	影响评估的战略
	2	实验设计的影响评估
	3	准实验设计的影响评估
5	1	效率评估(成本效益和成本效益评估)
6	1	数据收集方法概述
	2	从机构文件中收集数据
	3	调查的设计和实施
	4	专题小组
	5	现场数据采集管理
7	1	使用统计分析
	2	利用回归模型来估算项目的影响
8	1	撰写报告并展示成果

来自：斯特鲁伊克(2001)。

此表仅供参考，智库应根据其工作计划及员工培训内容，确定需要实施的培训类型。

一个全面的培训计划。本章节介绍了各种类型的培训活动。智库的年度培训计划包含什么？表 3－2 和图 3－1 是莫斯科城市经济研究所（IUE）的培训计划，该培训计划属于智库一般培训，因此，它不涉及附加的培训，例如由国际组织资助的培训、考察访问和由智库资助的课堂培训等。

表 3－2　IUE 一般的员工培训

主题	参与者	频率	培训材料
IUE 的咨询人员 · 如何管理项目 · 如何处理与地方政府和非政府组织的关系 · 如何做好公众展览	新的专业人员（强制） 其他有兴趣的 IUE 成员（自愿）	每年至少两次	演示文稿
IUE 行政人员培训	所有行政人员	半年一次（为期一天的研讨会）	讲义
信息技术培训 · 演示文稿教学 · 使用 IUE 内部网络 · 计算机安全和信息保护的基础知识	所有的新成员（强制） 其他有兴趣的 IUE 成员（自愿）	一年四次 （每季度介绍一个主题，三大主题依次轮流进行）	在线讨论
项目评估方法和技术 · 项目评估概述 · 效果评估 · 影响评估 · 效益评估	新的专业人员（强制） 其他感兴趣 IUE 成员（自愿）	每年一次	演示文稿
IUE 政策研究人员培训[a]	新的专业人员	每年一次	演示文稿
性别敏感性问题	新的专业人员	每年一次	讲义

来源：莫斯科城市经济研究所，2002 年 11 月，作者案。

备注：IUE 行政总监将负责行政人员的培训。IUE 部门经理合理安排工作以保证员工可以参与培训。每月的培训时间表可在周一管理层会议上公布和讨论。每项培训活动都进行考勤。IUE 高层管理者将收到一份需要参加培训活动的员工及其主管名单。人力资源办公室将最终决定培训人员名单，并记录人员出勤情况（以确保绩效评估培训目标得以实现）。行政管理主任应协助通知培训人员、准备相关材料及教室，并进行考勤等。

a. 这部分的内容详见表单 3－3。

主题	2002年11月	2002年12月	2003年1月	2003年2月	2003年3月	2003年4月	2003年5月	2003年6月	2003年7月	2003年8月	2003年9月
IUE咨询人员培训			■				■				
IUE行政人员培训(为期一天的研讨会)	■										
信息技术培训:演示文稿教学		■									
信息技术培训:使用IUE内部网络				■						■	
信息技术培训:计算机安全和信息保护的基础知识						■					
项目评估方法和技术培训		■			■			■			■
IUE政策研究人员培训					■	■					
性别敏感性问题	■										

图3-1 IUE培训活动的日程安排

IUE 培训计划包含了表单 3-1 中绝大多数的培训类型，而且 IUE 培训计划对研究人员和行政人员的培训项目也是不同的。同样，对研究人员而言，也有很多有关政策分析和项目评估的培训活动，每一个活动都包含很多会议。除此之外还有一个有趣的附加活动：性别敏感性的研讨会。值得注意的是，除了这些正式的培训项目之外，IUE 还开展单个项目的研讨会。

组织培训活动

制定上文所述的培训计划时，需要注意机构内部的几个问题。本节讨论了其中四个较为重要的问题——培训经费、培训需求、由谁培训以及培训对象。尽管问题看似麻烦，但实际操作却不会花费很多时间。

培训经费

大多数智库在确定本机构年度间接费用分摊率[①]的规模和结构时，都会设定员工的培训费用。这是培训活动可靠的资金来源——从年初就已确定培训费用总额（当然，实际可用的资金将取决于智库是否成功完成其一年内计划募资的目标，但是大多数智库可以预测由自身信用募集到资金数额）。通常情况下，间接费用中的培训经费，是智库培训的核心资金来源。

第二种资金来源于项目中的培训活动。智库至少有两种方式可以利用项目资源：其一，许多智库同外部顾问合作开展项目，这些顾问往往是来自北美和西欧地区，他们利用自己专长参与项目。比如，擅长公共政策分析和项目评估的顾问，可以在这些领域开展研讨会。除了员工在这些研讨会受益之外，会议上分发的材料可以作为该机构员工将来开展类似培训的基础教材。其二，项目资金可用于支持员工参加与项目执行直接相关的培训活动，那么这些参加相关培训活动的人员就可以在自己智库中就这一主题开展培训。尽管列出的这类型培训活动的主题太狭隘了，以至于它们对“人力资本建设”没有太大的用处，但其中的一些培训仍可作为其他讲习班

① “间接费用分摊率”，原文为“the overhead rate”，意为将间接费用分配于各种产品或部门所依据的比率。

的基础。

最后，员工可以用部分私人时间来参与培训活动，而不是花费办公时间。例如，智库在午餐时间开展一些培训活动，员工在吃午餐的同时也可以参与活动中。智库也可以将培训活动安排到快要下班的时候，这样大部分培训活动都会在正常工作结束后开展。这种“成本分担”做法是一种很好的方式。但如果机会成本太高，或经常把这种活动强加到员工身上，就会破坏员工的工作情绪。

确定培训需求

智库的培训需求依据智库规模、员工流失率以及其研究方向的不同而产生很大差异，因此并没有适合所有智库的标准培训计划。本章的第一部分概述了培训计划的一般性内容，这些内容可能适合所有的智库。

采用何种培训计划，取决于智库的培训资源、确定的培训需求以及在一定时期内需要接受培训的人数。培训人数会影响到培训成本，以及某个特定培训活动开展的次数。小型智库可以与类似机构合作，集中资源开展关于人力资本建设的讲习班。但是那些类似机构可能会抵制这一做法，因为他们担心会增强对手的实力。

每年举办的一次或两次的、关于高级管理人员和团队领导者的专题会议，是确定一般培训需求的有效途径。如果在会议召开前，智库能够向与会者解释此次会议的目的，并分发相关的培训主题材料，使其提前思考，那么就会提高此次会议的工作效率。通过年度培训费用预算与以往培训活动成本的对比，可以合理安排培训日程。在讨论中，一些与会者容易将个别员工的培训需求与全体员工培训需求相混淆，这两者还是需要维持一个明确的区分界限的。

决定由谁培训

使用智库内部员工作为培训师是首选方案，因为他们知道员工兴趣所在，便于安排培训日程，此外其培训成本远低于聘请外部专家的成本。而且使用员工进行培训，还有助于后续问题的解决。但如果智库内部缺乏具备专业知识的员工，那么就必须邀请外部专家。在这种情况下，智库也必须指定个别员工为培训师，使其从事将来的培训工作。这些被指定为培训师的员工应将精力放在讲习班上，如有必要，需向讲习班上的专家询要相关培训资料。如果当地确实没有相关议题方面的专家，那么智库管理层需要做以下事情之一：

- 邀请来访的外国专家主持讲习班，如果必要，可以向该专家支付一定的报酬。
- 派遣指定为培训师的员工，参加其他机构开展的相关短期课程。

智库应为一项培训活动预备多个培训师，这可以使培训方式更具灵活性，并避免因一个培训师的离职而造成的培训计划的破产。另外一种比较简单的培养后备培训师的方式，就是委任一个有兴趣的分析人员作为一个课程的替补或者后备教师。在下一节培训课程教授中应当重点关注这个分析人员，或者，如果他已经参与到课程中，那么他可以在主培训师的指导下讲授一部分内容。

选择参与者

一般而言，智库内员工都可以参与大部分培训活动，但培训房间面积、计算机数量等因素，却会限制参与培训的员工数量。如果员工在工作时间参加培训，那么智库管理层将很有可能控制参与人数。但是对于那些在午餐时间开展的培训活动，员工是在私人时间内参加的，那么就不应限制参与人数。

培训人员必须参加的课程。如果管理层认为课程中教授的知识将会大幅度提高培训人员的能力和工作效率，那么他们肯定会强制员工参与培训。为保证员工参与培训，应提前公布培训日程，除此之外，如有必要，可更改培训日期。比如，如果一个重要的全国性会议与培训日程相冲突，那么就可以调整培训时间。

高级管理人员需与智库领导人会晤商谈，并确定培训人员名单。随后，应告知这些员工必须参与培训。然而，对于前文所述的一些培训活动，与之相关的员工都需要参与其中，这些人可以由人事部门确定并通知。人事部门同样也承担记录出勤率的任务，员工参与各种培训活动成为年度绩效考核的项目。

小结

员工培训是智库生产力来源之一，但它经常被忽略。然而员工培训活动并非无用之物，而是提高员工工作效率的理性决策。此外，那些获得新知识和新技能的员工，会对工作有更多的满足感，这提高了员工的工作士气，同时也有利于留住员工。一个有着优秀培训声誉的智库在招聘员工时更有优势。

本章全面概述了智库研究人员和行政人员的培训计划。尽管每个智库都有自身的需求，但文中的观点也有助于智库领导人迅速开展培训活动。智库在制定一项培训计划时，应最大限度利用内部资源，这将会大大降低培训成本。

4. 确保好的建议:质量控制

人们对智库声誉的认可程度,对于维持智库报告和建议的可信度来说,是至关重要的,声誉是智库生存的根本。对于客户来说,由于他们往往不会单独判断某个智库研究产品的质量,因此良好的声誉才是吸引客户的根本。

在西方,大多数私立的、独立的第三阶段公共政策研究组织——智库,都十分关注质量的控制。招聘和留住有能力的员工是确保高质量工作最好的方法。① 但是,即使智库员工招聘很顺利,雇员能力也很强,也需要有一些制度或措施来监督。

同行评审过程是整个质量控制体系的关键要素,稍具规模的第三阶段智库都会采用这种方法。② 同行评审过程中采用标准的形式评价与内容评价指标,可以用来控制智库成果质量:如分析是否准确真实,逻辑是否一致;方法是否得当;论述是否客观、是否基于当前和历史的文献;表述是否通俗易懂等。另外,在一些智库中,如城市研究所,若发现报告出版后有较严重错误,则需要由审稿人与作者共同负责。极少数的智库(如 Abt 联合公司),在出版时会将审稿人和作者的名字一起放在扉页上。③

本章主要针对第一和第二阶段的智库,介绍如何合适地管理同行评审过程,并提出具体的建议。首先介绍第三阶段智库的同行评审的标准评审

① 见第 2 章,该章写到如何在智库中用好的实践方法来激发员工的爱岗敬业。

② 一些智库也为客户提供咨询,在某些情况下,智库的主要捐助人将负责为机构的全面评估提供资金,对 10 个领先智库(美国 8 个和欧洲 2 个)的调查表明:早在 90 年代早期曾经报道过 9 个智库在过去的 10 年里都有外部评审,其他 3 个则具有实质性的、认真的自我评估。9 个智库评估之中有 2 个涉及机构的客户调查,这些评估被认为是高效率的(斯特鲁伊克,1993,51—52)。

③ 在西方国家,很少有智库"最佳实践"的文献,金斯利(1993)提供了一些关于智库如何组织产品审核过程的指导性意见。

大纲。然后介绍关于东欧CIS地区智库同行评审的实际做法，并总结其评审的范围和过程。最后是总结建议部分，指出如何控制智库成果质量，及其在质量控制方面应该注意哪些方面问题。

同行评议过程

以下描述了一个同行评议过程模型，同其他国家的智库一样，该模型中的大多数要素在美国第三阶段智库同行评审中都有所体现。

严格意义上来说同行评议过程必须是正式的，有相关的书面制度和规则声明，它具有强制性，该制度和声明包括以下几点内容：

- 审核产品的范围；
- 审核人具体负责审核的产品；
- 审核中惯用的标准（常用的质量分析方法）、根据分析所得的结论、报告的清晰有效性、产品是否与合同或拨款协议的要求相一致；
- 审核形式（如书面形式、口头评审或其他特定形式）；
- 解决审核人中与作者之间可能存在的争议过程；
- 审核人在评审产品后，对存在的问题所承担责任的范围。通常，产品审核完成后，审核人需要对审核的内容签字，以此来表明其对于此次审核负责。

事实上，许多机构都有同行评审程序，但是与上面所概述的不同。许多并不那么正式：比如团队领导者负责产品审核，但可能并没有保存明确的审核记录。另外，评审记录可能会在评审操作过程中被智库里的专家遗漏。一些智库也可能利用内部审查研讨会来代替同行评审过程，并以此作为质量控制的方法。实际上，这样的研讨会对于指导项目来说或许非常有价值，但是它不能完全确保作品的最终质量，也不能替代同行评审。

第二阶段智库同行评审的实践

以下是来自于对东欧和独立联合体国家的15个智库的调查信息，其中有10个智库反馈了有效信息。该项调查选取的智库中，人员结构选取至少有10个以上是全职和兼职分析师，机构运营至少有5年以上的时间。对于最初选取的智库，作者都进行了访问，但最终只有这些被选定在最终的样本中。由于样本选取的地域范围相当广泛，因此无论是最初的样本还是最终的样本，都均衡考虑了统计样本的代表性。表4-1列出了这些智库名称和地址信息，这10个智库来自于7个国家。

表4-1　接受调查的智库：2000年职工和报告的数量

机构（名称/缩写）	地点	全职研究人员数量	兼职研究人员数量	每年的报告数量
格但斯克市场经济研究所（Gdansk）	波兰	35	7	60
城市经济研究所（IUE）	俄罗斯	38	5	80
国际政策研究中心（ICPS）	乌克兰	25	10	30
民主研究中心（CSD）	保加利亚	23	30	40
市场经济研究所（IME）	保加利亚	9	25	32
大都会研究所（MRI）	匈牙利	10	2	10
社会研究所（TARKI）	匈牙利	8	25	80
维托鲁基金会（Viitorul）	摩尔多瓦	14	12	2
政治研究与比较分析中心（CPSCA）	罗马尼亚	2	8	14
克拉科夫不动产研究所（CREI）	波兰	—	2	10

“—”表示未获取。

上表是截至2000年，对调查的智库相关指标的统计——全职和兼职（研究/政策）员工的数量，以及同年度完成报告的数量。为了便于识别因规模大小而产生的数量差异，该表按规模对智库进行了由大到小顺序的排列。

在2000年，其中前六个较大的智库生产出的报告都超过30篇，而其他四个组织，产出的报告数量均小于14篇。CPSCA和CREI这两个智库规模较小，CPSCA仅有2个全职员工，CREI没有全职研究人员。

调查问卷以电子邮件的方式发给智库的负责人，附有调查目的和填写说明，并要求参与者完成并返回问卷。问卷包括上面所讨论的主题，尽可能采用预编码的方式让填写人员多做选择，问题内容简单且易于进行比较。问卷的内容是城市研究所和其他第三阶段智库中的实践问题，这些问题对调查者来说应当是很熟悉的。

对2000年前后调查的有效问卷进行分析，同行评审实践可分为评审过程、评审范围和评审责任三部分。虽然从开展调查到现在，这些智库的同行评审实践可能已经发生了变化，但这些问卷还是展现了第一和第二阶段智库的现状。

评审过程

同行评审过程主要包括：是否有评审制度、评审者的任命和（评审）报酬方式、书面评审的准备工作方面、评审者和作者存在分歧意见（之间有冲突）的解决方法，以及内部研讨会是否作为评审过程一部分。

在这10个智库中有9个智库规定了研究产品应当接受同行评审（表4-2）。只有匈牙利的城市研究所没有规定同行评审制度，但他们已经认可同行评审过程，但该智库尚且没有能力来采用它。

有趣的是，在这9个具有同行评审制度的智库之中，只有4个规模较大智库有书面的政策声明来管理评审过程。尽管缺乏书面的指导方针并不一定导致同行评审可信度的降低，但它的确会让人们误以为同行评审在该智库中不是那么重要，特别是在较大的智库机构里。如果没有书面的同行评审过程指导和管理方案，高级管理层就应该密切关注同行评审的执行过程。

在对是否准备了书面评审声明的调查中，其中9个有同行评审政策的智库之中，有7个智库需要强制性的执行书面评审，只有2个较小的智库没有这方面的政策。书面审查的明显优势是正式地记录评论内容及减少在评审中产生误解概率。

表 4-2 同行评审制度的要素

机构	是否有正式评审政策[a]	是否有备好的书面评审声明	是否有书面评审准备	谁负责评审	曾经使用外部的审查者吗?	审查者是否有报酬?[b]	如果有争端，谁来评判?
Gdansk	是	是	是	项目负责人	经常	否	作者[c]
IUE	是	是	是	部门主管	不	是	管理者
CPS	是	是	是	管理	一直	是	管理者
CSD	是	是	是	董事长	不	否	研究主管
IME	是	否	是	团队成员[d]	有时	是	管理者
MRI	否	否	NA	NA	不适用	NA	NA
TARKI	是	否	是	项目负责人	有时	是	研究主管
Viitorul	是	否	是	团队领导	经常	否	—
CPSCA	是	否	否	执行董事	不[e]	否	讨论
CREI	是	否	否	管理者	不	否	作者的结论

“NA”表示不适用。

“—”表示不存在。

a. 问题：你所在智库在报告或者文档送给客户或者投稿之前，是否具有同行评审政策?

b. 内部评审可能付费，外部评审员是付费的。

c. 管理者批准出版。

d. 选择必须得到管理层的批准。

e. 需要英文报告。

在选择同行评审专家的问题上，各智库之间有较大的不同。在4个案例中，通常在高级管理员的监督下，由团队领导或个体研究人员选择同行评审专家。例如，在IME，由研究员提名经过管理者认可的审查者。多数情况下，管理者对选中的评审专家都很了解，因此管理者无需对每个评审专家的选择反复审核。

无论是采用外部还是内部的评审专家，智库在任命及给报酬方面是有相当大的变化的。ICPS对几乎所有的项目都是使用外部评审，且评审都是有报酬的，而IUE、CSD、CPSCA和CREI仅依靠自己内部评审，在这些智库机构之中，只有 IUE 给评审专家付评审费。其他智库机构的情况介于这两者之间，当面对特别重要的项目，且员工不具备必要的专业知识时，智库就会外聘审查者。

在解决评审专家和作者之间争论方面，第三方没有必要涉及进来。原因是作者和评审专家一般要通过讨论评审意见，达成一致意见后再做出决策。正如一位 TARKI 里的回应者所说："我们希望的不是评估，而是改善。"但当主要观点上有分歧时，研究室主管或其他高级管理人员需要参与解决，这是一些极少见的情况。在 IUE，这种问题将会在每周领导例会上解决，会议一般由智库机构的总裁主持。

原则上讲，内部研讨会也是质量控制过程不可或缺的一部分。召开研讨会可以在项目进行期间，为项目管理人员提供更多供参考的观点，有时项目主管提出的评论意见其重要性甚至超过项目完成后同行评审专家的意见。实际上研讨会有可能代替同行审查。在调查的 10 个智库之中，有 6 个智库在项目进行期间举行内部研讨会（表 4 - 3，最后两列）。有 5 个智库将内部研讨会看成是对同行评审的补充，MRI（城市研究所）完全使用研讨会作为其唯一的评审方式。只有 ICPS 采用内部评审讨论。举例来说，在 IUE，大约一半的项目，采用内部讨论会的方式，将其研究发现展示给项目员工、部门负责人、管理团队。在 ICPS，研讨会通常在项目的中期举行，并邀请外部的分析师参加。在这两个组织里，以及在 TARKI，重要的项目可能有多次讨论。

表 4 - 3　研讨会的责任和作用

机构	是否有明确的评审形式?[a]	评审人是否签名?[b]	评审人是否有连带责任?[c]	小组讨论也是评审的形式吗?	补充或代替同行评审了吗?
Gdansk	否	否	否	偶尔	补充
IUE	是	是	是	大多数	补充
ICPS	否	否	否	一直	补充
CSD	否	否	否	NA	NA
IME	是	是	否	NA	NA

续表

机构	是否有明确的评审形式?	评审人是否签名?	评审人是否有连带责任?	小组讨论也是评审的形式吗?	补充或代替同行评审了吗?
MRI	否	否	否	偶尔	代替
TARKI	否	否	是	是	补充
Viitorul	是	是	是	NA	NA
CPSCA	否	否	否	NA	NA
CREI	否	否	是	偶尔	补充

"NA"表示不适用。

a. 是否有明确的论文评审形式及其评审人?

b. 评审人是否签名?

c. 作者需要对论文的质量负责,评审人是否也要求对论文劣质内容负责?

覆盖范围

表 4-4 列出了 7 种可能需要评审的成果类型。这些类型覆盖面已很广泛,有些甚至在第三阶段智库可能也没有进行评审,如科学论文和普通文章等。

对于智库的声誉而言,最重要的成果类别是列表中的第一列——给客户的报告。调查中多数智库表示,内部出版物也需要自己负责任(这个问题在调查问卷中没有要求单独回答)。在这 9 个有评审政策的智库中,其中有 9 个智库对这些类别的所有文档进行了评审,只有一些小型的智库例外。另外的两个智库 CSD 和 Viitorul 则显示,其中一些产品是不受评审的,但也没有详细说明原因。总之,在有关给客户的报告中,以下智库成果类别的涵盖范围,比其他任何智库产品类别的都要全。

对于书籍类,往往采用以同行评审的方式进行质量把控。在被调查的智库中,对于员工准备出版的书籍,其中有 5 个智库需要进行同行评审。其他调查对象则认为出版商将会进行质量控制。

表 4-4 审查内容和额外评审要求

智库	产品类型						
	给客户的报告[a]	会议讲稿	科学期刊论文	出版的书籍	大众刊物	新闻发布会内容	会议文件
Gdansk	是(1)	有时	否	是	有时	几乎从不	几乎从不
IUE	是(2)	是	是	是	是	是(3)	是(3)
ICPS	是	是	否	否	是	是的	是
CSD	有时	有时	是	是	有时	有时	有时
IME	是	是	否	否	否	否	是
MRI	否	否	否	否	否	否	否
TARKI	是	否	否	否	有时	有时	有时
Viitorul	有时	有时	—	是	—	有时	有时
CPSCA	是	是(4)	是(4)	否	是(4)	是(4)	是(4)
CREI	是(4)	有时	有时	是(4)	有时	是(4)	是(4)

"NA"表示不适用。

"—"表示未获取。

代码意义：(1) 小项目；(2) 有评审内容的合作项目；(3) 标准材料和准备好的评审论文；(4) 由团队领导出的论文除非他们要求评审。

a. 一般包括研究所内部出版物。

在这 9 个有同行评审制度的智库中，调查统计得出：提交给学术期刊上的论文类别中，只有 IUE、CSD 和 CPSCA 这 3 个智库进行定期的审查，普通出版的文章只有 IUE、ICPS 和 CPSCA 这 3 智库进行定期的审查。会议报告有 4 个智库进行同行评审，在会议上分发的文件有 5 个智库进行同行评审。也许令人惊讶的是，其中仅有 4 个智库对新闻发布会上分发的材料有明确的评审政策，有 3 个或更多的智库会对一些新闻发布会上的文件进行审查，而有 2 个智库几乎不对这些文件进行的审查。

责任或职责

一些智库负责人认为，让评审专家和作者共同对最终产品负责，会使他们有更强大动力把工作做得更仔细。对于最终的成果产品来说，比较作者和评审专家交流时产生的不同意见及职责的差异是非常有用的，一方面可以看到正式的共担责任的质量任务书(假设评审专家的评论可以完全反映在产品最终版本里)。另一方面可以看到非正式的部分——评审专家对评审责任的关注方式。换句话说,有没有外部信息告诉评审专家,他或她需要对最终产品质量负责——除了以正式方式告知这个责任外,是否有其他传递这种信息的方式?

在调查问卷中设定的问题是:“由审查者和作者一起对最终产品的质量负责的要求,是否是智库的政策?”在调查的 9 个智库中仅有 4 个智库肯定地说他们有这种共担责任的同行评审政策(表 4-3)。

另外,在记录评审专家责任的信息或指标方面,调查显示,对于是否用表格来记录评审任务的细节、文档的标题、作者和评论者的身份,以及审查者是否签署了这个表格等,只有 IUE、IME 和 Viitoru 这 3 个智库用标准的表格记录这些信息,并要求评审专家签字。让评审专家与作者共同对最终产品质量负责(表 4-3)的智库共有 4 个。

总结

通常情况下,智库对待成果的质量控制十分谨慎,对以上 10 个智库的分析表明,10 个智库之中,有 9 个智库有同行评审政策。评审过程被视为是对产品的改进,而不仅仅是批评。这 9 个具有同行评审政策的智库之中,有 7 个智库需要评审专家针对其所阅读的文件准备书面评审意见,而其中 4 个较大的智库对评审专家有书面评审要求的政策声明。

然而,这些智库明显可以做得更好。对没有审查政策的智库,显而易见它应适当采取必要同行评审政策和程序。另外,其中两个没有书面评审政策的智库也应该这样做。因为管理层可以依据评审专家的评审书面记录来决定是否发布该文件。

在这 9 个之中有 7 个智库对提供给客户的所有报告、自己出版的作品具有同行评审的要求,这两类产品是智库研究成果的主要行式。其他两个智库要求对这些文件中的一部分进行同行评审。对于其他类型的产品——比如会议报告和会议上散发的材料、普通出版社的文章和书籍——实际评审是多变的。总的来说,对这些类型产品的评审约占给客户报告评审的一半。

这些智库将同行评审集中于给客户报告和它们自己的出版物,考虑到这些产品对一个智库的声誉的重要性,这当然是可以理解的。但他们的声誉也可能被其他方面因素损害，诸如在会议上演讲不佳、分发给媒体的材料不准确、发表在报纸和杂志上的文章很糟糕、出版的书籍令人误解。许多智库似乎依靠他人（如出版商和媒体）实现一些产品的质量控制，这可能是一个错误的想法，因为相比智库本身，没有人有更强的动力来确保产品具有较高的质量。

一个切实可行的计划

毫无疑问，适当的质量控制是至关重要的。但是每个公共政策研究机构应确定哪些资源可以而且应该致力于质量控制，同时在机构制定评审政策时应考虑以下因素：

- 员工的能力和经验——员工经验越丰富，技能越高，详细监管的需要就越低；
- 从经验和技能角度来说，员工层次的混合度越大，越需要详细的监管；
- 对特定产品复杂性的预期，以及发布范围和可见性的预期；
- 对机构内每位分析师对各种产品类型分析深度的经验把握程度，例如，管理层可能读过几个新的高级分析师的报告，对他或她的写作技巧有信心，但不知他或她写新闻稿做演讲的能力。

假设有一个规模非常小的智库的例子，它由三个或四个资深员工组成，这些员工拥有着多年从事高质量的工作的记录，智库可能有一个相对较小的同行评审政策。但即使是在这样的小团队里，由于团队成员可能会在公众演讲方面能力较弱，需要进行演讲排练，又由于员工一般比较的敏感，针对特定员工的政策很难实现，因此，在这种情况下，有评审政策才会使质量控制秩序井然，评审才能顺利实施。即使这样，为了使政策更加全面还需要提出以下两个要点：首先，假设员工的组成不会改变这一政策。即便如此，在接下来的几年里，员工增加或员工替换还是有很大可能性，那么局部的评估政策有可能会被误解，如果员工变化是可预见的，那么一个更加全面的评审政策就是完全有必要的。其次，即使一个高水平的分析专家从事超负荷的工作，他也难免会产生低质量产品，而全面审查政策可以防范这样的问题。切记，产品中的一个明显质量问题可以影响智库的声誉很多年。

显然，大型和多样化的智库更需要全面的同行评审，而解决的方案几乎无一例外地都需要一个总的指导方针。

同行评议过程主要有两个部分构成——同行评审过程本身和评审范围（即哪些产品和哪些分析家需要接受评审）。下面是将为两者的评分提供参考意见。

过程

在本章的开始部分，已经对各阶段评审过程的构成要素做了概述。表单4－1中列出的四个要素尤为重要。该系统应该包括以下内容：一份同行评审书面声明；评审过程的书面记录；用一个标准的格式来记录评审中的关键信息，并由评审专家签名；让评审专家知道他需要和作者共同对产品质量负责。

表单 4－1　推荐评审过程的要点

1. 审查政策应该通过一份正式的声明，该声明涵盖审查流程的所有环节，审查流程包括对接受审查产品的描述（政策声明样例见附录 D）。书面声明中应澄清要求并消除对流程的误解。
2. 审查记录应该以书面形式保存下来，这样不但减少了审查者和作者之间的沟通问题，而且提供了一个清晰的记录，该记录可以供管理者在评估产品时查阅，并为审查保留一份长久的档案。
3. 应该有一个标准的评审表。表里应该记录产品的属性、作者和审查者。它至少还应该包括审查者的评论摘要。表单应该由审查者签名以提高审查者的责任（例子见附录 D）。
4. 审查者应该与作者共同负责。假设审查者的评论被适当地加以考虑，那么审查者和作者应该共同对最终产品的质量负责。这一点应该在审查政策和标准表格中表述，因此审查者和作者应是很清楚的。

范围

接受审查的内容和员工可能是同行评审过程中最具争议的问题，建议参考表 4－5。总的来说，我们建议——几乎所有的内容，除了期刊文章和外部出版的书籍之外都进行审查。这样做的理由是显而易见的：相比于因智库发布错误的报告或其他错误的分析和建议对其声誉产生的不良影响而言，在同行评审上花费的精力是微不足道的。因此所有员工应当遵从同行评审过程。

另外一点：把对分析技术、分析方法的技术评审和文件中提出的策建议加以区分是很重要的。建设性的政策建议往往出现在高层间来往的文件里，这样许多员工都能够执行技术审查和评审，但只有资深的研究员才能对重大问题经常提出很好的建议。

一个智库的声誉是其拥有的最重要资产，对管理者而言，最重要的任务是如何维护它。

表 4－5　评审需要涵盖产品类型的范围

一般的审查情况	产品类型	注解
非常高的优先权	给客户的报告 协会出版物	很少有例外，例外的例子可能是给客户的工作报告的草稿。
高优先权	会议演示文稿 会议讲义 受欢迎的新闻文章	至少应当检查幻灯片演示；缺乏经验的发言人应当进行“排练”检验。
低优先权	新闻发布会的新闻稿和文档 向科学期刊提供的文章 由外部出版社出版的书籍	对于审查，除非基础研究已经进行了评估，同时有高曝光度的内容也应进行审查。 少数高级员工的意见书需要审查吗，以帮助它们建立良好工作的声誉。

5. 成果的"沟通"

对一个成功智库来说,将研究成果有效地传达给受众同完成高质量的政策分析一样重要。如果政策分析的成果被束之高阁,进行深入的政策分析就毫无意义。关于政策研究和政策制定之间关系的分析已经构成了一个研究领域,而且对于如何将研究结果进行有效宣传的理论研究也从未停止。[①] 大量的文章证明研究人员和智库要想使研究结果被采用是有困难的。在回顾了大量报告并和研究机构的管理人员面谈后,赛韦尔和科顿(1999,43)提出:

> 众所周知,只有当需要并且有能力运用这项研究的人们可以获得该研究结果时,这项研究才会被利用,并且是通过一种在当下的环境中容易被理解和利用的形式……这种研究结果的传播方式,已经被英国很多的研究机构所熟练应用……但却没能遵循最基本的原则和标准。

关于如何将研究成果传播给政策机构和其他团体,这一章并没有对相关的文献进行总结和归纳,而是给出如何建立一个有效的沟通渠道的实用的指导方针。这部分的讨论专门使用了"沟通"这一术语而不是"传播"。传播是指智库在产出成果(研究结果)之后发布和推广的过程。这里的"沟

---

① 从政策制定的一般过程来考察的成果有道洛维茨、马什(1996),福伊尔纳(1985)和金顿(1984)。特别针对决策者的信道研究成果见巴达克(1984),科温和路易斯(1982),加勒特和艾勒姆(1998),洛马斯(1993),里奇(2001),赛韦尔和科顿(1999),斯通、马克斯韦尔和基廷(2001)。针对行政官员的信道研究成果包括休伯曼(1994)、普拉特(1987)和斯特普尔顿(1983)。

通”则是指从明确政策研究委托方的需求而启动研究项目，到制定满足不同目标受众需求的产品，以及根据研究项目的进展调整方案的一系列过程。

这一章共分为五个部分。第一部分回顾了一些政策制定的原则，这些原则对具体沟通策略的形成起指导作用。第二部分借鉴了营销学中如何针对一个具体产品建立沟通方案的七个步骤，每一个步骤都根据在公共政策领域进行沟通的独特性而进行了调整。第三部分给出了如何更有效地应用这七个步骤的建议。第四部分概括和比较了东欧和独联体国家中几个高度成熟的智库的实际情况，以及一些少量的关于非洲智库情况的不完整介绍。最后一个部分简单地谈论了如何在一个智库中建立沟通机制。

沟通的原则

巴达克(1984)，斯通、马克斯韦尔、基廷(2001)，格林伯格、林茨和曼德尔(2003,48—58)以及其他很多学者，都对研究工作的外部环境会从根本上影响研究结果的决策效用进行了讨论：一方面，如果研究的问题是当下热点，即使它的包装不是非常好，研究工作也是有影响力的；另一方面，如果研究的政策问题不是政府或者立法机关工作日程上的重要内容，即使研究成果及其包装方式都很好，它也有可能不会获得关注。

也有一些政治学者谈到政策变化的“有效期”，如霍尔(1990)、金顿(1984)。一个新政府成立的早期通常被认为是政策制定的好时机，研究发现在政策制定过程中研究结果的有效应用也有相似的有效期，这个有效期就是研究的问题是国家议程上的重要事项并且正在积极的讨论之中(加勒特和艾勒姆，1998)。事实上，正像在表 5 - 1 中阐明的对于国家级别的政策议题，有许多不同类型和不同的时机状况。表 5 - 1 中这些不同时机的差别在于议题的重要性，该议题是否需要政府机关、立法机关或者较低级的政府部门采取行动，以及议题的时效性(例如是否在当下受到较多关注)。

表 5-1　从沟通角度划分的政策议题类型

时机状况	目标受众
当下讨论的重要的政策议题	政府机关和立法机关的核心成员以及他们的工作人员；有影响力的中间人[a]
可能具有重要性或者到中期阶段就要实施的政策议题	行政机关或者立法机关的分支机构以及媒体
二等政策事务(例如正在积极讨论的有关行政程序优化的议题)	关键工作程序的行政人员、相关利益组织和媒体
有可能在中期受到关注的二等政策事务	关键工作程序的行政人员、相关利益组织和媒体
一个新的、潜在的、重要的政策问题	相关责任领域的政府机关和立法机关的高层成员、相关拥护的非政府组织、中间机构和公众

a. 中间人包括相关的提供支持的非政府机构、智库、当地的咨询公司、捐赠机构、专家和说客。

最为重要的公共政策议题是高层政府官员和立法机关的权限范围内的。在立法机关内部，领导们起着核心作用，政府机关或者立法机关的成员得到他们的下属以及如下中间人的协助：倡导型的非政府组织、智库、独立专家以及博学的说客。[①]

最为著名的一个及时进行政策建议的例子来自于西方智库——美国传统基金会。罗纳德·里根 1980 年 11 月当选总统后，立即开始组建他的内阁并考虑新政府的主要政策方向。在选举的数周内，美国传统基金会就已经向待成立的政府提交了一份几百页的政策草案，该草案全面论述了有关新政府早期应该采取的行动。基金会的建议以数个月的前期工作为基础，对于新政府有着不同寻常的影响力。这一行为激发了对政策共同体的想象空间，也引起了对美国政策共同体“时效性”的重新定义。从那时起，整个智库行业都更加注重政策的时效性以及政策建议的清晰性。

① 赛韦尔和科顿(1999)以及洛马斯(1993)对在政策制定过程中的中间人的重要性做了评价。斯通(2000)特别阐述了智库在这一过程中的角色。

当然，受政府高级官员委任的智库分析成果可以极具影响力，表单5－1是一个俄罗斯智库的成功案例。但是，当智库的工作以这种方式被委任时，应当记住的很重要的一点是，因为受众已经确定了，所以沟通任务被大大简化了。

表单5－1　国家重点议题以及智库介入的时效性

俄罗斯退休军官的住房安置

在1997年10月初，俄罗斯政府的最高官员决定必须解决退休军官的住房短缺问题。已经有大约150,000名退休军官在和亲友合住或者住在临时安置房里。另外，有50,000名军官作为国家军事力量建设的一部分，也将要退休。对这一问题的忽视催生了一个新的以军事为导向的保守派政党，而这一政党正逐渐受到国家的重视。正当合理的抱怨和不满将点燃政党的诉求，这将在下一届的选举中对国家的自由改革构成真正的威胁。

第一副总理鲍里斯·涅姆佐夫召集城市经济研究所(IUE)——一个当地的智库，在15天之内起草一个大纲。早先，涅姆佐夫先生时任下诺夫哥罗德州长官，曾经和城市经济研究所一起试验过一个针对退伍军官的消费者补贴方案。他和城市经济研究所的研究员都认可将这一消费者补贴方案作为要起草的大纲的基础。城市经济研究所按时提交了草案，根据这个草案，军官在居住地购房将获得80%的房价补贴，银行作为政府的代理人直接把补贴款支付给售房者。十天后，研究所提交了一份为该草案以最小的公共融资方式进行资金筹措的计划。1997年10月结束的时候，总统鲍里斯·叶利钦对这一理念表示认同。随后，方案很快正式通过了政府决议并开始执行。

资料来源：斯特鲁伊克(1999)，1。

二等议题将会由低层政府官员处理，尽管最终的处理方案也可能需要通过内阁的批准。很多方案的评估结果都是在这一层次上实现的，政策法规的变化也大都是这种类别。一个关于二等议题卓有成效的研究案例是对俄罗斯一个社会援助项目实施的质量评估。2000年在俄罗斯，通过当地政府机关，这些社会援助项目几乎得到了普遍实施，但有时即使国家部委下发一些非常明确的严格的规章条例，这些政策也不会有效实施。4所城市9个办事处的分析结果表明，在一些关键领域，行政管理程序通常是不完善的，例如对员工的培训和监督、对选举资格和福利决定的质量控制、管理报告的准备以及对实施情况的监督。将这一分析结果提交给劳动与社会福利保障部的高级官员，他们将会积极提出一个方案来改善当地的行政管理状况。[①]

关于二等议题政策成果的利用，普拉特(1987)指出了通信网络的重要性，例如专业人员协会在将政策告知管理人员以及引起大家对于改变的共识方面的重要作用。值得强调的是，相关政策共同体通常是一些有着直接行政责任的相对而言的小团体。[②]

最后，还有一种三等政策议题——一种被最新定义的议题。在美国一个非常典型的著名案例是哈林顿·迈克尔在他的作品中大量宣传了在20世纪60年代的国内贫困状况。哈林顿在《另一个美国》这本书中引人注目的描写使得降低贫困程度成为国家优先考虑的问题。对于新的政策议题，受众或许可以很好地将其与已经在政策议程上的项目区别开来，要想引起注意或许首先需要在议题中加入公众感兴趣的内容。

除了问题的重要性，确定相关受众的关键维度是该议题在政策议程上的重要程度——它是当下正在讨论的议题吗？它存在于政策议程上但很有可能要到下一年度才会被考虑？又或者它就不在政策议程上？换句话说，现在是合适的时机吗？如果它是一个很热门的话题，那么智库应该设计出简明的产品并且努力将结果传达给最高决策者及其顾问。

如果该政策问题不是当下讨论的重点，那么至少仍然有两大原因决定了将分析结果传达给相关受众的重要性。首先，对一个议题展开较充分的早期分析可以设定出未来政策辩论的相关条款。相关领域的专家，无论他是否在政府机关任职，都很有可能去思考这类议题。就这一点而言，安德鲁·里奇(2001)最近一项关于美国智库影响力的研究则是富有洞察力的。尽管智库中较为保守的一方相较于更加自由的一方，在国家政策制定过程中越来越活跃，但里奇并不认为保守派智库组织一定更有影响力。理由是自由派智库做了更多的基础分析和数值计算，而保守派智库提出的是更多的论证却少有新的信息。实际上，自由派智库在制定议题的思考框架时是

① 机关工作评估结果交给了里奇曼和斯特鲁伊克(2002)。

② 同样地，休伯曼(1984)强调了研究人员找到合适的工具将研究结果传达给一线管理人员(或者在这种情况下是老师)来促使他们按照研究发现行事的重要性。

更加成功的——这在政策辩论中是一个非常强大的优势。

其次，将一个具体议题的分析结果传递给关键的中间人是非常重要的——当该议题获得关注时，无论咨询对象是拥护这一议题的非政府组织、政府机关和立法机关的工作人员，还是捐赠组织和智库，又或是专家。巴达克(1984)把这些组织和个人比喻成"信息库"或者是"储藏柜"。[①] 这是当议题成熟时，关键政策的决策者将会参考的资料来源。收集资料是他们工作的一部分，所以当议题提上议程时，他们会在手边保留一份非正式的关于这一议题的高质量的资料目录。[②]

大部分的智库并不按照表 5-1 中所建议的界限对政策议题进行区分，但他们有同样的沟通策略。他们倾向于用同样的工具去传播他们的发现而不管该议题的重要性和时效性。然而，研究文献和类似哈林顿那样的杰出成就中都隐含了这样一个教训，为一个项目制定沟通策略的第一步是把握该政策的重要性和时效性。

一个循序渐进的过程

一位主要基金会的副总裁将"战略沟通"定义为：信息的产生和传递从而实现对组织的使命关系重大的特定目标的受控过程(卡雷尔，2000)。

一个智库怎样成为一名战略性的沟通者？沟通策略的开发和实现是一个由七个步骤组成的过程。[③] 不需要为了形成一个好的沟通策略而刻意按照表单 5-2 中所列的步骤，但他们的确以一种容易理解的方式构建了沟通策略的形成过程。

---

① 格林伯格和他的同事(2003,47)将这样的信息收集称为"编制资料目录"。

② 这个构想和"知识效用学派"将知识看作是一种累积的观点相一致。一段时间累积的研究发现改变了决策者对于问题原因以及可选择的政策干预效果的看法。如森德奎斯特(1978)。

③ 这一部分主要引用了科特勒(2000)，第 8 章。原文中使用的是 8 个步骤，这里作了修改，以更好地符合智库的要求。

表单 5-2　有效沟通的 7 个步骤

1. 明确目标受众。
2. 决定对于不同受众的沟通目的。
3. 选择沟通渠道。
4. 设计信息内容。
5. 为项目的沟通建立预算。
6. 决定沟通活动的组合。
7. 预测沟通结果。

资料来源:改编自科特勒(2000),552。

第一步:确定目标受众

如表 5-1 中所总结,目标受众的确立严格依赖于谁对于政策问题的解决负有责任,以及议题是否在当下被讨论或者是在接下来会被讨论。在识别目标受众时,要明确最终目标。将可以把信息传递给最终决定决策者的中间机构作为目标是很好的,但是要注意双方的不同角色。

第二步:决定对于不同受众的沟通目的

与一个特定的受众沟通的目的可能是实现认知、情绪或行为反应。换句话说,智库的目的是将一种观念或者结果导入人们的思维中,改变他对于议题的态度,或者促使人们去采取行动。市场营销理论包括四种主要的"反应层次模型",他们都是将这三种结果作为连续性事件,也就是一个人的自然思维过程将导致一系列的反应:认知的→情感的→行为的。

因此,根据科特勒(2000,555)所描述的沟通模型以及表 5-2 所示,在认知阶段的目的是引起目标人群的注意,促使他去接收信息(关注信息)并且在智力上对信息内容有所消化。在情感阶段,信息必须影响人们对于议题的态度,至少能够将议题放在他的日程上,然后促使接受者产生行动的观念和意愿。最后,在行为阶段,人们将采取行动。

表 5-2　沟通模型的三个阶段

阶段	事件
认知阶段	曝光
	接收
	认知反应

续表

阶段	事件
情感阶段	态度
	意愿
行为阶段	行为/行动

举个例子，如果研究确定了一个新的具有潜在重要性的政策议题（例如，当下农村婴儿卫生保健需求服务水平），其中一类目标受众是有兴趣改善当前状况的广大人群。但是，为了接近这部分受众，必须使用大众媒体。因此，实际上有两类受众——最终受众（大众）和近似受众（大众媒体）。为了引起记者和编辑的注意，成果必须是容易理解的，用生动且准确的语言表达，用简明并包含翔实数据的公文呈现。如果可能，加入在项目工作中有人情味的小插曲。智库可以先为感兴趣的媒体举办说明会，直到第二天再举行新闻发布会，目的是抓住记者的注意力拖延足够长的时间，以此来证明该议题的重要性，然后促使他们采取行动——首先要获得更多的信息并且考虑新闻报道的撰写，然后起草新闻报道。针对大众的目标是认知的上的和情感上的接受，使他们认为这的确是一个现实问题并且产生需要政府来解决这一问题的情感倾向。

另一方面，对于有可能在中期获得关注的二等政策议题，目标可能是绝对的认知。智库可以试图让和议题相关的非政府组织、政策精英关注报告中的优秀成果以便当该议题在日后出现的时候可以被提到。

第三步：选择沟通渠道

怎样和目标受众沟通？对于设计一个政策研究成果的沟通策略来说，这显然是一个关键问题。表 5－3 列出了 15 个平台，分组在四个标题下，这四个标题是在营销环境下使用的：促销、公共关系、个人推销和直接营销。对于一个具体的政策研究沟通任务，平台或者平台组合合适与否取决于政策议题处在表 5－1 所示优先性序列中的位置。下面的例子说明了可能会出现的组合。

对于一个热点问题——一个当下由政府和议会处理的具有全国重要性的议题——团队设计的沟通策略可能会是以下情况的组合：

- 个人推销——让资深人士同决策者和中间机构面谈，例如关键的决策人员和非政府组织；
- 将访问用的简短的政策备忘录发给其他的决策者和中间机构；

表 5－3　政策推广的沟通平台

促销	公共关系	个人推销	直接营销
在大会上展示	新闻发布材料和新闻发布会	和政策决策者的面谈	邮寄文件
	在大会和专业会议上的演讲		
	参加研讨会	和中间机构的面谈	在网站上贴出成果
在专业协会会议上展示	年度报告		
	出版物[a]	和决策者组织圆桌会议	发邮件通知
	简短的政策函		
	报纸上的文章		

资料来源：改编自科特勒(2000)，表 18.1。
a. 包括简短的研究报告，主要的研究报告和图书。

- 通过技术支持发布在智库网站上的研究报告可以弥补政策备忘录的不足(直接营销)；
- 高级职员在大会和谈论议题的专业会议上的展示(公共关系)。

从调查结果的显著性来看，新闻发布会的形式也可能是较为合适的。

对于还不在任何决策责任者行动计划上的二等议题，可能适用完全不同的沟通平台组合。在这种情况下，组合可能是以下几种：

- 将研究报告邮寄给对该议题有特别兴趣的中间机构并且将报告发布在网站上；
- 智库职员和中间机构之间的在一定技术层面上的会议等；
- 将以该研究为基础的文章发表在专门的学术期刊上。

沟通策略很少使用一种单一的工具。当然，以上列举的组合情况也都是比较常见的。

第四步：设计信息内容

在这一阶段，团队要为已经明确在表 5－1 中所处位置的项目成果设计传播策略：他们对研究的结果了然于心(或者有一定程度的预知)，明确了目标受众,并且已经决定了传播研究成果的沟通平台。在第四步,团队通过三个独立的要素来确定需要传递的信息:信息内容、信息形式和信息源。在审查以下几点时,牢记在表单 5－3 中列出的目标信息不能被传达的三个常见原因。

信息内容。内容集中在团队想要让目标受众接受的主要观点上。明显地,研究人员发现用很少的几点去总结研究成果的核心是困难的。的确,过于简单不利于丰富研究成果,而且会有信息接收不充分的风险。但如果要点不是明确而简单的,沟通也不会获得成功。如果省去概论部分不会对任何一个项目造成损坏,那么这部分的概论可以略去。如何使信息合理化必须取决于目标受众、信息形式以及选择的平台或者工具(政策函、电视报道、学术期刊等)。

表单 5－3　目标受众不能获得目标信息的三个可能的原因

当设计研究成果的传播策略时,牢记这些陷阱并思考可以将这些陷阱的负面影响减少到最小的选择。

1. 选择性注意。政策共同体中的关键人物——决策者和他们的职员、智库的研究人员、非政府组织的领袖——收到大量的备忘录、报告、报纸、杂志以及其他的文件,外加许多的电话和电子邮件,甚至一个精心包装的消息都会在这个信息的漩涡中被忽视。
2. 选择性曲解。接受者会听到他们能相信的内容,而不注意其他存在的内容,结果他们常给这一信息加入不存在的含义。沟通者必须使传递的内容简洁、清晰并不断重复,才能使其要点被接受。
3. 选择性保留。人们只会对所获得信息的一小部分保留长期的记忆,信息传递的有效性对于记忆的保留是至关重要的,积极接收的信息比第一印象是负面的信息更可能在以后被想起。例外的情况是引起接收者在脑海中进行辩论演练的有效的负面信息也同样容易被记住。

信息形式。一旦传递的内容和使用的平台已经确定,那么关键问题就是信息如何被看到或听到。不幸的是,大多数的智库把主要精力都放在设计信息内容上,而代价就是忽略了信息形式。

处于转型期的发展中国家,少数智库努力工作来引起关注,还把他们的政策备忘录设计得十分雅致。他们考虑的问题是纸张的质量、标语和标题的颜色,是否要突出和强调引用的部分,以及字体大小、页边距、文章的长度,还有例如是否需要使用项目符号等格式问题。信息形式的设计包括颜色、字体大小和标题,通过这些要素来表达信息的紧急性以及智库想要引起关注的程度。柔和的视觉感受、高品质的纸张、适中的字体大小以及恰当的标题语言相对于黄铜般的颜色、廉价的纸张和呼吁行动的标题,所传达的信息是完全不同的。

许多智库已经为不同的政策备忘录系列设计了独特的标语和图版,以便接收者可以快速辨别文件来自哪一个研究所以及所涉及的主题是什么。同样地,关于某一主题或者某一研究领域的不同报告也设计了不同的格式。这样的定制化可能会引发一个问题,那就是接收者只会查阅他所处理的某一特定政策问题的相关文件。

如果智库试图扩大其在印刷媒体上的覆盖范围,一个好的策略是以一个简洁而真实的案例作为叙事的开端,目的是增加叙事的针对性以吸引相关受众。改善医疗服务体系的文章可以在段落开始,讲述一两个现在所接受的医疗服务是多么糟糕的案例——没有医疗服务或者是很差的医疗服务,又或是昂贵的费用等。这会使得议题对于记者和读者来说具有直接的利益相关性,文章的剩余部分可以进一步阐述所建议的改革方案。

信息形式毫无疑问地影响着文件及其所包含的信息以怎样的方式被接收。因此,智库需要仔细考虑议题的展示问题。

信息源。市场营销理论指出可靠的信息基于人们是怎样通过三个方面的感知来获得信息:专业知识、可信度、好感度。专业知识是指个人或者组织所拥有的用来支持论断的专门知识;可信度是指对于信息源真实性的看法;好感度指的是信息源的吸引力,在现场会议和展示中表现得更为突出,坦率、幽默、自然等品质使得信息源更加亲民。① 书面文件所表现的语气在某种意义上也扮演着同样的角色,工作人员的演讲技巧对于现场交流也是十分重要的。

对于书面成果,智库的公信力通常是至关重要的,因为书面成果中隐含着对专业知识和可信度的要求。这就是为什么智库需要投入如此多的精力来控制成果的质量。对于在某一领域还未有建树的研究人员,在出版物上所使用的智库名称和智库标识以及在会议手册上标明的与智库之间的附属

① 见科特勒(2000),559。

关系是非常重要的。对于已经有所建树的研究人员，和智库之间的从属关系就不那么重要了。但是，声望颇高的研究员同他所附属的优秀的智库组合将最有可能获得政策共同体的充分重视。

智库应当慎重考虑选择谁作为现场活动的工作人员，有时从事该项工作的研究员并不是最有效的演讲人员。年轻的研究员可能缺乏智库主管或部门主管已经建立的专业信誉，同样这些人也缺少概述复杂研究结果的经验，这样非技术的政策制定者更乐于去设法理解他们的表达。通常，对于资深人士和研究员都在的现场活动，一个好的解决方案是邀请关键决策者的参加。通过这种方式，研究员借助资深人士的公信力也开始建立自己的学术声望。在和中间机构以及决策机构的工作人员举办会议时，研究员可以在偏技术性的议题上“唱独角戏”。

应该认真组织现场活动，沟通策略的设计团队应该和高层管理者共同决定现场活动的内容以及相应的参与人员，会议和研讨会的时机和顺序显然是十分重要的。应该将新的研究成果提前告知关键决策者，以免当他们间接了解到时会感到恼火。

第五步：为项目的沟通建立预算

在这一阶段，沟通策略已经确定了目标受众、使用的平台以及将要传递的信息，现阶段的想法应当从可用预算的角度进行考虑。但是请记住，政策研究项目成果沟通的最终预算是由一系列的迭代过程产生的——确定策略、计算费用、调整策略以节省开支等。当研究项目接近完成时，在项目之初设计的沟通策略应当根据议题在当下的重要性进行调整。如果议题的重要性急剧增加，那么可以考虑投入更多的资源来进行研究成果的传播，包括总裁或者其他人员的更多的时间，以此来加强该研究成果的地位。

“可用预算”是一个弹性概念。实际上，执行沟通策略所用的资源来自于两个独立的源头。第一部分的资源是用来撰写报告和进行宣传活动的项目预算。在执行一般策略时，这些资源通常没有得到充分利用。研究员经常在为客户撰写报告时就会思考如何将成果更广泛地加以传播。事实上，如果在项目早期就明确了沟通策略，那么研究员就可以为客户提供更有用的产品，因为该产品或产品的产生是根据沟通策略而进行的。例如，如果沟通策略要求分发政策备忘录，那么相比通常情况研究员会更多关注提交给客户的研究报告的执行简报，同时也应注意书写和格式，以便只需要进行较小的调整就可以在更广泛的受众群体中进行传播，几乎没有客户在看到特别明确而高质的执行简报时会不愉快。同样地，如果发行报告的资金也是可利用的资源，那么从一开始报告就会根据特定的沟通目标而进行内容组织和格式设计。

第二部分的预算是超出智库项目资源的部分——包括超出的资金和内部人力资源两个方面。一些人力资源被登记在间接成本账户上，可以用来承担没有额外资金支持的沟通任务。尽管如此，这些员工的机会成本也应该被考虑。如果智库拥有一个公关人员，那么他愿意投入推广研究成果的时间会是多少？与报纸的专栏作家进行面谈，协商政策备忘录的布局设计等？总裁准备花费多少时间来会见高层决策者？一个全面的预算应当将资金资源和非资金资源都明确列出。

第六步：决定沟通活动的组合

有了预算，明确了信息和传播渠道，沟通团队可以开始确定将要开展的活动组合。最终的活动组合将取决于推广活动的费用以及根据沟通目的预测的活动效果。

每一个智库都应该明确每一项活动的成本或者“市场价格”，在计算这些费用时，应当考虑每一个步骤所需要花费的成本。根据过去的工作经验可以决定各种各样的任务所需要花费的工作时间，以及印刷文件的成本等。以下列举一些活动的成本构成：

- 和决策者的面谈。组织和进行面谈的工作时间成本。
- 圆桌讨论。组织活动的工作时间成本，一方面是后勤准备时间成本，比如准备和分发邀请函、发送提醒和处理相关问题等，另一方面是邀请关键参与者。此外，还有参与活动的工作时间成本和茶点招待成本。如有必要，还有活动场地的租借成本。
- 政策备忘录。撰写和编辑政策备忘录的工作时间成本，包括接受高管审查的工作时间成本；版面布局设计和重要修改的时间成本；印刷成本;分发成本,包括准备邮寄名单、邮件标签以及分装信封的工作时间成本。

- 参与研讨会。准备会议展示和参加会议的工作时间成本;交通成本;分发的文件材料成本。
- 报刊文章。确定记者进行采访的公关时间成本;研究员从一个可能吸引报刊的角度准备定制化评论的时间成本;和记者见面的时间成本;或许还有后续工作联系的时间成本。

根据设计出的"价目表",可以确定活动的总成本。在计算这些成本时,要区分固定成本和边际成本。例如,研究员和沟通团队准备了一个政策备忘录,分发给50多人的费用成本将会很低。与此相反,同决策者进行的现场会议几乎是没有规模经济可言。

估算沟通平台或者是沟通活动对于实现沟通目的的效果将会是非常困难的。在有限的程度上,智库在一个国家实际使用的各种平台的频率是对该平台沟通效果的一种测量(这类信息体现在智库实践之中)。但是这样的信息汇总并不能表明某一渠道在接近不同受众时的有用性,因为各个议题有着不同程度的政策重要性。因此,智库的经验以及对不同活动效果的感知可能是比较重要的。

在确认使用不同的平台达到的不同沟通效果的总成本时,团队在设计沟通策略时的前几步将会被重新考虑。特别地,表单5-2中的第3步到第6步应当被重新考虑。

明显地,在设计沟通方案的过程中应当与高管和研究员密切磋商,并且最终方案应当同他们的意见一致。沟通方案可以为研究人员的产品创新提供指导,即应当遵循项目合同中的拨款情况和资金要求。沟通方案也让各方有机会发现进行会议展示等方面的新机会,特别是当项目接近尾声时。

在项目的最后,随着研究成果的具体化,应当重新审视沟通策略以确保它适应实际的研究成果。有时甚至好的项目构思会产生糟糕的项目结果,有时国家的政策重点在研究进行过程中发生了变化,特别是当项目研究超过六个月时。类似的这些改变都要求调整沟通策略,在极少数的情况下,需要完全重新考虑。

第七步：判定沟通结果

如果智库对于以往沟通活动的效果进行了观察和记录，那么在设计新的活动方案时他们可以做得更好。正如刚刚所讨论的，在决定沟通组合时，他们有使用不同沟通平台的有效性的关键信息。

不同的监控方法适用于不同的活动。新闻发布会的效果可以通过报纸和电视的报道量进行评估，同时也应当考虑当天发生的其他有报道价值的事件，另一个评价指标是因为新闻发布会所引起的后续的广播和电视报道的数量。

邮寄或者分发文件（如政策简报或报告等）的效果可以在三四周之后通过邮寄调查问卷的形式进行评估。调查问卷是非常简单的，只需要花费一分钟去填写。问卷右上方的数字是给回答者编制的序号，以此给回答者一种匿名回答的感觉，同时也节省时间。将反馈和回答者的地位（例如，政府官员、智库职员、决策者、决策者的助手等）联系在一起可以分析出文件对于不同受众的反应效果。问卷可以是一张已经贴好邮票并且地址是寄回原机构的明信片。表单 5－4 是一个对收件人进行调查的例子，表单 5－5 是一个小型的案例研究。

表单 5－4　邮寄问卷评估某些沟通活动效果的样例

亲爱的同仁：　　　　＃225

大约三周前，政策研究所寄给你一份政策简报，关于“帮助贫困家庭的儿童”这一议题，中央政府是否应该改变住房津贴计划这一针对低收入家庭的福利。我们将非常感谢您填写此份简短的调查问卷并寄回给我们。请在适合的答案上画圈。

你还记得看到这份文件吗？　　是　　否
如果没有，不需要回答其他问题。

你是略读的吗？　　是　　否　　其他
详读？　　是　　否

你认为文章的内容（1＝非常积极的响应；2＝好；3＝负面回应）
提供了关于这一话题的新的信息？　　1　　2　　3
提供了关于这一话题的新的视角？　　1　　2　　3
写得很好并且有很好的呈现？　　1　　2　　3

表单 5－5　评估政策简报系列活动的效果

> 华盛顿哥伦比亚特区的城市研究所，在 1999 年发起了“直言不讳系列”的简明的（单页的）有关美国养老金形式问题的政策简报，四分之三的简报寄给了 1600 位被认为对该议题具有极大兴趣的人，简报由一位在相关议题的政策共同体中享有盛誉的该研究所的高级研究员所写。
>
> 一年后，该研究所开始给接收“直言不讳系列”议题的人们寄信，询问他们是否愿意继续接收政策简报。空出寄信人地址并且已经付过邮费的明信片，是给收信人提供的用来评价该系列政策简报的。名单上的绝大多数人员进行了回复，并且要求继续保留在名单上。此外，大约有 100 名调查对象对于政策简报系列及其作者的评论全部是积极的。精选了部分评论作为资金申请的补充材料，从而可以进一步推进这一项目。

类似的问卷可以寄给圆桌会议以及由智库组织的研讨会的参与者。仔细挖掘关于几分报告或者政府简报的调查结果，智库可以更好地确定信息形式和版面设计来迎合多样的受众。

虽然该调查方法可能是有前景的，但是经验表明类似调查的回收率很低。通过给予一定的反馈激励，回收率可以有一定的增加。例如，继续保留在邮寄名单上，或者说明更新的邮寄名单将会被作为未来研讨会或者圆桌讨论邀请名单的基础。尽管如此，缺乏经验以及此类调查的成本还是阻碍了许多智库，包括那些富有沟通活动经验的智库，广泛使用这种调查方法。

在互联网时代，可以替代邮件调查的另一个选择是智库主页上的访客名单。可以询问访客对于智库成果的满意程度，如政策简报、工作底稿等，询问访客是否在政策内容中使用了网站上的信息。如果在调查中，可以收集关于回答者的现任职位（决策者、被选举或任命的官员、倡导者或服务提供者、研究员、媒体成员），感兴趣的话题以及类似的补充信息，那么反馈信息的价值将会更大。另外，对不同类型研究成果的反馈可以根据他们的特征制作成交叉表格。

2003 年，由城市研究所的“新联邦评估”项目进行的这类综合调查提供了非常有价值的信息（宣传活动和评估活动在附录 E 中有详细介绍）。这项调查的回收率特别低，大约有 19,000 人专门注册来获得这一项目的通知和网络出版物，在为期一个月的四轮“邮寄”调查中，给 15 840 个有效地址邮寄了问卷，其中只有 538 名，占比 3.4%的用户完成了调查问卷。这类邮件调查的低回收率已经是一个很显著的问题，如此低的回收率也造成了反馈的信息不具有代表性和有效性。

电子邮件通讯列表调查存在的缺陷是将那些即使不利用但至少已经知道该智库研究成果的人群也包括在其中。为了更好地评估一个智库的沟通活动的范围和影响,智库需要明确和询问那些积极参与某个特定议题的政策制定人群所依赖的信息来源。这种方法需要更高的要求和更多的费用,但是它所产生的结果也是更可靠的。

另一个需要高层管理者考虑的办法是雇佣局外人员来考察智库沟通方案的有效性。这个局外人可以来自媒体、公关公司或某个大学传播学院。局外人可以对沟通方案进行简单的审查,或者外加一个如上文所述的调查的有效性审核。之所以会有这一想法是因为如果整个方案本身就是有问题的,那么由自己来监督项目活动将不会有太多的成效。

与决策者或他们的职员进行面谈的效果评估要求非常高。当然,政策参与者所做的实际决定是成功与否的终极指标。但是决策者对于某一议题或者各种政治考量的倾向,即使是最有力、最缜密的论断也经常会被颠覆。

尽管如此,智库的公关人员可以和在其他智库工作的职员进行经验交流,而且令人印象深刻的是,所获得的信息常常很有价值。无论评估沟通活动效果的方法是什么,智库都需要评估反馈以避免在无意义的活动上浪费仅有的资源。

制定工作程序的贴士

7 个步骤的介绍或许给人一种错觉,设计一个有效的沟通方案就像是烘焙一个可口的蛋糕:按照配方操作结果将会是令人满意的。但事实并非如此,沟通既是一门科学也是一门艺术。如果遵循以下几点建议,将大大提高工作进程。

经验作用

一个沟通新手会严谨地遵循 7 个步骤的工作程序,然而还是会有令人失望的结果。为智库设计沟通策略,为特定的政策研究项目成果的沟通方案提供建议将会是让人受益无穷的工作体检。这包括向公关专业人士以及工作室学习；同记者们发展人际关系，这样智库的公关人员就不需要猜测记者们需要什么；和同领域的非营利组织交流工作心得；获得工作指导；时刻学习新的沟通技术。高层管理者应当激励从事公共关系和沟通活动的职员不要只是坐在办公室里，而要积极参与这类活动。

语言清晰

最后部分着重强调了语言清晰的重要性，必要时甚至是语言生动的重要性。问题是如何获得这样清晰的语言。通常在沟通过程当中，智库的公关人员需要修改研究员的研究成果，但这也不足以将研究报告修改成对媒体和公众具有吸引力的文本。

智库应当仔细考虑另外两种可以摆脱这一困境的方法，至少对于高预见性或高优先级的研究成果应当采用。一种方法是在内部沟通职员中加入训练有素的记者，通过更有效的格式和语言，将研究成果“转变”地更为清晰。

另一种方法是提高工作人员的写作质量，因为少有研究人员能够掌握有效的沟通方式。如果研究人员不愿意为非学术的受众写作，或者不明白这类受众的需求是什么，那么沟通活动将会被大大破坏。一个已经证实的方法是为研究人员建立一个提高写作水平的讲习班，有效写作的原则展示在讲习班内，并且参加者要遵循这些原则写出短文。教员从中选择一两篇短文，通过分析其优点和缺点向全班人员进行反馈。有时，也会在小组会议的间隙准备不同格式的短文。

同高质量写作的强烈需求一样，电视和广播展示的培训需求甚至会更强烈。在回答记者或者脱口秀节目主持人的问题时，研究人员倾向于给出深思熟虑的但常常又加以条件限制的长篇陈述，这样的回答在这种情况下是致命的，措辞恰当的简明陈述才是最为合适的。还有，在接受访谈时研究员应当阐明两三个他想要去传达的要点。说起来容易，只有多加练习才可以做到心中有数，包括录制和评论模拟访谈的培训课程是非常有效果的。

或许智库的公关人员能够进行这样的演讲和培训课程，但从智库外聘请有相关实际工作经验的人参与其中效果将会更好。实践表明，很难让最需要提高写作技能的人参与这类课程。在这种情况下,高层管理者需要去鼓励他们参与。更为普遍的是,高层管理者需要去建立一种"有效沟通的文化",这意味着管理者要经常强调对智库的不同受众进行研究成果有效沟通的重要性。即使如此,他们也应当做好心理准备——只有一小部分职员会对和媒体共事或提高沟通技巧表现出真正的兴趣。

谁为谁服务?

对沟通功能的基本理解是,有效的沟通是沟通人员代表作者为观众和读者服务。如果他们只是按照作者的要求来操作,那么沟通人员就没有尽到他们的工作职责,未能理解这一点是作者和沟通人员众多分歧的核心。此外,高层管理者的一项重要职责是传递沟通专家是为受众服务的理念,这当然不是通过指令发布的信息,而是在案例分析的基础上支持沟通人员提高政策研究成果的清晰性和有效性。

智库工作实践

处于转型期的发展中国家,智库已经做了哪些工作来和决策者及公众沟通? 不幸的是,可得到的有效信息是有限的。通过对西欧智库的调查以及从非洲一些智库样本的指标来看,对出版物、人际接触、大众传媒等各种传播工具的使用情况有非常丰富的数据资料。然而,并没有智库如何选择传播工具的内容,也没有这些传播工具是否符合表 5 - 1 中所描述的与不同政策环境相匹配的介绍。但是,我们手边已有的资料基本可以说明国外智库的实际情况。

下文包括三个部分。第一部分介绍了 1997 年的亚美尼亚、保加利亚、匈牙利和俄罗斯 4 个国家一些典型智库进行信息沟通的实践。[①] 这些沟通活动都包含特殊的利益目的,因为进行这些实践的智库都积极从事于相应的政策制定。第二部分展示了非洲一些智库工作的实际情况。第三部分回顾了华盛顿哥伦比亚特区智库客户对于互动形式的偏好,以此来转换

① 这些智库的名称详见附录 F。

思考的视角。

亚美尼亚、保加利亚、匈牙利和俄罗斯等国的实践

对前面提到的4个国家37个智库的调查提供了如下详细信息：研究人员如何通过出版物和其他类型文件和决策者沟通，智库如何同媒体共事，主要是针对当时的议题对公众进行教育引导。[①] 因为是结构化的调查问卷，所以没有任何信息表明智库管理者如何看待不同工具在影响政策产出方面的相对有效性。也就是说，调查结果未能说明管理者是否认为针对特定职位的决策者，面谈或电话沟通比分发简短而有力的备忘录更有效果。

1. 与决策者沟通

这4个国家的智库如何和决策者共事？智库是使用一些有组织的参与机会吗？例如，议会委员会听证会或者一个由政府部门建立的正式的顾问小组？还是非正式的人际接触更加重要？当被问及他们是怎样进入政策过程的，智库的领导们压倒性地表明人际接触是他们参与的基础。实际上，只有保加利亚和俄罗斯的智库领导们在报告中提到了有组织的参与机会，例如参加议会工作小组，在提议过程中参与讨论。

2. 出版物

每一个智库都会花时间去编写图书、文章、备忘录、培训手册和其他出版物，通过职员花费在撰写出版物上的时间可以发现每个智库的工作分配情况实质上大有不同。三分之二的智库分配20％或者更少的职员专门撰写出版物，同分配在研究、咨询、研讨会、培训方面的时间保持平衡。一些俄罗斯和匈牙利的智库会更重视出版物的撰写，投入21％到40％的工作时间。更为极端的是，一个亚美尼亚的智库和一个保加利亚的智库在报告中称分配50％的工作时间来撰写出版物。

基本上所有的智库都会免费分发一些出版物，大约37％的智库会免费分发所有出版物。其他的智库通过付费或订阅的方式提供出版物，这一地区的智库很少认为出版物是智库的一个重要收入来源。

---

① 这一部分主要引用了斯特鲁伊克(1999)。

3. 目标市场选择策略

在与智库的访谈中记录了智库的目标市场选择策略以及为之努力的程度，但并不包括这些活动对政策的影响。一些更为学术的智库主要出版图书，而深入参与政策实践的智库主要是出版简明的政策意见书，很多研究成果的出版物在智库之间以及对该主题感兴趣的非政府组织中分发和阅读。

超过 80%的智库会为免费出版物的传播设计目标市场选择策略。有以下一些清晰的模式：

- 68%的智库会直接给决策者邮寄出版物，这些决策者被登记在对该主题感兴趣的官员邮寄名单上，或者智库会在决策者参加研讨会时分发出版物。
- 有大约 75%的匈牙利智库和俄罗斯智库将决策者作为目标受众，而只有 55%的保加利亚智库和 50%的亚美尼亚智库采用这一策略。
- 一些智库通过订阅名单来确定目标官员。
- 一些智库表明利用补助金发行的出版物，其分发数量和目标市场的确定取决于征款协议中的条款规定。

一个保加利亚的智库规定它的目标市场策略是将“简明的专题材料”面呈给对该主题已表明兴趣的决策者，另外单列出 30 至 40 位重要人物，不计成本地向其分发备忘录、图书和临时文件。

4. 公告、时事通讯、期刊和政策意见书

鉴于受众有限的时间以及有大量的信息资源都在争夺这一时间，接受调查的智库通常都认为简短的文件是给决策者的最好的出版物类型。大约三分之二的智库有提及简短而具体的政策备忘录、分析或报告总结、学术期刊或公告，另一些智库偏好的方法是在报纸或者其他刊物上发表文章。在调研的这一年中，75%的智库使用了公告和时事通讯，超过 90%的保加利亚智库使用公告和时事通讯，在俄罗斯和匈牙利的调研中也有超过 60%的智库使用这种方法。

调查的对象中大约有 17%的智库定期地出版学术期刊，大部分是匈牙利智库。俄罗斯经济转型研究所优先出版期刊，一年 4 期，包括英语版和俄语版。期刊将独立的分析报告以及经济和政治改革的最新动态传达给政治家、经济学者以及企业部门。这份期刊也直接面向公众，目的是普及经济改革观念以及“市场民主”价值。

5. 图书

在该调研中，相较于其他国家，俄罗斯出版并且分发更多数量的图书。在 11 所俄罗斯智库中有 10 所出版图书，并且有 90％的图书印数在 1，000 到 50，000 册，大多数的发行量在一千多册。在调研的这一年中，有超过 80％的保加利亚智库出版图书，这 9 所智库一共出版了 36 本图书，其中有超过三分之一的图书印数在 1，000 到 5，000 册。7 个匈牙利智库一共出版了 34 本书，其中有 5 本书的印数至少在 1，000 册。

俄罗斯人、保加利亚人以及匈牙利人的选择结果是令人意外的，因为在调研的对象中没有一个智库将图书作为传达给决策者的最好的出版物类型，并且只有 4 家智库(2 家为保加利亚的智库，2 家为俄罗斯的智库)认为图书是传达给“感兴趣的非专家”的最好的出版物形式之一。图书较为昂贵并且生产过程较慢，比起活跃于政策研究的智库，更适合于以学术为导向的科研型智库。然而，在图书出版印数较多的智库中，活跃于政策研究的大型智库较为突出。

因为各种各样的原因，智库持续地投入资源出版图书，单纯的名誉就是一个原因，另一个原因是在一些情况下，图书可以给决策者更为深刻的印象。例如，俄罗斯的 Epi 中心将图书针对性地发给不同地区，这些地区认为图书的版式设计在形成公众舆论方面具有重要的影响力，这也吸引了私人赞助来出版图书。还有一个原因是图书是一种可以长期保存的载体形式，当研究的议题起初并不具有较高的政策优先性，但随着政策形式的发展，决策者终于关注这一议题时，这些图书就成为主要的政策讨论基础。

6. 公众引导

该调研根据智库领导提供的信息，通过媒体运作的层级和类型评估“活动”的效果。几乎所有的智库都认为当下的主要目标是引导公众对有关议题的认知，并且他们主要使用大众传媒来进行这方面的努力。只有 4 个智库——每个调研的国家各有一个，很少进行媒体接触或公众推广。访谈并不能清楚地表明为什么这些智库采用这样的政策，或者这些政策到底是不是官方政策。但是大多数的智库都积极地进行公众推广（见表5－4），这些推广活动包括新闻发布会、新闻稿、记者的新闻报道、简短的公益广告、电视展示以及广播谈话节目。从访谈数据来看，有两个方面让人印象深刻。第一个令人印象深刻的是，智库大都很努力地去给媒体提供报道素材和参加广播电视节目，但是在活动的数量和偏好的活动类型方面，各个智库之间存在较大差异。

表5－4　按国家分类的东欧智库媒体活动的中位数

活动类型	亚美尼亚	保加利亚	匈牙利	俄罗斯
新闻发布会	2	4	2—3	4
新闻稿或和记者一起工作	6	25	30	30
音频或视频公益广告	0	1	0	8—10
广播电视节目	4	10	15—20	5

资料来源：斯特鲁伊克（1999），表4.3。

令人注意的是，亚美尼亚智库新闻活动的比例极低，比起智库自身的沉默寡言，更多是因为有限的媒体资源，包括纸质媒体和电子媒体。亚美尼亚的报纸很少并且发行量也很低，电视是由政府控制的，只有一个电视频道可以进行有限的节目内容设计，并且这些电视台是不允许有和政府不同的观点的。[①]

第二个令人印象深刻的是，新闻发布会的使用相对较少，只有6个智库一年举办了8次新闻发布会。一个原因是新闻发布会花费较多，如果智库自身没有合适的场地，必须去租借场地。很多时候，智库在直播的新闻发布会上进行项目推广是需要给主流媒体付费的。在某些情况下，主办方还必须提供高质量的茶点以保证新闻媒体保持良好的情绪状态。除了费用，举行新闻发布会通常要求主办方有大量的新闻事件可以报道，还需要一份详实的数据以及引人注目的政策结论，这些切实的阻力可能比经济原

① 民主之家在这一时期的民主状况报告中提出国家的新闻自由是受限制的。见卡拉特尼茨基、莫泰尔和肖尔（1997），45。

因更加重要。

到目前为止,被调研的智库一致认为最受欢迎的沟通工具是纸质媒体上的新闻稿或新闻报道以及广播或电视节目上的展示,这类活动的中位数自然是让人印象深刻的。在这两类活动中,活动数量分布在中位数附近的是最多的。最为活跃的智库在这一年中的文章和新闻稿数量令人印象深刻,包括以下一些:

- 经济学2000(保加利亚):45至60篇文章;
- 欧洲信息通讯员中心(保加利亚):300多篇文章和新闻稿;
- 金融研究股份有限公司(匈牙利):150至200篇文章和新闻稿;
- 新福马(俄罗斯):600多篇文章和新闻稿。

虽然在广播和电视节目中进行研究成果展示的次数很少,但仍显示出许多智库负责人的深度曝光。在考虑这些数据时,结合当地已有的资料可以发现,大多数的文章和口头展示只是观点的一部分。在大多数情况下,精心完成的项目研究成果并没有被完整地展示出来。如果每次媒体展示都需要原创性的研究成果,那么智库领导们将不能经常地发表公众评论。

一个值得关注的问题是智库花费多少工作量将信息传达给公众。衡量努力程度的一个指标是致力于对外关系的工作人员数量。每个接受采访的智库领导都被问到,智库是否有指定某些工作人员至少花费他们一半的工作时间在公共关系上?如果有,那么正式参与这些活动的全职员工有多少?对这一问题的回答大概低估了执行这一任务所需要的资源,因为许多小型智库无法负担指定一个人专门从事公关活动的人力成本。当智库中每个人都参与其中时,对该任务的完成应期待较低的专业性和较小的影响力。

11家智库——大约30%的比例,曾经指定过至少一个人来兼职处理对外关系。有趣的是,其中有7家是俄罗斯智库。另外,除了2家智库每个只有4位专职人员,其他智库都属于较大型的组织机构,规模覆盖12到60位全职专业人员。除了组织机构的规模,媒体事件的数量也决定着成功与否。通过对两类智库在媒体活动中的比较分析可以发现,指定专门人员处理对外关系的智库更富有创造性，一个代表性的例子是亚美尼亚国内外事务中心。该中心指定 2 个职员专门处理对外关系，比起调查对象中其他 3 家亚美尼亚智库，这家智库在媒体活动中表现出更多的全面性和进取性。这种差异可能并不是由于员工安排的不同，专门公关人员的存在反映了智库领导层对于进行公众传播的重视程度。

总之，在智库领导们描绘的愿景中，智库应当十分积极地进行研究成果的发布，通常用“量身定做”的方式将研究成果传达给忙碌的决策者。类似地，大多数智库积极地同媒体共事来引导公众对于重大议题的认知，并以此来获得公信力。然而，众多媒体活动的效果也存在着普遍的问题，比如在这些媒体活动中智库职员的角色只是睿智的评论员而不并是技术专家。

至少从表面上看来，比起直接和决策者接触，智库在公众引导方面的差异实质上要更大一些。更广泛地说，研究表明很大一部分智库没有显示出较好的沟通策略。

撒哈拉以南非洲地区的实践

在 1998 年，约翰逊(2000)调查和采访了在撒哈拉以南非洲地区 24 家主要智库的领导们，调查的问题包括智库和决策者之间的沟通情况以及智库和媒体之间的互动情况(大部分的数据是 1997 年)。为了测验研究人员如何和决策者进行沟通，约翰逊让调查对象对向决策者进行观点展示的具体方法进行偏好打分，分值从 1 到 8，对应 8 种不同的方法(最偏好的方法分值是 1)。如表 5－5 所示，政策备忘录和公共会议的评分高于和决策者的正式或非正式的会议，这和对独联体国家的研究结果表现出明显的不同，尽管这两项研究的发现并不具有可比性。无论如何，结果必然强调了简明的备忘录在撒哈拉以南非洲地区政策舞台上的重要性。

表 5－5　在撒哈拉以南非洲地区智库使用的和决策者沟通的方法

方法	评分
政策备忘录	2.1
公共会议	2.5

续表

方法	评分
正式会议(同决策者)	3.0
非正式会议(同决策者)	3.1
政策议题的文件	3.2
议题简报	3.6
议会听证会	4.3
法律草案和白皮书	5.2

资料来源:约翰逊(2000),469

约翰逊也记录了一些和媒体互动的有趣统计。特别地,他发现了以下一些有趣的现象:

- 新闻稿:1997 年 69%(11/16)的智库已发行了新闻稿,平均 7.5 篇,最高是 10 篇新闻稿;
- 新闻发布会:60%(9/15)的智库已举行了新闻发布会,平均 4 场,最高是 6 场新闻发布会。

约翰逊认为新闻稿的发行比例其实是非常低的,因为考虑到智库的中心任务是和公众沟通。

约翰逊也发现了 60%的智库都会分配至少一位全职人员负责和媒体沟通,相较于独联体国家只有 30%的智库这样做,这一比例是非常高的。

客户观点

华盛顿哥伦比亚特区,毫无疑问是世界智库的中心,拥有超过 100 家智库。这些智库彼此之间激烈地竞争来赢得决策者的注意。智库用各种不同的方法来引起注意,用直接或间接的方式加入政策客户的参与。在这种环境中,华盛顿的决策者们是一个知识渊博的群体,因为他们可以根据从智库那里获得信息来进行选择。

表单 5 - 6 总结了 2005 年由杰夫 · 海斯(2005)组织的在华盛顿进行的调查结果。调查对象是已经在智库电子邮件分发列表上的或者是曾参加过智库活动的人。令人印象深刻的是,有 809 位调查对象填写了电子邮件问卷。

表单 5-6 华盛顿的政策客户如何评价智库及其偏好的信息接收方式

智库学术威望至关重要

学术威望影响最大的是个人对智库的评价和看法，56%的调查对象称智库的学术威望对于他们的认知观念有着最重要的影响，22%的调查对象引用了智库对于民众的党派或意识形态观念的影响，而18%的调查对象引用的是智库对于国家政策的影响。

绝大多数客户使用网络和邮件与智库互动

92%的调查对象称他们通过智库网站以及电子邮件通知来保持和智库之间的互动。此外，媒体专访也是一个非常重要的信息源，有76%的调查对象表明他们是通过媒体专访看到、读到或者听到智库学者们的言论。

网站也是一种比较受欢迎的和智库互动的方式，47位调查对象（占比44%）都分别称他们更喜欢通过浏览网站或者接收邮件通知的方式和智库互动，40%的调查对象更喜欢参加由智库主办或者赞助的活动。

专题讨论会很受欢迎

当被问到最喜欢的两种和智库面对面接触的方式，64%的调查对象说专题讨论会是他们最喜欢的方式。紧随其后的最受欢迎的方式是午餐会或晚餐会（占比39%）以及拜访智库学者（占比25%）。

书面材料短即是好（但不能太短）

当被问到选择他们最喜欢的书面研究成果的形式，46%的调查对象表明他们喜欢10到20页的政策文件。35%的调查对象喜欢3到5页的政策简报，而少于10%的调查对象选择图书、两页纸的谈话要点或简短的邮件。

资料来源：海斯（2005）

毫无疑问，这些结果并不一定适用于华盛顿以外的地区。但是，调查结果和本章展示的在较广泛地区中获得的信息具有明显的一致性。引人注目的是智库学术威望的重要性，这也表明了那些强调观点却忽略结论应以证据为基础的智库，将在影响力的竞争中处于不利地位。调查对象对专题讨论的偏爱是很显著的，就像是不那么非常简短的摘要，而是对能够给出全面事实陈述的政策文件的偏爱一样。

组织沟通活动

这部分将简要地讨论在智库内部应由哪些部门和人员负责沟通活动以及在什么时间组织沟通活动。因为智库在规模大小、工作重点、研究任务、基金支持以及内部结构方面存在着广泛的不同，所以制定一个适用于小部分智库的组织沟通活动的固定模式是十分困难的。因此，以下的陈述是各个智库可以应用到具体问题上的一般情况的说明。

人员和部门

这部分提出了两个密切相关的问题，一个问题是：哪些人员应当为政策成果的传播制定沟通方案？另一个问题是：应由智库的什么部门负责制定和执行整个沟通策略和沟通方案？

说到部门，集中而全面的沟通职责是非常重要的，而且其他执行政策研究论证的部门也是十分需要沟通方案的。西方许多大型智库，为沟通工作设置独立的办公室，专门负责公共关系和出版物。将出版物和公共关系放置在同一部门进行管理，目的是促进这两类活动之间的协调。这个部门的负责人通常直接向智库的总裁汇报。

在小型智库中，这样的专门管理是不可能的。如果智库中有公关人员，沟通职责要由高管和公关人员共同承担。这样的团队通常将决定智库的一般战略：智库在多大程度上将自身的资源投入到沟通工作，以及根据以往各沟通平台的有效性，确定一个选择沟通平台的优先顺序安排。总体战略很可能是一个要和董事会共同商讨的议题。不管智库的规模以及它的“沟通部门”如何，应当明确专人负责沟通工作。

当为特定研究项目的成果设计沟通方案时，智库的公关人员、主要研究员、项目所在部门主管以及高管中的成员都应当参与。作为一个团队，他们应当按照上文所述的7个步骤进行方案设计，公关人员可以为这个团队估算出不同等级和组合的活动成本。整个过程应当需要两到三次会议，这似乎是一个较大的投资，但是最终它可以节约大量的沟通成本。因为研究人员在为客户准备报告和其他产品时，已经知道怎样的成果可以得到更广泛的传播。

时间

设计沟通方案的团队应该在项目初期就举行集会。一些赞助商，特别是基金会，需要将沟通方案作为一个新项目的提案或工作计划的一部分。在这种情况下，团队就应当聚集起来为提案或工作计划中的沟通方案做准备。不管怎样，如上文所述，7个步骤的过程应该是准备沟通方案的指导和参考。

在项目结束时，团队中的原班人马应当再次聚集，根据研究进展中可能会出现的状况再次审视沟通方案。如果有重大的改变，例如分析的主题偏离国家的政策议题，这时候就需要调整沟通策略。当研究周期超过 6 个月时，适当调整的可能性将大大增加。

6. 充分利用董事会

智库中关键的管理活动参与者有董事会或行政委员会、总裁、管理委员会和研究团队领导者。董事会或行政委员会对于一个私立的公共政策研究机构是非常有价值的财产。不幸的是，这种期望很少能够实现（多种情况下，智库并不能充分发挥董事会或行政委员会的价值）。造成这种失败的原因可能是以下因素：对董事会角色的错误定位；才能与任务的不匹配；总裁不能与董事会一起进行创造性的工作，从而无法调动董事会成员参与机构事务管理的积极性。

除此之外，如果那些重要的管理决策的责任在董事会、高级经理、管理委员会之间进行错误的分配，那么董事会的"生产力"也会被损害。关键的决策包括设置机构议程、设定职员薪酬，以及如何组织机构进行研究。在很多国家，责任的正式分配主要以法律为前提条件，这些法律为非营利机构规定了特定的组织结构。但是即使在这种情况下，董事会通常可以自由地、非正式地对一系列问题提出建议，这样就提高了组织效能。

这一章讨论董事会或行政委员会（以下简称董事会）的组织结构和潜在贡献。这份报告是写给智库的总裁或者执行总裁（以下简称总裁）的，并概括出总裁实现工作效率最大化以及从机构董事会获得最大帮助的方法。总裁在这一事务中的主要目标应该是让董事会花时间去为机构发展过程中的关键问题提供建议。

首先从董事会的定义和智库所使用的另一种治理—管理模式开始讨论。然后概括所有董事会应该执行的主要任务，找出大多董事会在会议中浪费时间和精力的原因。接下来一部分讨论了董事会的工作方法和平衡董事会和总裁之间责任分配的途径。接着，阐述关于董事会会议的形式和内容的操作性问题。倒数第二部分讨论招募董事会新成员这一重要事务，以及确定新成员的工作职责——这一任务常被忽略。本章在结尾处提出了一些关于如何评估董事会效率的构想。

这份报告中大部分涉及的是相对成熟机构的总裁和董事会之间的互动，这些相对成熟的机构指的是那些已经存在10年及以上的，已进入智库第二阶段很多年，并且总裁和董事会流动率较低的机构。这些机构的成熟和稳定非常关键，因为这在根本上决定着董事会能够放心地把多少权力授予总裁。机构越成熟越稳定，董事会就可以把更多精力放在战略性问题上，而把管理事务委托给总裁。

这些指导方针的内容有三个来源：作者作为一个董事会成员的经验①，与来自第三阶段智库的十位高层领导人的访谈②，以及近期关于提高董事会"生产力"的书籍的综述③。

基本原则

智库的最高权威归属于董事会或行政委员会——确切的说法由各国法律和实践决定（在这里行政委员会指的是承担最终法人责任的有治理权力的董事会）。董事会的职责清楚地写在管理非营利机构构成的国家法律之中。④ 这些职责的核心内容可以被简化为两条：保持问责和维持公众的信任。问责的责任意味着机构的资源被合理地使用，既没有浪费于过度昂贵的办公场所、旅游、工资，也没有用于贪污受贿。智库也必须维持公众的信任。在大多数国家，所有的非营利组织与营利组织相比享有一些特定的合

① 这段经历包括在莫斯科的非营利性的城市经济研究所担任董事（1995至今），在布达佩斯营利性的大都会研究所董事会（1992—1997），以及在莫斯科的营利性的E—A评级服务公司董事会的经历（1997—2001）。值得说明的是，在许多国家，这样的法律没有提出一个非常符合智库活动的特定的组织形式。

② 第一章列出了这些智库。

③ 这些书分别是鲁滨逊（2001）、舒尔茨（2001）、卡弗（1997）和查兰（1998）的版本。

④ 值得说明的是，在许多国家，这样的法律没有提出一个非常符合智库活动的特定的组织形式。

法的有利条件，特别是税收优惠。作为回报，智库致力于公共利益。比如，智库应该致力于改善决策，并就当下重要政策问题对公众进行教育。董事会的工作是确保智库向着这些目标努力。

组织架构的选择

许多智库拥有两种类型的委员会：管理委员会或董事会。管理委员会负责日常运营事务。另一方面，董事会则承担着战略规划和最终的信托责任。这种模式是标准的模式。

然而，还存在诸多变体。在许多国家，机构的创始人构成了具有董事会职能的委员会。在这种情况下，智库有时候来源于由思想深刻并享有声望的个人组成的咨询委员会，这些人能够提供那些只有董事会才能提供的指导。咨询委员会不负有信托责任，所以他们通常也不关心机构审计及相关问题。我们的讨论假定遵循的是标准模式。

董事会职责范围

董事会承担着三个方面的角色：法律的，功能的和象征的。[①] 智库依法而立，法律授权董事会监督智库的活动是否遵守相关规定。一些规定是相当常规的（例如，董事会每年至少召开一次会议），但是有两种规定更为根本：董事会对机构的财政完整性负责，确保董事会坚守机构的使命（其建立的最初目的）。

智库之间的功能责任差别非常大。事实上，就像上面讨论的，董事会最大的问题是他们对主要任务没有清晰的定义。一个典型的责任清单应包含以下内容：确保机构有效认清其使命、任命总裁、评估总裁的绩效、了解机构的财务状况、协助资金筹募活动。但是许多董事会发现他们自己陷入了操作层面的细枝末节的陷阱中，包括不得不决定购买哪种电话或计算机系统，或者如何去设定不同职位之间的薪资差异——这些任务最好应该留给管理人员。经常关注这样的细枝末节会导致我们没有时间去提供咨询，也无暇决定机构的发展战略。

---

① 本节利用了鲁滨逊(2001,1—12,29—40)这些内容。

智库的形象系统是非常重要的。董事会成员通过与智库产生联系而获得智库的声望，与此同时其自身也成为智库形象的一部分。通过智库的官方信笺和印刷品上的人员名单，我们可以看出该机构的价值观和实力。

相对于总裁和其他员工，董事在展示智库形象方面具有更多的优势，作为智库的形象代表，其身份本身就暗含机构的信息，并有利于扩大机构影响范围。通常认为，董事会成员并不能通过传播一个智库的好名声而获得什么，因此，他们最值得信任。董事会成员能够担任政策推广或者筹集资金的"大使"。智库总裁的一项关键任务就是明确如何激励董事会成员去担任这些积极的角色。

董事会的共同问题

那些关于如何建立有效的董事会方面的书处处充满着一些低效的、浪费时间的和错失机会的例子。作者和智库总裁关于其机构董事会的效用的谈话也暴露了一些问题——总裁不能够从由那些具有创造性的、精力充沛的并且非常成功的个体组成的董事会中获得更多实用性的东西，这种状况让其很有挫败感。

董事会某些常见的做法和会议的结构能够耗尽其效力。卡弗(1997，9—10)提出了一些非常好的例证：

> 将时间花费在琐碎的事情上：琐碎事项的范围和重要性获得过多的关注。
>
> 目光短浅：董事会关注于那些普通员工都能够处理的日常事项，而不是关注于那些可能给机构带来更重要的结果的事项。
>
> 工作被动：董事会被动回应员工的主动行为和信息而不是主动维护领导能力(例如，指示会议日程的主题)。
>
> 纠结于过去的工作：董事会在回顾员工已有成果上面花费太多时间，这应该属于一个管理性问题，而不属于董事会的职能范围。
>
> 监管漏洞：董事会成员从不过问总裁给员工指派任务，这就造成很

难使总裁对结果负责。

权力划分不清：总裁和董事会各自职责没有很好的界定，这使其无法很好地行使相应的权力。

由于是总裁草拟董事会议的日程，并且决定为董事会成员提供多少背景资料及分发时机，那么他或她就具有让董事会变得更有效的潜能。但是如何让总裁使董事会更有效呢？

聚焦董事会

那些与董事会共事，致力于提高其效力的咨询顾问谴责上述提到的种种问题，他们认为这明显是在浪费董事会成员的专业知识和经验。咨询顾问正在寻找方法来促进一个想法的实现，这个想法是将董事会的精力和智力资源集中于机构的核心任务和长远计划上面。换句话说，智库的董事会应该把精力集中于机构如何更好地完成其根本使命——进行高质量的政策研究，影响公共决策，披露政策辩论。至于长远计划，关键问题是明确这个国家新兴政策议程的重点以及能够为智库从事该方面研究提供支持的潜在资源。董事会的建议应该首先解决这类问题。当然，并不是所有的董事会成员都能够针对这些主题提出建议，但是总裁必须巧妙地引导讨论从而能够从董事会得到更多的东西。

总裁和董事会应一致认同董事会的责任就是提供管理性建议。如有必要，董事会可以请求获得相关信息并介入管理事务。在关键事务的公开讨论中很可能产生这种对信息的请求，这一点后续会讲到。但是这一点应该是一个例外而不是一个规则。

为了朝着这个方向推动董事会，首先要做的是对机构使命做出一个清晰的声明，表单 6－1 提到了一个这样的声明。这个声明非常具有普遍性，董事会一旦采用它，那么就需要增加一组衡量智库绩效的指标。例如，关于“高水平的政策研究实施”的指标将会包括职员在指定期刊上发表的论文和权威性出版社出版的著作。

表单 6-1　智库行政委员会使命声明案例

政策研究所将活动重点放在： • 以本工作的结果能够为公共政策发展做出贡献为目标，进行高专业水准的政策研究、项目评估、和试点工程。 • 通过旨在积极影响政策发展的方式，就研究成果与政策制定者及其他利益团体进行有效的沟通，其他利益团体包括非政府组织、政治党派和公众团体。 • 组织研讨会、讲习班和课程来促进公务员、教师、研究者及分析师在公共政策的设计、执行和训练领域的专业发展。

使董事会相信其主要任务就是负责那些体现智库核心使命的全局性事务，这仅仅是成功了一半。另一半就是形成总裁和董事会关于其各自职责的清晰的认知。接下来是一份列举了智库管理主题的清单，这些管理主题经常把管理层的注意力从更重要的事务吸引过来，他们本不应该成为总裁和董事会关注的焦点(卡弗 1997,75—76)。

人事：做出关于工作设计、招聘、解雇、晋升和奖惩的决定。

薪酬：涉及薪水范围、等级、调整、激励、福利(总裁的薪水是例外的，它应该由董事会决定)等事务。

供给：做出关于采购、招标授权、存储、财产清册和回收利用的决定。

会计：预测、预算、存储、控制、投资和紧缩开支。

设施：决定空间分配和需求、房屋租赁、维修和翻新。

风险管理：处理保险、承担金融风险、贸易保护和免责声明。

报告：拨款报告、税收报告、合规管理报告。

通讯：制定影响电话系统、会议、公布、邮件分发的政策。

管理方法：处理目标设定、员工配置模式、团队构成、意见反馈互动、规划技术、控制方法和参与层次等事务。

很显然，如果董事会涉足这些领域，那么他们将会花费大量的时间专注于这些细枝末节。尽管如此，正如之前所指出的，相对于一个具有成熟系统的成熟机构的董事会来说，一个新成立的机构的董事会需要更多地关注于这些管理性事务。相似地，董事会与总裁一起工作得越久，董事会需要放在这些事务上的时间越少。

为了完成这种任务，不管董事会将多少权力授权给总裁或其管理团队，也需要对这种授权加以明确地说明。“高管限制条款”有双重意图：第一，这些限制条款能够阻止员工做一些董事会认为不道德或过于冒险的行为；第二，在那种总裁和董事会之间还没有建立完全的信任的机构中，这些限制可以给予总裁额外的指导，指导他如何履行特定的管理职责。董事会和总裁都应该去了解他们各自的职责。董事会负责定期检查管理活动是否遵循"高管限制条款"中所列的规定。

表单 6－2 举了一个例子，是关于调节董事会和总裁之间关系的两个关键的声明。"授权总裁"概括了总裁的权力和职责，"对董事会的沟通和支持"则告知总裁他对董事会的义务。

表单 6－2　关于"授权总裁"和"对董事会的沟通和支持"的案例

——某个董事会发布的声明

授权总裁

董事会授予员工的全部权力都要通过总裁进行分配。因此，员工的所有权力和责任——就董事会而言——都被看做是总裁的权力和责任。

只要总裁拥有合理解释，这些解释是经董事会认可的机构的使命声明和"高管限制条款"中的，他就被授予了制定进一步的政策、做任何决定、采取任何行动、确立各种"惯例"以及开展任何活动的权力。

董事会可能会改变它的使命声明和行政限制政策，从而也改变了总裁和董事会职责领域的界限。因此，董事会改变了总裁被赋予的权限范围。但只要授权仍然存在，那么董事会就要尊重并支持总裁的决定。

只有以董事会的名义作出的决定才对总裁具有约束力。

董事会个别成员、官员或者委员会的决定和指令对总裁不具有约束力，除非在董事会特别赋予其这种权力的罕见情况下。

董事会成员或下属委员会在没有董事会授权的情况下请求总裁提供信息或给予协助，总裁不仅可以拒绝那些具有破坏性的请求，还可以拒绝那些在其看来需要投入过量的工作时间及资金的请求。

对董事会的沟通和支持

为了不使董事会处于一种不知情的状态，需要及时为董事会提供信息并答复咨询。因此，他或她不应有以下行为：

因疏忽而没有以及时、准确、可理解的方式提交董事会要求的监控信息

没有及时告知董事会相关趋势、预期发生的负面的媒体新闻、内外部重要的实质性的变化，尤其是可能颠覆董事会前期政策的变化。

总裁发现董事会没有按照现有政策行使权力，却没有给予及时提醒。

未能微董事会收集和提供作出正确决策所需要的大量的来自员工的和外部的观点、事件和其他选择。

除了满足董事会个别成员及下属委员会的信息需求之外，没有将董事会成员看做一个整体，提供同等的信息服务。

没有及时报告已发生或即将发生的违背委员会政策的事情。

来源：作者对材料的校订，卡弗(1997)，第 5 章。

“授权总裁”的声明使总裁的权力受到了董事会批准的机构使命声明和“高管限制条款”两方面的约束，该声明明确地表述了“高管限制条款”应随董事会和总裁之间的责任分配的变化而做出相应的调整。它能够保护总裁免受来自董事会个别成员对信息的无理需求。它也能够明确总裁只需要听从整个董事会的决定，而不是听从其中个别成员，哪怕是下属委员会会的决定。宣言十分明确地说明了总裁的管理权威。

“对董事会的沟通和支持”的声明要求总裁为董事会提供特定的信息，这些信息包括评估智库实现其预设目标的进展情况，以及那些可能影响机构声誉和财政安全的偶发事件。

虽然这两个“声明”确立了基本原则，但是它们仍然需要董事会对总裁的权限范围做出明确规定。表单 6－3 提出了一个关于财政、资产和员工管理的声明。例如，总裁有权决定机构签订契约和补助金的金额最高达五万美元。超过这个界限[1]，总裁必须得到董事会的认可。同样地，总裁在人事领域拥有广泛的权力，但是关于报酬和晋升的决定必须是客观合理的。

表单 6－3　样例：由某个董事会发布的对总裁制定的“高管限制条款”

财政管理

为了让财政以一种健康而审慎的方式运行，总裁不能破坏研究所长期的财政优势。因此，他或者他不应有以下行为：

除日常开支的短期借款以外，使研究所承担不必要的债务。

从现金储备金中支取非日常运营所需要的预付款。

没有按照捐赠人指定的用途使用捐赠款。

没有及时地编制工资单和债务清单。

没有按照董事会规定的优先权支出费用。

现金储备基金低于运营支出的 6%。

没有得到董事会的支持而签订价值超过五万美金的契约或授权协议。

资产保护

总裁不能使资产处于未受保护的、不适当保管的状态或者面临不必要风险。因此，总裁不应有以下行为：

没有为盗窃或意外事故造成的损失购买保险，或者保险金额没有达到其重置价值的 80%；没有为董事、机构员工或机构自身的责任损失[2]购买保险，或保险金额没有超出类似机构的平均水平。

---

① 适当的限制适用于新成立的智库，但是随着机构获得的经验越多，对其的限制也越高。

② 译者注：这里的责任损失指的是，董事、机构员工或机构自身因违反国家有关规定以及智库的规章制度，未履行或者未正确履行职责，给智库造成的直接或者间接资产损失。

续表

让没有保险的人员运营资金。 使设备和器材遭受不适当的磨损，没有按规定进行保养。 使机构承担不必要的赔偿责任。 超过 25 000 美元的购买行为或机构的其他任何购买行为：(a) 没有对具有利害冲突的购买行为进行审查；(b) 超过 1 500 美元的购买行为，没有比较价格和质量。 没有对知识产权、信息和文件采取保护措施而使其遭受损失、重大损坏或未经授权的复制行为。 没有遵守董事会提出的审计标准而接收、处理和支出资金。 向不安全的投资项目投资或持有其运营资金。 **员工待遇** 对待员工，总裁不能造成或默认不人性化的、不公平的以及没有尊严的情况发生。因此，他或她不应有以下行为： 差别对待员工的报酬、任务分配或提升，除非与工作相关的个人表现和资历存在差异。 没有采取合理措施使员工免于不安全或不健康的工作环境。 压制员工通过正当程序的申诉，而对待这种申诉本该是摒弃偏见的。 没有使员工知晓他们在员工待遇政策中的权力。

最关键的一点是“高管限制条款”的声明明确规定了总裁的操作权限和董事会保留的权力。董事会没有理由介入总裁的职责范围，特别是当这种介入需要以牺牲大局责任为代价的时候。董事会的任务就是在遵守已有规则的前提下定期地履行自己的职责，自然而然地，总裁可以就其直接管辖的事物向董事会寻求建议，并且许多总裁通常都是这么做的。只要这种思想和信息的交换不是频繁的，并且是非正式的，那么他们就能够建立支持和信任。

采纳某个机构绩效指标与“高管限制条款”相一致的清晰的声明可以使董事会工作集中于战略事项。(机构绩效指标在第 10 章中有说明。总裁可以向董事会提出一系列指标，并且一旦某组指标被董事会采纳，总裁就要定期地向董事会提供信息。)通过这种方式发挥董事会的优势可以使其董事拥有满意的体验。

董事会议

显然地，一个智库的总裁必须为董事会会议认真准备。在会议召开之前有两项重要的任务要做:一是制定会议议程;二是向董事会成员分发会议材料。

制定会议议程

会议议程应该控制董事会会议的进程。因此,议程中的项目应该经过深思熟虑。以下是关于制定会议议程的一些指标:

通常由总裁草拟会议议程,但是董事会主席应该在总裁分发至其他董事之前进行审阅。

会议中讨论的应该是重点事项。重点事项是那些关乎机构原则性的任务——报告成就和思考未来的活动都是重点——以及关乎机构的财务是否稳健运营的事项。

只要可能,应该在会议召开之前将那些关于管理事项的信息材料提供给董事会,而不是将其列入会议议程。董事会个别成员可以就这些"信息款项"进行询问,但是这些信息是无关大局的。

会议议程中,应该对每一个事项都指出总裁期望董事会采取哪些行动——是提供信息、提出建议或者作出一个决定。

董事会会议前一晚的晚宴能够为董事会工作带来动力。据说董事会成员非常欢迎非正式社交场合,这很可能是因为这些宴会可以扩大人脉圈。

表单 6-4 展示了智库董事会的一个非常典型的会议议程。三个主要部分中最首要的一项是执行委员会的报告。在这次会议中,开始部分包括对年度审计报告的讨论,这个议题是全体董事会及下属委员会必须考虑的。委员会也会向会议报告那些总裁曾经寻求指导或希望做出决定的所有行政事项。

第二部分主要是总裁关于机构在关键领域的成绩的报告。信息中至少应该涵盖事先与董事会已经达成一致的绩效指标。总裁还应该利用这个机会告知董事会那些可能影响机构财政稳健运行或者影响政策制定的重要进展——也就是通常所说的"环境扫描"。

表单 6-4　样例：某智库董事会的一份典型会议议程

1. 请遵守会场规则 2. 审批之前的会议纪要 3. 执行委员会报告： • 财政审计结果 • 对董事候选人的商讨 • 关于行政事务的报告 4. 总裁的报告： • 机构的现状 • 寻求意见的事务 5. 高级研究员的演示

例如，新政府的换届选举对于智库来说通常都有重要影响。智库也许和上届政府的某个部门已经签订了重要的合同，所以这个改变(新政府换届选举)将会减少获得未来工作的机会。同等重要的是，"警卫"的改变可能会增加或减少资深研究员接近政策制定者的途径。同样地，不论何时，一个主要捐赠者或智库项目的重要来源，例如世界银行，宣布其项目方向有所改变，那么这种情况就应该被列入会议议程。其他事项还包括：关于政府实施财政紧缩计划的公告——这一公告很可能意味着将减少研究和项目评估的预算，或者一个主要竞争对手作出的关于挑战该智库长期以来占据优势的领域的决定。

这些信息应该作为调整机构计划讨论的基础。

如有必要，议程中的这部分也是总裁就敏感事项寻求指导的地方。这种敏感事项之一就是保持政策投机主义或融资机会与"信守核心使命"之间的平衡。一项计划什么时候算是脱离核心工作计划和核心使命呢？当然，一些咨询工作的机会取代政策研究就属于这类情况。每一个智库不时地会陷入保持独立性的挣扎之中——这种独立性既包括实际上的独立性也包括舆论认知上的独立性。国家选举经常把这种问题摆在面前，这时候机构就会在帮助这个或另一个政党中间游移不定。[①] 但是其他时候，例如当机构为

① 城市研究所的政策是不充当任何政党的机构。它的人事手册中关于员工政治活动方面包含以下内容："机构对个人政治活动不设任何限制。然而，为了保持其无党派地位，员工不能利用工作时间或机构资源支持任何政治活动，例如参加竞选或进行游说。员工在机构场所以外的任何活动都是自由的，在员工自由时间里，所有的活动都与城市研究所无关，并且员工行为并不代表城市研究所。"

一个特定政府部门做了大量工作的时候，就又会产生这样的问题：智库的员工是否对政府部门领导过于唯命是从，机构是否过于依赖政府部门提供的资金。

对于这些问题的一个公开而坦诚的讨论对于总裁来说是极其有帮助的。

议程的最后一部分允许两到三名高级研究员向董事会展示正在进行中的或重要的项目。通常，这些演示都是非常精悍的——不超过 15 分钟——而且是经过反复练习的，目的是告知董事会智库正在进行的工作。[①] 一个比较好的原则是留给董事会的讨论时间和留给研究人员的展示时间一样多。董事会成员是那些经常获得很大关注的并且经常有机会表达其观点的高级人员。总裁应该选择一些在一定程度上能够吸引董事会的兴趣的展示主题，并为他们提供一些与政策制定者讨论时所需要的信息。

会前材料的分发

管理人员分发给董事会的任何材料都应该旨在确保即将召开的会议的高效和多产。每次会议召开之前，董事会应该收到关于实质性的议程问题以及具有法律和行政重要性的背景信息。（查兰，1998，116）。这些资料应该是经过认真筛选而且简洁的。分发过多的或准备不充分的材料将达不到提前提供有效信息的目的，因为忙碌的董事会成员是不会看的（舒尔茨，2001，第 9 章）。板式和展示的内容应该保持简单而具有吸引力。

表单 6-5 是 2001 春季会议召开之前发送给城市研究所董事会成员的资料内容的一个表格。审阅这份资料只需要不超过半个小时的时间。许多资料仅仅提供董事会需要知晓的信息以及那些除非某个董事会成员提出质疑，否则将不会出现在董事会会议上的信息。举例来说，这些事项可以包括关于人事、沟通、附注释的进行中项目清单，以及优秀的研究计划。

① 查兰(1998,117)建议在准备报告时以以下三个问题作为指导：董事会应从报告中获得的两三个见解是什么？报告人可能从董事会的深刻见解中获益的两三件事项是什么？报告人认为董事会应知晓的两三个重点是什么？

表单 6-5　会议召开之前分发给城市研究所董事会成员的资料

- 执行委员会会议和全体董事会会议的议程表
- 上届董事会会议记录
- 财政汇报
- 董事会成员资格报告
- 捐赠基金报告
- 资金报告
- 支出报告
- 通讯报道(城市研究所在媒体、出版物等上面的报道)
- 人事报告
- 进行中的项目以及已成交的研究计划(带注释的列表形式)
- 关于董事会成员的信息
- 2001—2002 年的会议时间表
- 参与人员的个人简介

尽管这些条目并没有出现在会议议程中,但是董事会需要这些背景信息。对于到这些正在进行中的项目的清单,如果董事会授权总裁决定接受哪些项目,那么这个清单将会帮助董事会及时了解机构的工作。一个董事会的成员在浏览这个清单的时候,可能会因其主题而看中某个曾被董事会认为是工作计划之外的课题,或者看中某个客户的项目,而该董事曾经对这个客户心存疑虑。这个清单让该成员能够有机会提出疑问。

利用董事会

如上所述,总裁在决定应该把哪些资料提交给董事会方面具有巨大的自主权。总裁通常比消息最灵通的董事会主席拥有更多信息。这项优势可以积极地利用,也可以消极地利用。智库总裁非常明智地把各种委员会看做一种资源,并对其保持信息透明。毕竟,董事会中的每个人都是经过挑选的,他们能够为机构,特别是总裁提出合理的建议。正如鲁滨逊指出的,“董事会和执行官之间的关系成功的关键是执行官通过给予关心从而帮助董事会成为其良好伙伴。在非营利部门的独特营运机制中,一个更强大的董事会并不会在损害执行官的权威或自主性的情况下自动产生”。

即便如此,总裁应该认真选择将要演示给董事会的主题。正如之前所提到的,总裁应该清楚他是在提供信息、寻求建议还是期望每个事项都作出决定。在对任何议题的讨论之前,明确董事会的任务是极其重要的。演示哪些议题在一定程度上应该依赖于董事会的能力及限制。随着时间的推移，总裁将会理解这两方面的问题，并能够根据实际情况调整会议议程。

会议中

会议最重要的部分——占据时间大部分——是评估机构在研究和政策推广方面的绩效以及讨论机构未来的规划和战略。对于一年见面一两次的董事会来说，这一定是最主要的议题。对于那些见面较频繁的董事会，除非需要磋商半年一次的会议之间取得的引人注目的发展，否则这两项议题仍旧主导整个会议。董事会对机构业绩的评估应该每年至少进行一次，评估主要依据那些与总裁达成一致的指标。为董事会提供关于这些指标的清晰而明确的使用信息是总裁的任务。

总裁关于成就、问题和未来前景的报告应该旨在激发董事会成员深刻的评论，并促进观点的交流。虽然不是所有成员都有同样的能力探讨“创意产业”，但是仍然选择他们的原因是所有人对于机构的监督都能做出有意义的贡献。总裁和董事会主席的任务就是发掘董事会最大的潜力。

关于机构未来战略的一个非常重要的问题就是明确其未来一两年将要展开的项目计划。在第 1 章中所列举的 10 个“第三阶段”智库，他们关于选择工作项目的经验提供了一个非常好的开端，因为他们从事这些业务已经有很长时间并且已经优化了制定研究议程的进程。(斯特鲁伊克，1993，45—46)。你可能会很惊讶，大部分机构的会议议程的确定都是相当不正式的。通常，这个过程由高级管理人员主导，高级管理人员负责对团队领导和资深研究员想做的工作进行咨询。总裁有时将享有优先权的计划加入列表中。因为所有的这些智库都在一定程度上依赖于外部资金，会议议程也受此影响，从而会根据被讨论议题能否吸引资金来区分优先等级。城市研究所是唯一从政府资助和合同中获得大量资金的被调查机构，它尤其依赖政府研究项目和项目评估的收益。

仅有 3 家机构报告他们所有的项目都需要得到董事会的批准。另外一个智库只把最大的项目提交到董事会，并向董事会成员描述所提交的项目。不必惊讶，将所有项目提交董事会批准的 3 家机构中的 2 家是对外部资金依赖程度最小的。因此，更广泛的董事会监管可以被看做是应对相关性和生产率市场测试的替代品。要注意的是,10 个智库中,几乎所有董事会都不会拒绝一个"特殊项目"。综上所述,在美国和欧洲几乎所有的董事会对智库工作的大方向都具有浓厚的兴趣,却几乎不会干预具体的项目。

正如前面信息所揭示的那样,一个典型智库的会议议程的设定,并不是依靠董事会的指导,主要是取决于特定主题的工作需要以及智库员工的兴趣。尽管如此,在一份会议议程的制定过程中,总裁和其他高级管理人员的影响可能要比上述陈述所提及的要多。尽管特定研究团队或资深研究员已经对推动项目进展发表了意见,但如果高级管理人员积极实施那些旨在促进机构会议议程创新的进程①,那么他们的影响可能更为显著。

总之,很多智库会议议程的决策权似乎是被董事会和高级管理人员分为两部分。董事会在机构项目的大方向上发挥重要影响力(甚至可能具有最终权威)。② 在大方向确定的情况下,总裁,或有时候是某个管理委员会有权决定个别项目。该权力还包括项目资金是依靠外部资助或合同,还是利用机构自身资源。

第二个需要董事会全力关注的是智库的财政管理。董事会对财政的审查通常是围绕审计员的年度报告展开的。③ 在审查完审计报告和管理文件之后,审计员还将私下专门向董事会进行简要陈述。如果审计出现明显问题,董事会应该以书面形式责令总裁在规定期限内作出一定的改进。如果出现严峻的问题而不能满足董事会的要求,那么就需要董事会作出更严厉的回应。

会议的运行

对处于工作状态的董事会的观察,总裁应谨记两点:第一,董事会致力于当前的工作——事项无所谓太大或太小;第二,董事会没有自动刹车机制,因此,除非被推出轨道,否则将会一直像过去一样工作(鲁滨逊,2001,46)。总裁刻意确定董事会下一步的工作重心,这些观察应该强化总裁在这

① 详见第 7 章"重建工作计划:创新"。

② 然而,即使在这个领域,对于个别董事或者全体董事来说,违背其意愿强迫高级管理人员进行创新是极其不正常的。董事会的权力更多地在于鼓励已有创新而不是创造一个创新。

③ 在缺少审计的情况下,董事会或委员会不得不花费心思去审阅财务报告,并且需要指定一个委员会来确保基础控制已到位并正在发挥作用。

一任务中的中心角色，同时，当某个主题已经达成一定共识的时候，这些观察还应强化总裁引导董事会结束讨论时所扮演的角色。

以下是举办一次高效的会议的两项指标：

1. 确保与会人员都有机会参与重要议题的讨论。如果一些人犹豫不决，董事会主席应该主动寻求其原因。

2. 把所有的东西都放在桌面上。换句话说，所有信息和观点都应该在所有董事会成员都出席的会议上提出。个别董事会成员不应该在董事会会议之外游说总裁；重要事件不应该留给董事会下属的委员会，因为他们更倾向于站在总裁或董事会主席的立场。从长期来看，开放无疑是最好的政策。

给总裁的最后一条忠告。会议中提供给董事会的信息应该符合一条重要标准："没有意外。"没有董事会想要陷入问题已经公开披露或对本该知晓的成就却一无所知的无知或尴尬的境地。如果一个重大问题威胁到了智库，或者智库的产品之一正遭受负面新闻，又或者一个重要奖项正在申请，对于这些情况，董事会应该事先知晓。否则，董事会成员很可能会因为总裁隐瞒该信息而感到愤怒，这种愤怒可能引发更大的问题。因此，通过董事会会议或其他途径保证董事会知晓重大事件是非常必要的。

会议之间

会议之间与董事会成员的沟通是非常值得的。那些被提醒董事资格有可能被取消的人更有可能为机构的利益而努力工作。这些沟通不需要十分精心策划。事实上，许多智库通过给每个董事会成员发送最新刊物的复印本来保持联系。这种方式有双重目的：它可以将智库的工作告知董事，而且，如果出版物涉及的某个政策主题恰好是某个董事特别感兴趣的，那么它能为该董事参与公共政策辩论作出更好的准备。

在某些情况下，智库总裁在会议之间会给董事会发送活动报告。这些报告通常是为每年见面一次或两次的董事会准备的季度性信函。有两种常见格式。一种是相当全面的可能长达五页或更多的报告——本质上是一个通讯。另一种是较为简短的，更私人化的信件，主要是由总裁将活动的一些重点亮点标记出来。

如上所述，不管这种事情何时发生，总裁都要将机构存在的主要问题或者积极的进展告知董事会，这是非常必要的。有时候，总裁会非常明智地向董事会主席寻求应对变化、危机或者意料之外的捐赠的建议。

营运事宜

这一部分包含了关于董事会的结构构成以及新董事招募的七个实际问题。它还包括从智库的视角以及应聘人员视角做出的讨论，如何着手确定和招募有实力的董事，以及如何向新董事介绍机构概况及其职责。

董事会结构

对于公司制董事会和非营利的董事会来说，过去 10 年以来的趋势是规模变小，委员会减少。董事会正在承担越来越多的工作，因而规模较小的董事会鼓励更多开放式讨论和交流。由于董事会成员数量变化很大，8—10 个成员被认为是高效的。而一些董事会总共只有 5—6 名成员，据报道，这种结构促进了成员之间的交流——不管是董事会议之中还是之外——也促进了董事会和总裁之间的沟通(查兰，1998，40—41)。

董事会拥有 6 个不同目标的下属委员会的非营利组织时代似乎已成为过去的事情。非营利董事会仅拥有一个下属委员会是非常常见的，要么是从事于财务管理事项的审计委员会，要么是应对财务管理事项及更广泛问题的执行委员会。[①] 一个有效的执行委员会能够确保董事会议为重要事项作出充分准备。例如，执行委员会负责认真审阅审计报告以及会见审计员；然后，委员可以向董事汇总其结果，并对将要给总裁的指示提出必要的建议。

当然，董事会有时需要给委员会指定特别的职能。其中最常见的临时委员会的职能之一就是被指定去为智库寻找一位新的总裁。

---

① 或者，一些董事会任命一位财务主管，主要负责金融监管。一个优秀的财务主管能够有效地调查财务报告异常的原因。另一方面，随着此项责任交给财务主管，其他董事通常认为他们在这一领域如释重负。此外，并不是所有的财务主管在履行职责的过程中都足够勤奋，但是董事会无法知晓情况是否如此。为此，通过一个委员会或者全体董事来对董事会负责是非常值得的。(鲁滨逊，2001，78—80)

开会的频率

第三阶段智库的大多数董事会每年召开两次会议。开会频率如此低的原因有两个。第一，作为董事会成员，其参与会议是自愿的、没有报酬的，但智库努力地吸引著名人物加入，成为其会董事，但这些著名人物无法保证与会时间。第二，多年以来，许多机构已经为确保财务控制和研究质量建立了完善的体系制度，因此在营运层面他们需要相对较少的董事会监督。对这样的机构来说一年两次看起来是一个非常好的标准。①

对于年轻机构，一年四次董事会议可能更合理。总裁和董事会主席可以考虑通过每次会议来集中解决智库工作和营运上的不同方面的事务。例如，一年中的两次全体会议可以集中在最重要的事项上——机构目标的进展状况和未来发展方向。紧随着审计报告的完成，之后的会议可以集中在财务管理上面。第四次会议可以集中于总裁希望董事会了解的其他管理性事项。其中一次会议的常规议程应该是讨论董事会和总裁的职责分工："高管限制条款"需要调整吗？何时有必要相对放松严格的董事会监管，把董事会议的召开由一年四次转变为两年一次是恰当的吗？

招募新董事

即使是在公司制领域，董事会始终缺乏选拔新成员的有效方法。非营利机构也存在类似的问题。

许多智库的章程都详细说明了董事会成员的任职期限和董事更替的程序。一个董事的任职期限为三到五年是相当正常的，其中存在被第二次、第三次任命的可能。许多机构通过设置一个单独的董事职位分类，使成员实现更长时间的任职成为可能。例如，"终身董事"，他可以无限期任职。但是通常这些董事是独立于普通任命的董事之外的，而且不如普通董事表现积极。通常情况下董事的更替是在交错的基础上，从而该机构任何时候都有核心的资深董事。

一个合理的论点主张，如果一个董事会目前处于高效工作时期，那么它的构成就不应该受到干扰。当董事会安于目前的管理现状并且与机构的管理人

---

① 那些拥有管理委员会和单独的咨询委员会的智库，咨询委员会每年召开一次会议，且议题集中于机构的成就或者项目的未来发展方向就足够了。

员工作融洽的时候，不定期的引进新董事可能是一个错误。新董事是最可能去对工作绩效提出质疑，或者认为智库的议程甚至是总裁需要有所改变的人。“终身董事”的选择权允许董事会在保持现有成员的同时引进新鲜血液。

招聘：董事想要什么

一个智库的董事中，许多人加入智库是基于三个原因。第一，他们乐于享受董事之间的伙伴关系。如果该机构的董事会聚集了许多享有声望的人物，那么这一点可能是最具吸引力的一点。[①] 第二，董事希望能够感觉到自己在做有价值的工作——他们正在通过义务的服务来回报社会。第三，董事希望能够与从事高质量工作的机构有所联系。活跃于公共领域的备受盛赞的智库在吸引其最期待的候选人方面更容易一些。

董事会通过帮助智库实现其主要目标，并为董事会招募杰出的新成员，久而久之，董事会对于新成员来说将越来越具有吸引力。强者愈强。考虑到董事会在一个智库的生命中的核心地位以及董事会成员在董事会任职期间获得的利益，那么董事会投入大量精力致力于招募新董事就不那么令人吃惊了。

招聘哪些人

所有董事会都力图去吸引那些在其各自领域享有盛誉的人。但是这些人还需要具备哪些其他的品质呢？

没有利益冲突。智库之间经常犯的一个错误就是让另一个智库的主管或总裁担任本智库的董事。这是事与愿违的，因为智库之间经常在资金和同一政策讨论过程中谁来担任主角上存在竞争。董事可以完全了解智库未来发展战略，将这样的信息交给一个潜在的对手是非常糟糕的事情，而且这也让这位董事处于一个进退两难的境地。

没有亲信。一些董事会的构成人员大部分是总裁或董事的朋友。这促成了愉快的董事会会议，却导致了欠佳的管理。亲信的存在还增加了董事会内部派系形成的可能性，使董事会监管任务复杂化，并妨碍对话的效率。

每一位争取董事资格的候选人都应该是一位经验丰富的专业人士，并且在诚信、创造性和谨慎性方面享有盛誉。除此之外，至少有一些董事应该

---

① 这两个原因在鲁滨逊(2001,22)中被提到。

在公共政策发展、社会科学研究和评估以及公司财务方面具有具体经验。拥有一些具有媒体或其他传播形式工作背景的人员也是非常重要的。董事会往往缺乏这样的经验，因此当讨论新方案时，从这个视角提出的观点是茫然而不成熟的。如果在董事们缺少这些技能中的任意一项，董事会要想实现其全部职责将会充满困难。

董事之间还应该实现良好的团队合作，同事之间友好相处：董事会不是那些毫无责任心的人聚集的地方。几乎全部董事都要对提名新成员负责，就是因为现任成员能够担保和他所提名的候选人合作共事。

最后，智库的领导至少还应该要求候选人在其全职工作之外，本董事会的工作应该是排在优先级前三的事情，同时，在他所担任的诸多董事职位中，本智库的董事职位也排在前三。最适合在董事会任职的人大多已经在其他单位任职了。不可避免地，在多个董事会任职会减少其对每一个董事会的关注。这样的人每多加入一个董事会，肯定会出现不出席董事会议以及会议之间对机构的关注极少这样的情况。鉴于这个原因，要求一个有可能加入董事会的成员把为董事会服务放在优先级地位，这可以表明总裁及董事会主席对他履行职责的强烈期待。候选人拒绝加入董事会比让他成为董事却无所建树要好得多。

根据对智库董事所任正式职位的调查可知，董事会在招聘董事时倾向于采用以下两种模式之一。(详见表 6－1)这些模式在一定程度上存在夸张的描述并且有很多交叉，但是极端的案例有助于此处的例证说明。

表 6－1　两家董事会招募的董事的职位

“杰出人物”模式	“咨询专家”模式
· 前部长、州长、高级议员	· 前部长、州长、高级议员
· 著名社会科学学者	· 媒体人员
· 工业和金融业领导	· 非政府组织的领导，包括与智库利益一致的公共利益团体和行业协会
· 媒体人员	
· 非政府组织的领导人，包括公共利益团体和行业协会	

在“杰出人物”模式中，重点在于吸引著名人物来提高机构的知名度。当然，上述列出的主要技能必须适用于全体董事。但是如果该董事会规模较大(例如，超过 8 名董事)，那么其董事应具有广泛的兴趣和背景，例如实业家、金融家和商人，这些人与政策制定团体之间没有特殊联系。这样的董事会可以为总裁提供广泛的观点和建议。但与此同时，董事的多样化可能不利于维持董事会的凝聚力。

在“咨询专家”模式中，成员的利益与智库研究及政策利益紧密一致。这些董事会通常规模较小，从而使讨论更为集中并且能够最大限度的发挥每位成员的能力。这样的董事会更能够为总裁提供关于智库战略和营运方面的专属建议。但另一方面，这种类型的董事会可能在给予指导方面会过于武断，并且其董事的背景及经验的范围会相对狭隘。两种模式都不具有绝对优势。

或许比选择模式更重要的是目标设定。总裁和董事会主席必须确定董事会目标。他们还应该懂得，随着时间推移，如有必要，他们可以重构董事会以提高其效率。

选择董事的另一个影响因素是多样性。除了董事的职业背景之外，许多董事会还力求在多个因素保持多样化。这样的多样化可以给董事会和总裁提供一个广泛的视角。以下各总裁的经典语录阐释了这一点。(舒尔茨，2001，127)：

任何总裁，如果围坐在董事桌旁有十位或十一位像他一样的人，那么他最后基本上就是自言自语。

你在水里添加水，你将会得到水。这水可能是可以喝的，但它并不是美味的果汁。

拥有相同背景、相同经历的一群人将会提出一组可预料到的问题解决方案——在我们所生活的世界中它并不是的一个好的建议。不同观点可以为决策制定提供更广泛的路径。

董事会的构成还会向潜在的赞助商和客户传达一个信息，通过该信息可以了解董事会的理念和价值观。

保持平衡的要求中最首要的一点是成员党派关系的平衡。许多智库都努力地想因其提出客观的政策建议而被众所周知，很少有智库想要和政党挂钩。表明非党派主义的一种方法就是董事会包括各种政治关系的董事。保持平衡的第二个因素就是性别构成。鉴于妇女在公共生活中的地位日益重要，董事会中必须包含女性成员。第三个因素是董事的民族或地区代表性。该情况下，这种特定类型的平衡主要依赖于当地的条件。例如，那些仅仅由来自国家首都的董事组成的董事会使智库形成一个封闭的形象。在一个包含多个主要民族的城市，通过董事分别代表不同民族通常是不错的政策。

董事会在招聘董事上面花费大量时间。他们必须首先确定董事的任职资格，正如上面所概述的。然后各种各样的候选人就要接受董事会的内部考察，最后，选定候选人并与之接洽。

如何招聘

在与候选人接洽使其成为董事之前，董事会需要明确对候选人在董事会任职期间业绩的最低期望。这需要多长时间？难道仅仅是参加董事会议，或者两次会议之间期望做些什么？最了解候选人的董事通常被指派与之进行初步联系。鲁滨逊(2001，126—127)提出了一个比较好的问题列表，这些问题是董事会在与候选人商议会员资格之前需要回答的一些问题。

- 董事会近期研究的重大事项？
- 董事会对新董事在才能、技术、品质和性格方面有哪些要求？
- 董事会多长时间见一次面以及见面时间持续多久？
- 每个人都必须在一个委员会任职吗？委员会的任务是如何分配的？
- 董事要求具备哪种资金募集途径呢？
- 董事会与执行董事之间，董事会与其他员工之间的关系是怎样的？
- 有适当的入职培训吗？是否提供其他董事会教育活动？
- 董事会有任何形式的年度度假吗？
- 还有其他需要新董事了解的新变化吗？

许多招聘谈话都强调不对新董事在时间上有太多的要求。这种做法是错误的，有两点原因：这可能使部分新董事产生不切实际的期望，从而可能导致参与度比预期水平低。更重要的是，这还会削弱那些被招募的人加入董事会的真正动机：他们的才华和经验将会因有助于影响机构工作和未来议程而非常宝贵。简而言之，过分迁就其时间，减少他们为智库服务的机会通常会适得其反。

新董事入职培训

入职培训，无论是正式的或非正式的，都能让新董事更加容易的尽快地作出贡献。虽然许多国家都有针对非营利机构董事会的正式的培训项目，但是这些项目对许多智库的董事会来说似乎并不适用，有以下两个原因：第一，大多数这样的项目面对的是各种各样的非政府组织，而智库与这些非政府组织并无相同之处。与那些提供公共服务的典型的非政府组织相比，智库与营利性的咨询公司或高校研究中心更为相似（例如，咨询、培训和各种社会服务）。第二，智库董事不可能有兴趣或时间去参加那样的培训活动。

由董事会主席和智库总裁组织的一个简单的项目就能够传达必要信息。许多智库的入职培训中，总裁邀请新董事一起参加一个扩大会议，并在会议中将新董事介绍给其他主要员工。如果新董事居住在另一个城市，那么按照基本的礼节来说，总裁应该拜访新董事并提供入职培训，或者至少应主动提出要这样做。

入职培训应包括机构历史介绍，因为一个机构目前的活动和态度常常很大程度上受制于其根源和早期发展。[①] 其他应包含的主题有：

- 目标和宗旨
- 当前工作计划
- 在研究和政策进程方面的近期成就
- 机构的沟通和传播方案
- 近期财政情况
- 资金募集以及资金问题解决策略，尤其当资金募集曾是一个问题并且同比融资波动巨大的时候
- 与董事会讨论过的其他当前存在的或即将产生的问题
- 机构的骨干员工，强调每个成员的特殊贡献

---

① 这一段出现在鲁滨逊(2001,76—77)。

应当为每一位新董事提供一系列关于机构的资料：机构的章程和其他法律文件是必须的，还应包括当前的财务报告和机构的战略计划（如果有的话）。过去两到三年的年度报告以及智库的书面作品案例也应包含于其中。

人们常说，董事通过提问可以学得更好。[1] 与总裁的一对一会谈为提问提供了更广泛的空间。但是总裁还应该鼓励那些想要和资深员工交谈的新董事去那样做（也就是去和资深研究员交谈），这里的资深员工包括研究人员和管理人员。

没有讨论新董事的职责，以及机构期望他们承担的角色的入职培训是不完整的。这种谈话可以由总裁或董事会主席来引导。不管在哪种情况，谈话都应在董事会发表的声明的指导下进行，最理想的状况是，在谈话的同时说服特定候选人为董事会服务。对所有董事来说，大多数职责都是应共同遵守的，包括参加董事会议，会议上积极参与等。但是一些董事还有一些特殊的任务。例如，一个具有强大的金融背景的董事可能被要求去带头监管机构的财务状况和控制，这一任务通常都是通过审阅机构财务的年终审计报告来完成。

董事会评估

毫无疑问，每隔几年，董事会都会有评估其工作的需求。一个对董事会的活动具有洞察力的、实事求是的评估可以加速其加强管理工作的步伐。但是，除非董事会了解评估所涉及的相关工作并且确实想要去完成它，否则开始这样一个过程就是一个错误。鲁滨逊（2001，148—149）概括了自我评估过程中的如下因素：

- 全体董事参与董事会会议的承诺。
- 具有监督检查和管理绩效职责的委员会或小组。
- 一个明确的时间表，详细说明自评问卷调查表何时由董事会审阅、何时散发以及何时收回。

---

① 例如查兰（1998，85—88）。

- 常规董事会会议期间或为绩效审查特别会议而留出的时间。
- 一个解决董事会在角色认知和结构认知方面弱点的行动计划。
- 监督这个行动计划是否实现的方法。

许多有助于董事会执行自我评估的指南都是可以获得的。[①] 最后，无论董事会是设计了自己的程序，还是按照其他人的指导，表单 6－6 中列出的问题都需要处理。

表单 6－6　董事会自我评估过程中待处理的事项和问题

- 使命：使命声明被用于指导决策吗？它是现行的吗？
- 董事会构成和结构：机构所需的才华在董事会中有所体现吗？委员会结构是否可行？
- 董事会会议：会议议题是否集中于正确的事项？董事会是否拥有其做决策所需要的信息？是否有足够的时间来进行讨论和辩论？
- 董事会与员工之间的关系：董事会是否尊重执行董事的权威？执行董事的评价对董事会和主任来说是否是有用的？
- 核心活动：董事会是否对活动的有效性进行评价？
- 财务：董事会阅读并且理解财务报告吗？
- 资金募集：董事会了解资源发展计划吗？董事会了解其在筹集资金方面的职责吗？

如果智库缺少一次完整的自我评估，那么这些问题是董事会主席和智库总裁评估董事会职责履行状况的起点。董事会和总裁可以通过制定计划来解决任何显而易见的问题。不管全体董事是否参与，也不管因主席和总裁之间磋商而带来的改变，我们的目标就是使那些担任董事职位的、才华横溢的人创造最大的贡献。

① 例如施莱辛格(1995)和霍兰和布莱克蒙(2000)。

7. 革新工作计划:激发创新

同其他机构一样,智库同样要不时地修改自己的议程,其原因至少有以下三点:第一,智库有时需要转变其研究方向,以确保他们的工作符合国家发展政策规划;第二,智库内的核心人员可以改变智库研究、政策分析的重点,这会影响员工的去留和工作的积极性;第三,为了筹集资金,当新的信息和分析的需求出现时,智库人员就必须要对这些需求涉及的主题进行研究,也就是说智库工作必须要跟随市场需求,这一点也许是最根本、最重要的。

创新性工作计划经常被称为"战略规划",其最成熟的形式是产生的正式文字成果:智库制定战略规划时,应依据机构现状,在其职能范围内,系统分析智库新工作计划。创新在智库日常管理中日趋重要。更重要的是,最优秀的智库会制定连续的工作计划:每年,智库都会分红,并且评价机构一年内新变化——新研究主题、新客户和新活动(例如,制定新的培训计划,运营一个营利子公司进行家庭调查)。智库这些氛围激励员工去创新。

另外,一个智库不应该只在其面临严重的财政困难时才制定战略规划。尽管智库需要改革,但是在危机环境中他们几乎无法做出正确的决策。一个机构稀缺的可配置资源的使用也不应该主要取决于机构领导者对当前市场的直觉。仔细、充分的分析研究,对于创新活动的成功是必不可少的。

一个正式的战略规划需要充分的准备工作。然而,本章主要关注论述评估智库发展中面临的新机遇,其原因在于战略规划的准备工作对创新有较高的要求。最好将可利用的有限资源用于智库新产品的研制和评估、分析评估新客户类型、拓展利用智库政策研究成果的用户市场。[①]

本章介绍了智库提出、实施和评估创新的任务。但是，开辟一个新方向对智库而言是非常困难的，明确这一点是很重要的。为此，本章第一部分讨论智库面临各种挑战以及创新活动产生的效益。第二部分回顾了东欧和俄罗斯的四个智库所进行的创新活动，这些创新活动是如何被界定、评估和实施的，以及在这些过程中智库遇到了哪些问题。最后一部分介绍从营利、非营利组织的创新活动资料中吸取的一些经验教训。[②]

挑战与回报

智库可进行各种创新活动，其中一些创新活动在下一部分中介绍。为了简化目前的讨论，本章重点关注一个具体的变化：智库除了进行基础支持研究和政策分析外，还提供咨询服务。原则上，私有性质的公共政策研究机构有四种客户：中央政府、地方政府、捐赠方和企业。与捐赠方、中央政府的

---

① 两个非营利组织的创新指南也都有相似情况（也就是说它们不包括如何准备一份战略计划）：莱特（1998）和迪斯、埃默森、伊科诺米（2001）。参见布赖森（1995）和科韦洛、黑兹尔格伦（1995）关于战略规划的描述。

② 本文主要关注智库工作计划和捐赠方的创新，其中有两种形式值得一提：内部重组以提高生产力，以及独立智库之间的合并。

内部重组是为了降低生产成本，让智库更加高效和更具竞争力，但是这种做法现在比较少见。内部重组是智库的内部事务，因此可能并不为外人所知。不过，人们仍可以想象出内部重组可能带来的变化。比如，有智库曾经按照项目专题（比如卫生政策、地方财政、社会救助等）组织工作，但现在这种做法被认为是低效的。因为每一个专题小组都需要技术援助，面临评估和计量分析工作，然而小组的规模往往较小，以至于每个专业小组都缺乏相关的专业知识。结果就是这些工作因为没有专家而进展不顺，一些员工也无法发挥其价值，而部分员工也会因为没有分配到自己喜欢的工作而沮丧。解决这一问题的方法就是建立拥有熟知各种专业知识（技术援助、经济分析、评估等）人才的综合小组，而不是仅仅依据研究主题分配工作，同时减少专题小组的数量。

从根本上讲，大多数合并是为了降低财务压力，获得更多的市场份额以及为捐赠方提供更多的服务。这种情况在过去几年的东欧是非常常见的，因为支持该地区的经济和政治转型的赞助资金已经大幅下降，依赖赞助资金的智库被迫收缩，需考虑根本性调整。两种调整形式（皮亚纳，1997）的选择非常重要。一种是后台办公系统合并，尽管每个智库都保持独立，但主要行政职能的成本却由各个智库共同承担。这些职能工作包括会议、出版、公共管理处理、秘书服务，在某种情况下，研究助理服务也是其中之一。

更常见的是两个规模差不多的智库的合并或者大型智库对小型智库的兼并。而研究非营利性机构合并或兼并的文献越来越多，这也让智库领导者明白了合并或者兼并能给智库带来什么。合并或兼并普遍存在的问题就是基本没有智库从商业角度提前为合并或兼并做好准备，而兼并后面临的最大问题就是合并或兼并之后的两个机构——以及他们的领导者——的关系问题。如果合并或兼并草草进行，那么合并或兼并完成后很容易出现员工的士气问题。合并或兼并成功的关键要素就是正确的领导以及领导者和员工之间坦诚开放的交流沟通。更多要点可以查阅皮亚纳（1997），麦克默特里、妮廷和凯特纳（1991），辛格和扬克（1991），沃内特和琼斯（1992）。

合作项目往往与智库比较喜欢做的工作相符合：政策制定，包括实证背景研究；项目评估；实施试点项目；在实施一个新项目或现有项目变化时进行官员培训。智库与地方政府合作更趋于实际操作层面，尽管合作中仍涉及政策问题，但其重点在解决具体问题以提高政府工作效率，如转变公共服务方式、上调税率、编制预算，或者以资金担保融资。但智库与企业的合作与前者大不相同。比如，宏观经济预测的银行合约（即为银行开展的有关宏观经济预测的项目）、员工培训、新的贷款产品设计、支持新的贷款产品的贷款服务程序和潜在市场的评估。

多元化的挑战及其回报如下所示，并且每个都会在本章后面作简要讨论。值得注意的是，一开始，在过去的十五年左右的时间里，随传统收入下降，许多非政府组织增加了有偿服务份额，并渴望提供更广泛的服务。[①]

咨询活动或业务活动中，智库面临的挑战如下所示：

- 议程设定缺乏重点
- 数据和出版物利用受限
- 缺乏自主性
- 智库内部文化冲突
- 不稳定的客户和捐赠方
- 管理挑战

可能的回报如下：

- 获得更丰富的政策制定经验
- 效率的提高
- 降低运营成本
- 提高知名度、开拓潜在市场

许多智库发现了在商业界为实施项目而建立营利性全资子公司的优势，通常情况下，子公司与智库具有相同的财政支出结构，并且子公司增加了明确的费用（利润）。子公司经常被赋予不同的名称，以便客户、捐赠方区分彼此间职能的不同。

---

① 这在美国非常常见，例如，扬和萨拉蒙（2002）。

挑战

1. 议程设定缺乏重点

从字面意思来看，咨询顾问需要对客户明确的需求做出回应。很多时候，咨询人员在与客户接触之前，并不熟悉客户的需求和意图。由于客户有自己的议程安排，智库的咨询工作越多，他们受客户影响就越多，而相应的智库自主安排议程的能力就越弱。

例如，在美国，那些与美国政府合作从而获得大部分收入的大型智库，如人力示范研究公司、城市研究所，他们通过得到基金会的资金，从而能很大程度上自主安排议程，以此来研究一些议题，虽然这些议题并没有包括在当下联邦政府议程中。在世界其他地方，这种智库模式的困难在于基金会提供的资金或许不足以支付一个自主研发项目的最低成本。[①]

2. 数据和出版物的利用受限

在向企业和捐赠方提供咨询服务时，智库内咨询人员有权使用收集来的数据，或者使用在咨询过程中除与客户有直接利害关系的报告。但是，咨询人员的这项权利是受严格限制的，这不利于智库提供咨询服务。[②]

3. 缺乏自主性

如果智库受固定客户影响而失去自主性，那么其咨询服务工作也会面临巨大挑战。即使根据合同目前有权出版已完工的工作材料，但智库咨询人员应考虑是否仍需与客户保持良好的关系。[③] 智库需要出版这些表明自身政治立场的研究成果来获取公信力，但有时智库政治立场会与捐赠方立场相违背。

---

① 布鲁克纳(1996)评述了当地智库为了生存而努力争取项目合同的这一趋势以及这会带来的问题。

② 在西方，智库通过两种方式解决这一问题。首先，在合同中，智库可以协商出版和数据使用的条款，以保证自身在这方面的权利。智库通常会给客户一段数据专享时间——一般是三到六个月。或者，智库让客户保留所有出版物预印本的占有权和使用权，在一定时期内，客户可以保留处理的权利。但是他们不能阻止出版。其次，智库可以直接拒绝接受某些类型的客户合同。在美国，保持智库非营利性缴税地位的要求之一就是智库的全部工作都是基于广大公众的利益的，专有研究和咨询与此要求相违背。

③ 美国和欧洲的智库使用不同的方法来解决这个棘手的问题。这些措施至少包括，告知客户智库关于某一特定问题的政治立场，以及把将要出版的文章预印本只用于科研或大众读物一种目的的出版。较为宽松的做法就是在新闻发布会上向用户进行简短的介绍。在这两种情况下，可以避免客户对智库的决定感到不知所措。这些方法都仅仅是告知或讨论，并非要智库改变其决定。这些措施有助于与客户保持良好的关系，但是却无法保证智库其他建议的客观性。

4. 智库内部的文化冲突

如果智库决定从事营利性工作，那么就会引起从智库成立时便致力于公众事业的员工的不满。[1] 智库内部很有可能会出现员工之间的不和谐、运营方式冲突以及“企业行为”冲突。

5. 不稳定的客户和捐赠方

捐赠方或许不会认同智库进行更多传统咨询服务，他们极端做法是撤回资金支持。[2]

6. 管理挑战

尽管智库领导者有成功管理智库的天赋，但仅是他们的这种天赋不足以领导日益扩大的智库，特别是当正在进行的项目和独立捐赠方的数量同时增加时。总而言之，建立一个咨询体系往往需要管理和财务制度的完善，并且这件事情的工作量往往被低估。

回报

上文介绍了智库在提供咨询服务时面临的困难，解决这些困难后，智库不仅仅可以获得经济方面的回报。

1. 获得更丰富的政策制定经验

很多智库要求研究人员除做好常规研究外，更要深入钻研一个公共项目的操作细节或一个公司的运作。例如，要分析银行在零售金融业务投入巨资的前景，研究人员很可能要进行一项关于目前消费者使用的银行服务以及他们喜好的调查，以此向银行提出建议。除调查之外，研究人员还需要详细分析市场及其竞争程度，这是非常具体的分析。而智库与财政部、中央银行在零售金融业务政策管理方面的合作，取得的经验仍是无价之宝。

2. 效率的提高

一些智库主要为基金会部分客户服务，而这些基金会主要涉足两大领域：政策制定的最前沿领域、低回报低风险领域。此外，智库为基金会工作的日程安排同智库为企业工作的日程安排相对比，其差异十分明显：首先，为企业服务的智库，其工作安排是非常紧凑的，当出现问题时，智库必须迅

---

① 该问题以及接下来的两个问题都在戴维斯(1997,33—44)有讨论。

② 例如，如何有效地管理此类交易可以参见奇尔贝特(1996)。

速采取措施来解决问题。其次，智库为基金会提供服务和为其他客户提供服务的第二个不同在于，智库工作是在资金资助下完成的，还是依据合约完成的。合约对产品、截止期限、最终报告等，规定的更为具体详细。而智库对拿到项目的竞争也是非常激烈的。营利性和非营利性组织相互竞争。因此，相比只为基金会服务的智库而言，依据合同为政府机构、企业和捐赠方服务的智库，更倾向于采用一个不同的、更费时的工作机制。早期调查智库时，智库领导者几乎都不重视咨询工作，并且认为他们的整体运营的效率是乐观的。（斯特鲁伊克，1999）

3. 降低运营成本

从财务角度而言，智库非常重视咨询合同，因为一方面它们能够使研究人员从事营利性项目。另一方面，通过提高智库总体的收益基础，咨询收入降低了智库的间接费用分摊率。例如，图书馆运营，开销极大，但若将其分摊到增加的智库收入上，就可以降低每个员工的图书馆服务成本。诚然，智库项目越多，订购的资料也越多，但是对项目所分摊的间接费用而言，其增幅较小。因此，在合理的增长范围内，假定间接费用恒定，那么工作量越大，则每个小时的专业劳动的间接费用分摊就越低。①

4. 提高知名度、开拓潜在市场

智库通过扩大客户范围及扩大智库工作主题，开拓新市场。

实践创新

本节讨论的是东欧和俄罗斯的4个智库的创新活动，这4个智库被认为是具有特别企业精神的智库，他们开拓新的工作领域，其中就包括类似于咨询公司的商业活动，同时他们举办研讨会或向商界提供与其有直接利害关系的产品以开拓市场，获得资金支持。这4个智库分别是保加利亚民主研究中心（CSD）、莫斯科城市经济研究所（IUE）、布拉格民主与自由企业中心（CDFE）和华沙社会经济研究中心（CASE）。

① 公司可以采取两种方式利用这种“红利”的优势：可以减少费用，使公司在争取额外工作项目上更具竞争力；或者提供新的有偿服务。例如，随着公司扩张，公司可以在不有损其竞争地位的同时聘请公关人员。

这4个智库是笔者在早期与智库领导者、地区智库行业专家交流后确定下来的。值得一提的是，智库领导者经常提及相同的机构，所以名单就很简短，这表明这种智库类型并不多见。总之，只有上述4个智库被推荐。其中3个智库不同意参与该项目，而第4个智库无法访问。[①] 所以我们不能说，这4个智库具有普遍代表性，这样可以激励智库根据自身实际情况进行创新。

以下信息是基于作者于1998年、1999年的对智库领导者的半结构化访谈[②]，以及一些年度报告、网站和其他材料。

创新活动总览

这些智库创新活动数量是多少？涉及哪些类型？其原因是什么？这有何重要意义？表7－1和表单7－1提供创新活动概要。表单7－1简单叙述了相关创新活动。[③]

在这4个智库中有3个智库处于第二发展阶段，这意味着他们有5人以上的专职研究人员，有稳定的资金，并占据一定的市场份额。而民主与自由企业中心也即将进入第二发展阶段。依据地区标准而言，处于第二发展阶段的这3个智库，都是大型智库。

每个智库都进行一个或两个创新活动，成就斐然。这些创新活动类型多样、范围广泛，包括建立市场调查机制，信用评级机构，企业定制的培训活动以及为其他转型期国家提供服务的内部咨询中心。

绝大多数智库在成立一到三年后，才进行创新活动。但也有例外情况。其中一个就是由民主研究中心建立的广播电台。该电台是在民主研究中心第一次业务活动中建立的，其目的在于通过转播"美国之音"来打破当地政府对新闻广播的垄断。多年来，该广播电台节目编排形式随消费者喜好而发生改变。另一个例子就是社会经济研究中心，该机构在形成之初就向一些处于转型期的国家提供咨询服务。在其形成之初，曾有一个基金会邀请社会经济研究中心的高层人员在宏观经济政策制定上与俄罗斯改革者合作。

① 作者认为，至少在这两种情况下，智库领导者不想失去他们认为是商业秘密的东西。

② 半结构化访谈指按照一个粗线条式的访谈提纲而进行的非正式的访谈。

③ 需要注意的是，并非所有的受访者所称的宣传行为都包括在内。有些只是在最近调研的时候才引起人们注意，其他的仅仅是与之前的客户群有着不同的市场宣传方式。

表 7-1 创新活动的数量、时间以及重要性

内容	CSD	IUE	CDFE	CASE
时间				
机构建立的时间	1989	1995	1991	1991
机构开始思考自身多元化的时间	1994	1996	1996	1992
动机				
减少对主要资金来源的依赖	否	是	是	是
从事新工作领域的必要性	是	是	否	是
创新活动的数量				
与主要活动	1	2	1	2
独立于主要活动	1	0	0	2
创新活动占智库总收入的份额	30%	10%	20%—30%	40%—55%
规模				
正式员工的数量(全职)	28	36	6[a]	40

a. 不包括国会实习生。

城市经济研究所也是最早开展创新活动的,因为他们认为只有自身积极开展多元化活动,并且从他们的最初的项目中——由美国国际开发署支持的一个大型住宅与房地产改革项目——争取多元化客户,智库才能生存下来。

这些创新活动的动因是不同的。民主与自由企业中心有较大的经济困难,迫于需要而不得不多元化。社会经济研究中心的"企业捐赠方"项目同样也是将资金多元化的简单尝试,而民主研究中心成立自己的市场调研机制,主要是因为他们能够为自身提供进入一个新领域的机会。同样,社会经济研究中心对处于转型期国家提供技术援助也是因为他们渴望分享其工作人员的专业技能,城市经济研究所的动机是减少对其主要捐赠方的依赖,并想要开拓新的领域。

这 4 个智库的创新活动都是在原有工作基础上开展的。民主研究中心在自身现有的调查能力基础上建立市场调研机制;城市经济研究所为地方政府债券而建立的信用评级机构是在一个正在做相关市政融资项目的团队成果基础上而形成的;民主与自由企业中心在为企业客户编制培训计划充分发挥自身良好信誉的优势；社会经济研究中心的国际咨询服务正是建立在该机构在波兰开展的类似主题工作基础之上的。

表单 7－1　创新活动概要

机构	创新活动及其概要
民主研究中心	广播电台。这项活动开始于1991年4月，主要转播“美国之音”。早期从美国政府和其他赞助机构获得相关设备，随后建立广播电台。转播开始后，该站尝试使用强制性新闻播报方式，但很快发现，听众对此不感兴趣。为了应对失去的市场份额，1993年该站将新闻简报做成音乐格式，同时扩展成三个电台，在这种模式下，该电台获益颇丰。 市场调研。尽管民主研究中心的首次调研开始于1990年，但一项为商业用户调查和分析的维托沙研究所（VR）直到1994年才出现。维托沙研究所拥有一批国际客户，专注于更加细致的调查研究工作。
城市经济研究所	信用评级机构。城市经济研究所在1997年创建了首个俄罗斯信贷机构。最开始的活动是为由市政府和联邦主体发行的债券评级。1998年夏天，该业务被拆分为一家全资子公司（E-A评级服务公司），并签署了与标准普尔的战略合作协议。2001年，标准普尔公司购买了其70%的股份。 城市经济发展计划。1997年秋，城市经济研究所内部一个团队为中等城市提供经济发展计划制定方面的咨询服务。
民主与自由企业中心	企业培训。该项目制定和管理为银行和企业高层管理者定制的教育计划。
社会经济研究中心	对处于转型期的国家提供技术援助。1992年一个基金会请求社会经济研究中心工作人员针对俄罗斯宏观经济政策提供技术援助。随后该基金会又提出其他要求，该活动范围进一步扩大。1994年至1995年，社会经济研究中心更加积极地寻求外部资金对这种活动的支持。 企业捐赠方。社会经济研究中心从来自波兰的70个最大和最受推崇的企业、银行中招募“企业捐赠”。捐赠方提供固定的资助，并可以获得社会经济研究中心的出版物，可以召开研讨会以及参与其他“捐赠方专享”的活动。

总之，智库的创新活动通常是在建立在以往活动中已经形成的良好声誉基础之上的，并且利用了现有员工创新能力。实力基础上进行创新是一种常见的商业策略。然而，因资金有限，智库的创新活动必须与其核心工作领域密切相关。

确定创新项目、开展创新活动

开展创新活动，其创新观点往往来自于智库领导者或普通员工（表7－2），这种创新思想由员工和智库外部人员—通常是董事会成员—进行讨论。如果这种创新思想被认为是可行的，那么创新活动就可以通过口口相传或参与研讨会的方式得到推广，研讨会上经常会展示特殊专业知识，分发宣传材料。总之，这些都是技术含量低而且相当不正式的方式。智库领导人的直觉，同分析一样在决策时起到重要作用。

很少有机构会准备一个正式的商业计划来评价一个项目的可行性。只有2个智库的创新项目预先作了相关计划——民主研究中心的市场调研项目和城市经济研究所信用评级机制。城市经济研究所是调查、分析创新项目中唯一一个签订培训合同的智库。他们聘请了一家国际管理咨询公司，帮助准备其商业计划书。城市经济研究所认为这是一个很好的投资，因为详细周全的商业计划是有助于促使标准普尔在信用评级机制运作后的一年内通过并签署其附属协议。

表7-2　每项创新活动的开端、发展以及评定

机构和创新活动	创意来源	分析的类型[a]	宣传活动[b]（是/否）	年度订单数	获得收益（是/否）
CSD：广播电台	USG代表；CSD主席	2	否	NA	是
CSD：市场调研	员工	2，4	否	25到30	是
IUE：信用评级	员工	1，3，4	y2	3到5[c]	是
IUE：城市经济发展计划	员工	1	y2	2	时间短，无法确定
CDFE：企业培训	CDFE主席	1	否	变化	是
CASE：对处于转型期的国家提供技术援助	员工	1	y1	5至6个国家 3至4个捐赠方[d]	是
CASE：企业赞助	员工	1	y2	8个捐赠方	是

a. “1”表示员工讨论；“2”表示寻求外部专业人士（志愿者）帮助；“3”表示聘请外部专家；“4”表示准备符合专业标准的商业计划。

b. “y1”表示宣传活动，包括在研讨会和会议上演讲寻求演讲机会，编制和分发报告，以及在机构网站上宣传该活动。“y2”表示开展的未被“y1”列出的正式宣传活动，比如召开商业会议，组织研讨会，出版和分发特殊的宣传小册子。此外，在极少数情况下，试点项目为提供展示一个“产品”而开展。例如，城市经济研究所经济发展团队免费同俄罗斯一个中等规模的城市合作制定该城市的经济发展策略，该策略有可能会适用于其他城市。

c. 单个“订单”可能涉及多个城市的信用评级（例如，一个多边捐助需要若干个城市的债务承受能力信息）。

d. 一个赞助机构有可能支持多个国家的工作。

同样，智库开展创新活动的宣传方式，不仅限于召开研讨会，还采取了其他更有力的宣传措施。城市经济研究所比大多数智库更为积极、明确地宣传创新活动。例如，对于信用评级活动，它资助研究人员在俄罗斯召开的多次研讨会上进行发言，并在官网主页突出该活动，与此同时设计了一个简便灵活的折叠式宣传手册，在会议上广泛分发，除此之外还资助了在伦敦召开的关于独立国家联合体信用评级的大型国际会议中的一次会议。城市经济研究所与标准普尔公司签署的战略合作协议，是在一家莫斯科五星级酒店的大型新闻发布会上发布的。社会经济研究中心推出了"企业捐赠方"计划，向波兰 70 家大型企业和银行发送定制邮件，并且还用电话回访的方式来招揽捐赠方。

常见的宣传手段包括在智库简报上发表文章、利用机构网站宣传创新活动，简报和网站都是可以利用的方式。由于大多数创新活动都可以产生报告，这些报告同样也可以提供给潜在客户。①

在调研中，只有社会经济研究中心的一项创新活动并未取得成功，社会经济研究中心试图与波兰政府在研究和政策分析上达成协议，虽然波兰政府官员使用了社会经济研究中心的工作成果，但是他们拒绝付费。最终这件事情被私下解决。从 2000 年开始，波兰政府在招商承办方面的态度发生了巨大的转变。到 2005 年，政府成为智库研究的主要客户(具体内容，详见第八章)。

回报和挑战

智库在创新活动中如何平衡其利弊？表 7－3 就前文所述的"挑战与回报"内容进行了大体概述。

表 7－3　获得回报、面临挑战的智库数量

回报/挑战	计数
回报	
获得更丰富的政策制定经验	3

① 民主与自由企业中心并不急于宣传其特殊的组织培训活动，因为一些人认为其中的一些与组织的主要职能并非完全一致。因此它不使用这些工具。

续表

回报/挑战	计数
效率的提高	2
降低运营成本	0
提高知名度、开拓潜在市场	4
挑战	
议程设定缺乏重点	0
数据和出版物利用受限	0
缺乏自主性	0
智库内部文化冲突	0
不稳定的客户和捐赠方	0
管理挑战	2

1. 回报

从财务角度来看，由这些创新活动产生的收入，占智库总收入的10%至30%（表7-1），处于中等地位。其中社会经济研究中心对处于转型期国家的援助项目是唯一一个取得显著成果的，在笔者调查的前两年，这一援助活动的收入占社会经济研究中心总收入的40%—50%。

智库的领导者认为该活动从财务角度看是非常成功的。然而，这种简单的表述是不精确的。虽然，每项创新活动都产生显著的效益，但是，评价财务成功与否并非基于净收入的启动成本。对于很多项目来说，这些启动成本是非常少的，因此需要调整的收入数额也很少。但是在少数情况下，例如，城市经济研究所在制定商业计划和进行宣传时需要有偿援助，这就会影响对财务成功与否的评价。遗憾的是，智库没有将这些潜在影响因素作为成本，也没有将其记录下来。

被调查的智库强调不同来源的资金有不同的使用价值。民主与自由企业中心和民主研究中心表示可以自由、灵活地利用那些来源于企业培训和广播电台的利润。例如，他们可以用来作为基金会补助的配套资金，用于购买电脑或其他智库建设的任务。同样，如果创新活动增加了运营成本，但利润保持不变的话，那么间接费用就会增加——但这些都是专用于特定目的的。

4个智库都认为这些创新活动提高了他们的声誉以及在当地社区的知名度，特别是在商业界。城市经济研究所的信用评级使那些刚成立的研究机构被金融界所认识。社会经济研究中心的“企业捐赠方”计划有利于与商界建立一个更稳固的关系。民主与自由企业中心的定制培训课程使民主与自由企业中心能够接触更多的项目，这比增强自身信誉更重要。民主研究中心为大型跨国公司进行市场调研服务作为对自身能力的肯定，认为这可以吸引更多的客户。

其中3个智库认为这些创新活动丰富了制定政策的经验，这些创新活动扩大了研究人员的研究视角，在某种情况下也使智库获悉其他政策分析内容。城市经济研究所市政债券评价体系使分析师从一个新的视角分析当地政府实际财务状况和政府间财务关系结构。

有趣的是，在创新活动中，智库也得到了一些意想不到的好处。首先，民主研究中心认为其市场调研机制使分析人员不再局限于“做研究、写报告”的传统模式，这有利于留住员工。社会经济研究中心也认为国外旅行引起了生活节奏和分配体制的变化，这增加智库对员工的吸引力。

城市经济研究所和社会经济研究中心同时表示：创新活动可以对关键员工进行培训。对于城市经济研究所来说，信用评级活动的培训包括标准普尔提供的课堂培训，以及城市经济研究所职工与标准普尔工作人员就基础任务和其他任务进行直接交流的课堂培训。社会经济研究中心的领导者认为年轻的工作人员在其他国家单独工作，可能会遇到挑战，但这种经历可以帮助他们迅速成熟为研究人员或政策分析师。管理方面的培训和调整（详见下文）提高了智库运营效率。

没有一个智库提及间接成本扩大后的好处，尽管智库财务成功已经肯定并暗示了这一点。

2. 挑战

智库领导者很少提及渐趋商业化的创新活动产生的问题。这次访问包含了智库可能会遇到的6种类型的挑战（上文已提及）。因此，受访者被要求回忆起相关内容。

城市经济研究所和民主与自由企业中心都没有遇到这六种挑战。城市经济研究所的董事说，出现这种情况，很大程度是与智库研究方向有关。城市经济研究所多个示范项目和当地政府官员、银行都有着密切的联系。民主与自由企业中心有着巨大的财务压力，其员工认为如果机构不变革就无法生存下去。

民主研究中心发布报告称员工、董事会、基金会、客户都是比较理性的。相反，问题在于改变员工的工作方向，员工不再从事日常的市场营销工作。社会经济研究中心遇到的唯一的问题是管理问题。满足处于转型期的国家对短期咨询服务的需求同保证大型国内项目如期进行之间是有一定矛盾的。若员工忙于为转型期国家提供短期咨询服务，那么国内大型项目就会停滞不前。这种矛盾最终是通过扩大正式员工和助理数量规模得以解决的，这些困难可以被认为是管理挑战。

需要注意的是，4 个智库在反映问题的时候并没有忽略他们工作的重点，但也没有认识到政策过程中的独立性以及智库内部的文化冲突。造成这种现象的原因应该是这样的一种现实：这些创新活动都与智库的主要活动保持一致，并且这些智库都是刚刚成立的，根基不稳，他们在创造、抓住机遇方面更具灵活性。

结论性意见

这 4 个案例分析清楚地表明智库用来维持和扩大其运营的资金不仅限于传统的资金来源。事实上，4 个案例表明扩大资金来源是很容易的。正如前文所述，潜在机遇并不需要过多的分析和考虑，同样发起一项创新活动也不需要系统的计划方案。4 个智库发表的报告中都没有明显涉及因增加新的更加商业化的活动而引起的管理、自身认同或员工士气等方面的问题——部分原因可能是这 4 个智库是年轻、适应性强、具有活力的机构。4 个智库也在寻求新的机遇来扩展工作领域。

其他的智库能否发展的如此顺利呢？或许不能。例如，美国的非政府组织曾试图通过提供有偿服务来筹集资金支持其核心工作，但并没有取得成功（福斯特和布劳达奇，2005）。

评估智库能否像这四个智库一样取得成功时，必须考虑两个重要的因素：首先，这 4 个智库谨慎的利用现有的优势——他们的创新是建立在一定的基础之上的，自身的现有能力和良好声誉给了创新活动一个良好的开端。在与现有业务相近的领域工作可以提升他们判断一个新工作领域的潜在需求的能力。同时也能使启动成本最小化，因为员工可以继续从事传统的工作，与此同时智库的新工作领域需求也会不断增加。对于那些与智库非核心竞争力不相关的创新，智库会聘请一两个专家，专门从事活动方案制定（但这会产生间接费用）。

其次，这 4 个智库都是创业性的机构，其领导者都有良好的市场直觉，他们可以预测可能发生的事情，在机遇出现的时候，主动地采取行动，这是比较少见的。此外，在某些情况下，这些智库的文化和制度能够鼓励员工进行创造性思考，提出超越目前工作计划的想法。正是因为这些特质，这些智库被一致推荐为创新型机构。

鼓励创新

正如商业行业需要不断的向客户提供新产品、新服务，近年来美国非营利组织承受了相似的压力，这促使非政府组织重新考虑他们提供的服务及其方式，包括增加更多的收费活动。① 在这个竞争加剧的时代，非政府组织内部之间为争取基金会资金支持而展开竞争，非政府组织和营利性组织为争夺当地政府的社会服务代理机构这一角色也展开竞争。非营利性组织以商业思维组织活动（莱茨、瑞安、格罗斯曼，1999；莱特，1998）。

这些非政府组织和智库面临的主要挑战就是营造适合创新的环境，并进行创新的实践。美国非营利性组织中从事创新的员工明确地说，非营利性组织进行创新时关注的只是如何创造、实施一次性创新行为，并没有把焦点放在营造一种鼓励创新的环境（莱茨，1999，73；莱特，1998，7）。事实上，莱特和他的同事明确指出，非营利性组织并不擅长制定计划（1999，74）。与此同时，该领域的专家都在呼吁"对机遇的不懈追求"（基茨，2001，44）。

① 例如，可以参见布伦和他的同事（1997），伯林盖姆、伊尔西曼（1996），戴维斯（1997），马克斯韦尔（1996）。

下面的介绍可以分为两个部分：第一部分讲述智库工作环境中有利于激发创新的关键因素，包括有利于创新的领导人性格；第二个部分讲述了如何识别、评估和试行潜在的创新行为，在这一部分，重点关注具体的原则而不是制定"战略规划"。聚焦于一份规范性文件可能会阻碍智库思考自身如何进行创新；对于那些正在进行创新活动的智库来说，过于关注形成一份规范性文件，会减少智库自身创新活动的创造力。[①] 事实上，美国非政府组织制定的战略发展规划主要是满足其捐赠方的需求，或解决智库面临的危机，而常常忽略一般客户的需求(斯通、比奇洛、克里滕登，1999)。下文是在分析有关营利性、非营利性机构的创新活动资料的基础上进行讨论的。

创造一个有利的环境

智库可以采取以下 7 种措施来为员工创新创造一个良好的环境。[②]

1. 扁平化、非正式的组织是最有效率的

研究发现员工和高层管理者之间的层级越多，那么高层管理者越采纳不到好的建议。相应的经验就是保持组织的"薄"(也就是，组织层数要尽可能地少)。在同等环境下，越多地将工作责任下放到组织下层，那么低层的工作人员越有可能接近高层管理者，与其协同工作，并把自己当作智库成功的重要因素。在较大的智库中，如果工作责任只是集中到团队领导者身上，而不是分摊给团队领导者和次级项目领导者，那么团队领导者很有可能与管理人员沟通较少，不能够接受创新想法。因此，机构的组织形式越灵活，其员工直接向管理者反映创新想法的几率越大。

现实情况是，大多数的智库规模很小，其管理层并没有过多的层级，也就是说项目领头人就是智库领导人，二者没有区分开来。但是，如果管理不当的话，层级较少的智库也会产生阻止把员工创新想法传达给管理者的现象。一个好的现象就是各个层面的员工之间关系的非正式化。至少对于东欧独联体地区的机构来说这是一个好的迹象(具体内容，详见第 2 章)。

2. 员工知识结构多样化是非常有利的

一般而言，如果决策过程有不同知识背景的员工参与，并综合考虑各种

---

① 惠勒和亨格(2000)提供了一个综合战略计划。

② 论点主要来源于莱特(1998，第 1 章和第 4 章)。

观点，那么这个决策过程是比较正确的：可以设想当有学术背景、商业背景和政府背景的员工同时参与讨论时，会产生怎样的想法。如果智库内部员工知识结构相同，那么也可以邀请有其他知识背景的专家参与讨论，这一举措是值得提倡的。

3. 内部变动激励创新

有时候，内部变动可以促使员工进行创新性思考；如果内部没有变动，那么员工就会安于现状。内部变动，可能表现为关键员工离职或缺乏资金资助，这就可以促使员工进行创新性思考。关键问题是内部变动不能超越一定的界限，如果超越了一定限度，就会造成内部动荡、不稳定，从而破坏员工日常工作。内部变动超越一定界限的表现，就是员工都挤在一起讨论他们的未来，而不去做他们的日常工作。

4. 较低的内部壁垒可以帮助员工交流思想

大型智库会为不同的政策议题设立不同的小组。从管理上来看，这是必要的。但是如果这些小组变成“孤岛”，那么组织就无法获得那些服务不同客户的主题小组相互交流而产生的创新想法。很多智库都让各个小组成员参加正在进行的项目研讨会，这使每个人都熟悉了项目的内容，为将来双方的互动打下了基础。智库还可以定期召开由高层管理者和团队领导人参与的联合会议，双方就项目和机构问题交换意见。

5. 进行创新需要资金支持

如果智库有支持创新的资金，那么其员工会更加积极主动地参与创新讨论①。需要注意的有两点：首先，支持创新的资金必须是真实存在的。很多智库最初用于创新活动的资金来自于项目收入（主要是利润）和间接费用。这些资金专门用于机构发展或类似目的。其次，工作人员有权知道资金是用于开发，还是试验测试方面的创新。智库应不时的向创新活动提供资金，并将其透明化。即使在一个由 50 名员工组成的大型智库中，大部分员工都应知道支持创新活动的资金来源。

---

① 莱茨和他的同事（1999，73）强调了这一点。

6. 创新的持续性

如果有明显的迹象表示能够达到预期的效果，那么员工会理解组织鼓励提出创新活动以及改变研究方向的行为。如果智库高层人员转而关注目前组织的运营及组织发展—包括工作项目中潜在创新行为—并且智库为这种转变投入更多的人力、物力，那么普通员工就会更加积极主动深入地进行创新型思考。智库管理者不能仅在几个特定主题领域范围接受员工的创新想法。机遇稍纵即逝，员工可以为智库贡献自己的创新观点，特别是当管理者支持他们的创新观点时。持续性创新和“一次性创新”模式有很大的不同，“一次性创新”的智库，虽然意味着发生啦重要方向的变动，但随着创新的结束，智库又会回到日常业务活动中去。

7. 领导力是关键

莱特这样评述领导力在创新中的重要性：“领导力几乎在创新的每一个阶段都发挥着核心作用，从启动到实施，特别是在部署创新活动所需的资源上。领导力是如此的重要，以至于很多学者把它当作智库成功的关键因素。”(1998,19)

领导力的四个特征似乎对创新尤为重要。值得强调的是，创新中的领导力来源并非只是智库领导者，也可以是智库领导者支持的拥有必要技能的人。

预见性。智库领导者如果想要创新活动取得成功的话，就必须赋予智库不同的角色定位。例如，密切关注政策研究的智库的领导人会把智库定位为一个培训教育机构，或者如民主研究中心一样进行营利性市场调研。领导者也应提出新的定位，招揽人才以实现智库工作的目标。总之，预见性不仅包括确定新的任务，还包括知道如何促使智库从事新的工作。

领袖气质。人们很容易想象一个领域关键人物的气质：求知好学、管理灵活、善于倾听员工的意见、负有责任心、行为表率、做事有耐心。一些创业精神也是必备的。

沟通技巧。积极主动的员工能够及时知晓组织内部发生的事情。优秀的领导者会定期与员工进行沟通，沟通方式有直接沟通或者通过负责管理员工的人员进行间接沟通。了解当前正在进行的创新活动，及其与智库长

期发展战略之间的关系，这对于员工而言是非常重要的。这既可以促使员工进行创新性思考，同时可以让员工对智库的未来充满希望。

创新技巧。领导者要通过创新锻炼自己的能力，这种能力可以让领导者懂得如何进行投资，如何确定项目进展速度，如何在批评和评价中保持公正以及如何进行项目调整。领导者还要承担创新所带来的风险，这需要敏锐的智慧、团队合作能力、耐心以及判断力和创业精神。

领导力的这些特征的作用是非常强大的，并非所有的智库领导者都具备这些特征。这些特征对于领导者的工作起到指引作用，具备这种特征的领导者可以保证主要的决策人员也都有上文提到的领导力特征，并且能够做好最基本的工作，比如，和员工之间的友好沟通。

创新的过程

创新的过程可以分为三个阶段：征集创意、评估创新方案以及试行最佳方案。三个阶段并没有明确具体的界限，单个创新活动的各个阶段有可能是重叠的，多个创新活动的各个阶段也有可能是重叠的。例如，一项创新活动正在进行的时候，就可以开始讨论另一个新的创新想法了。[①]

1. 征集创意

首先，员工应该明白智库需要创新想法。如果创新活动的管理计划已经成型，团队领导人可以适当放权，从小组内部征集并讨论员工提出的创新型想法。团队领导人应该明白，如果员工能够提供经过深思熟虑的想法，那么这种放权是非常值得的。但这样做的前提是，员工必须要有自己的创新想法。

在早期，智库领导者应该为他们想要的创新想法提供一些支持和引导，这一点是十分必要的。如果放权的目的仅仅是为机构寻求外部资金支持和前景不错的新研究方向，而且提出的研究主题和以往的研究主题并没有很大差异，那么这样的放权并不合算。表单 7－2 所述内容也明确了这一观点，表中所列企业导向虽然主要供营利性机构选择，但也同样适用于智库：员工可以以市场为主导，但不能以生产或销售为主导。只有明确客户和捐赠方

① 此处引用培根、巴特勒(1998)和基茨(2001)。

的需求(即经济学家所说的"有效需求"),智库员工才能够提出切实可行的创新想法。

智库可以鼓励员工在不同活动领域进行创新思考,迪斯(2001b,163—164)中有一个相关表单,列举了员工可以进行创新思考的活动领域,详见表单7-3。

表单7-2 可选企业导向

以产品为主导	
专注于	自身可以提供的产品和服务
不强调	满足客户需求
以销售为主导	
专注于	宣传已有产品或服务
不强调	通过产品创新满足客户需求
以市场为主导	
专注于	满足客户需求——包括客户对新服务的需求
要求	1. 详细了解客户需求
	2. 精确定位目标市场
结果	1. 面向客户提供服务的企业职能定位
	2. 高水平的长期项目

来源:培根与巴特勒(1998)图11。

而评价员工的创新性想法应该从以下五个方面进行考虑:

- 需求(功能性要求)是什么?目标市场(分析研究、咨询服务、现场技术援助、培训、软件服务)是什么?市场潜力有多大?
- 开放竞争的基础是什么?是否有一个未被发现的或者必须要解决,但尚未满足的需要?
- 智库竞争优势的基础是什么?优秀的产品?更低的成本?与其他智库相比更好的推广和营销的能力?或者更大的持续创新的潜力?(例如,有能力通过传授实践经验向地方政府提供尖端技术援助。)
- 机构是否有把握机遇的专业知识,如果没有,是否可以以合理的成本来获得相关的专业知识?

• 机构是否有支持创新的环境?(例如,教室场地、创建复杂网站所需要的计算机软硬件。)

表单 7-3 提供创新机遇的活动领域

1. *涉足一个新的或者改变较大的产品及服务领域*——员工不熟悉,或者对于员工而言是全新的。例如,一个曾涉足房地产领域的智库可以考虑编制适用于行业协会或大学课程的资料。
2. *引进新的或改进的策略和工作方法*——还没有被已接受它的智库所使用的方法。例如,与城市在多个领域进行合作的智库,可以提供全覆盖式的服务。这对于智库而言更具战略性,对于城市而言更有效率,同时与着眼于单一领域的服务相比,它对于城市来说更加节省资金。
3. *进入一个新的市场,满足新领域的服务需求*——提供从未涉及过该领域的产品或服务。例如,一个机构可以提供以前不曾涉及的关于市政债券的信用评级工作。
4. *合同条款的更新*——修改机构中涉及到客户、消费者、捐赠方,和员工的有关条款。例如,那些依靠捐赠方支持与政府在立法改革和项目试点上合作的智库,可以在捐赠方收回其资金时,开展有偿服务。
5. *改革资金结构*——为减少生产及销售产品或服务的成本寻找新的方法。例如,为当地政府和非政府组织进行培训的智库,可以利用有限的场地和设施,集中教授更多的人。

来源:迪斯(2001a,163—164)。

智库在分析客户的潜在需求时,面临着一个特殊挑战,即直接接受智库服务的客户往往不是智库资金的提供者。例如,智库为当地政府提供技术援助,政府是智库服务的直接对象,但资金却来源于赞助政府购买技术援助的双边捐助。在这种情况下,智库必须设法制定出对客户和捐赠方都有利的方案。在某些情况下,智库可以利用基于市场调研得到的项目收益报告推动捐赠方提供赞助。在评估创新方案的时候,确定需求的真正来源是非常重要的。如果双边捐赠方对需求来源并不信任的话,那么仅仅确定地方政府所需要的援助是不够的。

最后,鼓励在新的领域进行创新活动必须要明确的是,创新活动需要建立在智库现有优势的基础之上。这是前文已经说明的创新模式。这种模式可以取得成功,因为智库在进入新的领域时可以充分利用其声誉,一些主要客户和潜在客户也都已经明了,营销会因此更有效率;除此之外,项目启动成本会比预算成本更低,因为现有的资源可以被投入到新的项目中去。

2. 评估创意方案

培根与巴特勒(1998,60)指出了公司理想创新的三个特征:

· 对当前或潜在的客户而言有着重要价值的需求没有得到满足

· 公司可以提供所需的服务并从中获利

· 创新可以推进公司进一步朝向其战略目标发展

智库必须就这些特征评估每一个创意方案。

评估的过程对于实现所期望的结果是至关重要的。正如迪斯指出的:"过程就像想法那样对于创新的成功一样重要。"(2001b,161)评估过程必须是深思熟虑的。显然,一些激进的想法是不合适的,应该毫不犹豫地放置在一边。而对于剩余想法的初步筛选,评估审查过程必须要严格(毕竟智库用于创新活动的资金有限,必须将其用在最好的创新活动方案上)。同时也应该公平客观,否则将来员工不会乐意为这一项目做出贡献。①

对于智库来说,最后一个特征或许是最重要的:新的创新工作必须要和智库的使命与目标相一致。智库必须对自身的长远发展负责。前面的章节讨论了进行与以往截然不同的创新活动所面临的挑战,但同样也指出,智库很容易忽视新的创新活动带来的不稳定。

评估创新方案的重中之重在于对市场的分析。参评方案可以制定一个正式的商业计划,用以帮助说明预期的成本和收益。② 但最关键还是在于确定潜在市场。通常智库员工对市场进行分析的经验很少。简单来说,依据智库所提供的服务类型,他们需要招揽相应的潜在客户。例如③:

· 主要的赞助机构,主要针对技术研究和技术援助项目;

· 在特定政策、管理改革和培训项目方面寻求技术援助的地方政府;

· 寻求政策分析评估项目支持的中央政府;

· 需要课程培训及潜在技术援助的行业协会及其成员(银行、市政、医院)。

除了直接与客户沟通外,员工还可以通过其他渠道获取自身需要的关

① 莱特(1998,50)认为这一点也适用于非营利性组织。

② 例如,关于商业计划的准备内容,可以参加科韦洛和黑兹尔格伦(1995)。

③ 马耶斯卡(2001)介绍了客户需求分析。

于客户潜在需求的信息。例如，会议上的讲话、国家政策方针的改变（举例来说，地方政府承担越多的责任就意味着在技术援助和培训上需要更多的帮助）。此外，关注竞争对手的行为可以为自己寻找新的研究方向提供灵感。确定主营业务市场范围是一件费时费力的工作，但是智库一般出于自身所处环境安全的考虑而回避这个问题。

为评估创意方案而组建起来的团队，可以就上文所列出的五个方面对通过初步筛选的创意方案进行评估。但评估必须快速进行，将太多的时间花费在数据收集上可能会导致“分析瘫痪”，这是一个研究性机构特有的潜在危机（基茨，2001，51）。该团队还应该考虑创新是否需要一个特定的时机：时机对于成功的重要性？需求是一次性的还是持续性的？

因此，事先和董事会就创新活动开展初步讨论对机构领导者来说是非常重要的，毕竟很多重要资源的利用分配都需要提交到董事会上进行讨论。讨论的关键在于让董事会相信，某一创新活动项目属于智库的职能范围，与本机构的长远发展目标是一致的，并且如果项目能够得到需要的信息支持就有可能取得更大成功。执行主任要努力争取董事会的批准，为创新方案寻求尽可能多的资源，并保证在创新活动进入到启动和发展阶段之前，就可以把这些占用的资源返还给董事会。如果创新活动已经发展到这一阶段，但是还未召开董事会会议，执行主任应该和执行委员会或其主席以及一两个其他董事会成员就该创新活动进行讨论。

3. 试行最佳创新方案

智库在一年内通常只会进行一个或两个创新活动，这体现了智库创新活动所受的两大限制：有限的用于自由支配的资金以及有限的启动和管理创新活动的能力。

4. 明确创新需求

一旦智库领导层决定进行创新，那么就会制定计划，通过开发新产品和市场评估来试行新的创新活动。在这个阶段，应该准备好预算草案。预算应该包括一系列的支出成本。

- 开发新的产品，例如设立新培训课程或者是教授可以运用在新领域的专业知识。这需要聘请新的专家，并且签订一年或两年合约。

• 在新的工作领域实行一个或多个方案来培养更多的专业技能，并建立供将来市场营销使用的跟踪记录。智库或许需要寻找合作伙伴，执行新服务的试行方案（例如，与银行合作开发按揭贷款计划、协助市政当局制定经济发展计划、为非政府组织提供发展计划）。另外，智库需向面向广泛的政策受众所创办的新杂志的写作和出版提供资助。无论是哪一种情况，最初的活动都需要智库的财政津贴。

• 制定和执行针对特定客户群的精心构思的营销计划。这可能需要印刷材料，如小册子，也可能需要员工参与新品发布会。营销活动应与发展阶段相符，如果条件允许，应紧随试行阶段以便能够尽快利用这方面的经验。

在这一点上，确定资源总量是至关重要的，资源总量是可以用于试行创新活动的所有资源总和及其可用期限：第一个半年内每个月可用量是多少？试用期结束后每个季度的可用量是多少？试行期内的预算草案不能超过可用资金的数量。

下面列举了三个尽量减少现金开支的方法：

• 在实施过程中，每次只资助其中的一个或两个阶段。当完成主要任务后，应按照阶段分配资金。

• 将固定成本转化为可变成本。放弃原先专门聘用项目专家的做法，尽量在项目起步阶段就让专家作为兼职顾问参与其中。进行大型培训计划的机构可以租借上课培训的场地，而不是扩大自身的办公室或课堂面积。

• 寻找剩余价值中或未充分利用的资源。工作任务较少的员工是否可以来帮助开拓创新领域吗？公共关系专家是否可以参与市场营销活动以取代雇佣外部人员？①

智库也要搞清楚需要怎样的非现金资源。通常，这包括为创新活动提供的政治支持和赞助。一般的赞助可能来自于智库董事会成员，但除此之外还是需要更多的赞助。

---

① 迪斯(2001a)就此有其他观点。

需要考虑的问题包括以下几个方面：

· 指派何人去联系相关行业协会的负责人、相关部长或世界银行代表处的负责人？

· 如果智库与其他机构取得联系，那么智库成功召开会议并获得这些机构支持的几率是多少？如果被拒绝，那么智库可以退让到哪种地步？

· 具体活动开展过程中，谁可以帮助接近市长，劝说其城市参与经济发展试点项目？

即使已经制定了将要实施的总体方案，智库还可以做其他准备工作以提高成功的概率。主要包括[①]：

获得董事会批准。 目前已经掌握的信息，包括具体创新活动方案、市场与分析结果、推动创新的方式及成本等，都应该提交到董事会上并写入协议书。一些董事会成员可能会提出一些改进意见，智库应该经过谨慎周密的考虑后才决定是否予以采纳。但正如第六章而言，董事会应该避免操作层面的问题，比如确定具体的培训人员名单等。然而，董事会应该广泛接受那些有利于开展创新的提案并予以仔细考虑——这些提案本应该与智库的总体规划相一致，而不是相矛盾，除非它们有实质性改进之处。如果智库未召开董事会会议，那么执行主任应与董事会主席协商决定是否需要召开特别会议，或者非正式磋商能否完全代表董事会的意愿。

确定活动目标测评时间，通常是一年或两年。 设立目标能够促使每一个人清楚自己对创新活动的预期。这些目标应该被分条具体列出。显然，预期目标应当依据那些正在用于开展创新活动的资源来确定。[②]

为实现目标制定一个必要的活动日历。 活动日历是每月的“待办事项”的详细列表。明确活动各个部分、部分之间关系，以及各部分的负责人，在试行阶段可以节省资源。

记下创新成功的前提条件，并明确最关键的因素。 例如，在一项旨在促进城市经济发展的技术援助创新项目中，最关键的一点应该是新方法在两个城市都被证明是行之有效的，那么市政当局签署此项服务合同的可能性

---

① 该讨论引自迪斯(2001a)。

② 培根和巴特勒(1998,66)同样强调了具体目标的重要性。

是多少。智库对签约的可能性是否过于乐观？出去创新活动失败，在其他情况下，智库可以容忍的项目误差范围是多少？如果客观条件要求误差范围尽可能的小，那么智库就需要重新考虑是否继续开展该项目。

为创新进程设立关键节点。这些关键节点应该包括开发产品和服务的不同阶段，还应跟踪记录利息、订单或由不同阶段的创新产生的现金流。

计划应"允许失败"。尽管智库有能力评价一个创新活动成功的程度，但是它也必须准备好面对这一情况：并不存在对这种新产品或者新服务的需求，当这种情况出现时，智库应能够及时作出应对。而且员工在智库内工作也不能因为创新项目失败而受到影响。① 如果以这种态度评估创新活动，那么其实智库也会很难遭遇失败。高层管理者最终作出决定，并且应该承担责任，因为把失败的责任归咎于任何人都无济于事。

然而，了解试行创新的条件哪个没有被满足以及评估失败的原因是非常重要的。答案或许是在某个环节上只有有限可供利用信息。也有可能是智库没有进行充分的市场研究，这些可以在以后得到完善。这种谨慎系统的反思是非常重要的。②

试图评估那些导致创新失败的关键因素是否有可能在将来发生改变，或者以不同的方式发生变化，是很重要的。尽管关键因素改变几率很小，但是仍可以适度增加分配投资，以保持创新活动的进行或者开展不同的推广活动。

总结

4 个智库案例表明，智库可以成功地开展创新活动。当然还有其他的一些项目也是可以考虑的——为行业协会撰写教科书，和行业协会合作提供培训活动，或者在研究计划中增加新领域。创新型智库——经常进行创新性思考的智库——是非常少见的，就像在营利或非营利领域中的创新型企

① 莱特(1998,145)列出了几种将"允许失败"这一观念传递给员工的方式，包括一个热闹的为失败的创新活动举办的"新奥尔良"葬礼、一个关于年度最不可能实现的梦想的奖项，甚至从执行董事那里得到的宽恕券或者翘班许可。

② 达林、帕里和穆尔(2005)对如何进行事后审查进行了讨论。

业和非政府组织非常少见一样。智库的创新需要一种鼓励员工进行自由创新性思考的环境，需要一种能够发现和把握员工创新想法的组织领导能力，需要公开公正对员工的创新想法进行评估。

最后，创新对于绝大多数智库而言是非常重要的，创新活动要不断适应变化着的政策环境以及客户需求。智库如果依据本章所介绍的创新环节及要素进行创新，那么智库就会有更好的适应和调整能力。

8. 争取政府机构的合同

大部分的智库在发展早期，都依赖于国际基金会的资助或者双边性、国际性捐赠机构的合同，这类的捐赠机构有世界银行、联合国开发计划署、美国国际开发署、英国国际开发署。然而对智库来说，扩大资金来源，得到当地资源的大力支持也很重要。当地的捐赠可以为智库的政策建议增加公信力，也能让智库的活动水平免受捐赠方和国际组织"捐赠疲劳"的影响。由于除了在西欧和北美国家之外，基金会和公司提供的慈善资金一般都很有限，所以最终与政府合作对智库来说势在必行。

正如上文所说，大部分的智库成立后不久，就已经开始和政府合作。这个时候智库已经有了与国际基金会、捐赠机构合作的可靠经验，这些对智库提高撰写研究计划和做分析、报告的技巧非常重要。可是事实上与政府合作却有别于与国际组织合作。

很多国家的政府在这个领域上已经意识到外部机构研究成果的价值，这些国家政府专门为这类工作确立了预算项目，并且预算额度一直在增加。截至2005年，一些国家政府部门与机构的研究和发展(简称R&D)预算已经非常庞大。例如，爱沙尼亚的经济与通讯部就为此投入了3 100万美元的预算(李，2005)，俄罗斯的经济与贸易部投入了800万美元的预算来做研究外包。同年，就连匈牙利这样的小国，其国家住房和建设厅也花费了15万美元来做委托研究。

本章介绍了智库如何在当地赢得政府机构的合同。首先是理解政府将研究和项目评估外包的原因，以及它们的外包模式。解决这些问题之后，文章第二部分会说明如何得到政府的合同。最后罗列一些很少甚至没有设立研究外包项目的国家，为这些国家内的智库提一些建议以改善现状。文章的观点来源于作者对俄罗斯、波斯尼亚和黑塞哥维那、匈牙利与美国等国家的信息情报收集，对这些国家相关人员的采访、在这些国家的经历，以及对有关会议和会后讨论的信息整合。

理解政府何如何签约把工程外包

为什么要外包

政府机构把研究和评估调查工作外包，有三个显而易见的原因：

第一个原因是聘请职员的限制。如果政府部门想雇佣一批职员从事研究和项目评估工作，他们得符合部长、助理部长以及首相部门制定的各种要求，因此这办法是否可行就不确定了。所以，利用机构外的人力资源不失为一个良策。

第二个原因是人才问题。政府机构不一定能够招到这么多人才，包括经济学家、政治分析师、统计学家、案例和调查专家，同时他们还得作为“人民公仆”为人民服务，任劳任怨。

第三个原因是灵活性问题。几乎每个机构都在运作一定数量的项目，研究和评估需要各种各样的专业技术和背景来指导这些项目准确有效地运转。一个机构只偶尔需要解决某些特定的技术问题，却雇了一大群职员为此工作，这显然不合理。比如说，一个机构每几年需要对一个特定的项目做一次有影响力的评估，外包就比在机构内部设立一个职位要有效得多。

重要的是，即使是在社会主义国家，政府也会雇佣研究所为他们工作。政府机构和研究所会商定一个年度工作计划，并且从中央预算（不是指某个部门的预算）中分摊资金来执行这个计划。也就是说，在东欧独立国家联合体地区就有外包研究工作的传统，不同的是这个工作的竞争变得更加激烈，以及管理者可能更关心由研究分析给工作带来的及时性和有效性。

外包有什么要求

第一个也是最重要的是钱，就是说这个政府的预算里必须包括必要的资金。大部分的国家政府部门关于“研究评估”或其他类似的项目有明确的预算。如果没有预算，那么政府部门就会被迫从别的项目抽调资金来支持这项工作，这显然是很有问题的，但事实上有些东欧国家就是这样的。下文将讨论怎样决定预算。

政府部门要外包研究评估项目，除了资金，还得将其部门结构进行有序的组织。下表8-1展示了三种典型的为外包而设的组织模式。

表8-1 为外包而设的组织模式

模式	项目办公室	机构内设立的中心研究办公室	招标办公室
A	次要	主要	一般监督
B	分权	无	分权
C	独权	无	一般监督

注：典型的小合同指的就是那些合同价值低于国家招标办公室条例上限的合同。

A模式在许多西欧国家很普遍，但在转型期国家里比较少见，发挥主要作用的是一个由部长直接分管的专门办公室，它负责政策和发展的研究。在这个模式里，政策开发职能是集中的，而不是分配给每一个负责具体项目的副部长。A模式把少数的政策专家安排在政府机构的同一个部门中，这样能促进他们工作的开展。A模式还指出在单个项目领域中政策发展的工作量会随着时间发生很大的变化。有时候还会发生这样的情况，把政策研究人员分配到项目办公室的不同部门之后，有的部门可能忙得不可开交，有的部门却可能无事可干。A模式还能够在一个地方网罗那些在研究领域、撰写合同条款和执行竞争等方面能力十分突出的职员。

中心研究办公室和项目办公室会商议制定年度研究评估工作计划表。项目办公室的职员负责审查合同条款，并与其他部门的人组成一个小组给合同商的研究计划打分。但整个进程由中心研究办公室控制和管理。招标办公室或者是合同部监督竞标过程，在研究部的协助下协商拟定并签订合同。

B模式展示了与东欧独立国家联合体地区一样的结构配置。在这个体系中没有中心研究办公室和政策开发办公室，而是由项目办公室和招标办公室共同行使职权，制订合同的进程（下文将会讲述）也是由两个部门共同执行。

C模式在大部分的国家里是和B模式共存的，在C模式里项目办公室行使所有的职权。一般来说，项目办公室只有在合同价值低于国家采购条例明确规定的上限时才能用C模式，并且原则上尽量少用。但如果这些部门是为了避免由B模式带来的行政竞争而使用C模式则另当别论①。在C模式里，一些国家的项目办公室处理价值较小的合同时可以直接选择智库而不需要组织竞标。必须使用B模式处理那些合同价值高于无竞争模式上限，又低于全开放竞争模式下限的合同时，项目办公室就会采取一种限制性的竞争模式——只选择三家具有代表性的智库进行投标。项目办公室制定的规则具有一定的灵活性，这影响到智库采取什么方式向那些他们想要与之合作的机构进行自我推销，对此下文将会展开阐述。

关于外包的任务

任何机构为研究项目订立合同都要开展一系列的活动。下文将会对这些活动进行一一讨论。机构采购组织方式(三种模型)的不同，执行任务的方法也有区别，必要的时候他们会把这些区别记录下来。智库会审慎地了解政府的采购周期，因为这是他们能否在这个环境中形成有效运作策略的第一步。

决定年度预算。作为常规预算计划的一部分，机构为每一个部门决定了研究预算。决定预算的进程在预算年之前就开始，其中预算年指的是使用预算额的那年。在A模式中，在和项目办公室商议后，中心研究办公室会编制部门预算和起草使用计划。在这个研究计划送到财政部之前，部门会对它进行仔细的审查和适当的调整，然后由财政部进行复审以及决定最终的预算额。在其他模式中，除了每个项目办公室编制预算和拟定研究计划可能有区别外，总体进程是基本一致的。在某些情况下，只有预算数据不需要附带合理性说明。部门内部的复审和协调通常是由招标办公室来操作。无论使用什么模式，机构都是在了解了资源的可行性之后才会做出详细的年度研究议程。

---

① 2005年在匈牙利，当一份合同的价值低于200万匈牙利福林(约等于1万美元)时，一个部门可单独和承包机构协商合同；限制性竞争合同的最大价值是1千万福林；两个值都是减去适当的增值税后所得。

我们应该注意到两个关键点:第一,除了A模式,其他模式都是由项目办公室来做行程表。如果一个智库想要影响一个政府机构未来的研究行程,那么项目办公室就是智库的目标。第二,本书作者采访到的所有项目办公室职员都指出,可用的研究预算远远低于实际需要。换言之,预算决定程序的制度导致了资金不足。这就意味着价格变成了政府从众多智库中决出优胜者时首要的考虑因素。

准备合同条款(简称TOR)。在B和C模式中,一般由项目办公室起草合同条款。在B模式中,起草好的合同条款一般由招标办公室来审查和修改。有些国家的政府机构会成立一个小组来准备合同条款,小组成员包括项目办公室、招标办公室以及机构中其他与项目利益相关的部门职员。在A模式中,合同条款由中心研究办公室起草,项目办公室进行审查。

发布研究计划要求。这个环节的标准程序是使研究计划要求(下文简称RFP)能大范围适用。一般政府机构会把它放在官网的网页上,这个网页会罗列机构的全部采购内容。有时候政府机构会向那些曾经给它提交过研究计划的智库发送一个提示。

对于价值没有达到重要门槛的采购,通常很少公开招标。正如上文所说,在限制性竞争的情况下中通常只需要三份研究计划。对于价值极小的合同,政府可以邀请某个承包机构提交一份研究计划就可以了。很多项目办公室正在制定新的采购流程以避免完全开放竞争,这就给某些智库提供了明显的竞争优势。

一般来说这并不算腐败。通常,项目办公室的职员都认为他们非常了解那些做研究的智库,也知道每个智库在相关领域的优势和劣势,所以他们才会选择相应的智库来做这项工作。这种做法某种程度上反映了一种普遍的现实,就是大部分智库的能力是有限的,因此他们在实际的竞争中赢面也是有限的。但如果那些现存的智库觉得一个领域已经有了领头羊,他们无法入选政府的候选名单得到一份合同,这就打击了他们去扩展擅长领域的积极性,同时更加打击了其他人考虑在某个领域成立一个智库的积极性。

对那些曾经和政府有关联的研究机构又是什么情况呢?简单地说,他们无需竞争就可以得到一份合同。但是往往很少有机构能够不通过竞争就得到资金支持，的确，当大量冷战时代研究机构的支持力量随着旧体制的崩溃而消失的时候，旧体制能够给予的庇护已经消失了，这些和政府有关联的机构再也无法不通过竞争就得到资金支持了。相比去支持任何特定的组织，项目的管理者更希望得到有助于他们工作的优质产品。

给研究计划打分。对于完全开放的竞争，政府会通过一些标准正式地给研究计划打分，这个评分标准会在发布研究计划时公布。在B模式中，通常会指定项目办公室和招标办公室共同组成的专家小组来完成这项任务。而在俄罗斯，除了由项目办公室的职员给研究计划评分，另外还会有机构外的两到三个专家再独立评分，双方都使用15个一样的评分标准。评分之后由打分人员以及招标办公室、机构内利益相关部门的代表组成委员会开会，对两个评分结果进行讨论以及协商。下一步由项目办公室推荐一个胜出者，同样的委员会来审核，他们会同时考虑到技术含量和价格两种因素。

在A模式里，给研究计划打分的专家组由项目办公室和中心研究办公室组成。在得出结果前，专家组会向一个高级官员推荐一个胜出者，而这个官员在批准之前只做一个形式上的审查。

相对较小的竞争，程序就没有那么严格。在匈牙利，只有项目办公室为这类的采购进行研究计划的评估。实际上，一些机构的竞争是严格按照价格来进行的。那些对此已经习惯的受访者坚持认为，研究计划主观性太强导致没法用标准规则来评估。RFP要求竞标者展示他们有能力完成这项工作，但是并不要求他们在研究计划上阐述他们怎样开展工作。要求交付的产品在RFP中已经明确，在同样符合条件的众多智库中出价最低的智库就会胜出。很明显，如果只需要三家智库投标并且哪些智库可以投标是由项目办公室决定的话，就会产生串通好为某些智库打高分的徇私行为。

协商合同。对于完全开放的竞争来说，由招标办公室严格制定合同的事项是一种普遍的做法，比如在合同草案中声明关于智库公开出版研究成果的条件。在B模式中，招标办公室还会和承包机构协商调整工作范围，不过大抵上遵循项目办公室的建议。在A模式中，中心研究办公室在协商这些调整的时候会发挥更大的作用，但同时也要和招标办公室紧密合作。

再次强调，小合同的操作是不一样的。很多情况下，由项目办公室协商和签订合同，有时则由项目办公室对合同内容做出提议，招标办公室来具体执行。

*质量把关与产品验收。*在B模式和C模式中，项目实施时由项目办公室全程跟进承包机构以保证工作质量达标，并且负责正式验收合同成果。在A模式中，这些都是中心研究办公室的事情。简而言之，项目办公室或者中心研究办公室才是这些研究任务真正的雇主。

在很多国家，承担职责的有关办公室会让一些机构外的人来审查一些正在开展的工作。在匈牙利，由一个指定的办公室汇报对每个项目提交的报告和CD光盘的审查结果，俄罗斯则由经济部这个负责审查产品的特定部门来确认承包机构是否达到合同的要求。

上文概述了很多国家的政府机构常见的研究采购周期工作。一个智库想要成功赢得合同，首先得了解有关政府机构合同处理流程的细节。正如上文所说，不是所有的机构都实行一样的规则。智库怎样有效地向每个办公室自我推销，关键在于这个办公室怎样组织它的采购进程。

怎样争取合同

写好研究计划只是从政府机构那里赢得合同的一个步骤，而且前面的章节已经说了很多关于一个智库如何在一份看起来高度客观的进程表上表现自身优势的窍门，大部分的智库之前已经从国际基金会和捐赠方提出的要求那里学到了这些技巧。本章节不涉及怎么写研究计划书，而是重点阐述怎样培养良好的关系网以及利用自身优势。

影响政府机构的议程

一个智库想要树立敏锐的政策开发意识，帮助政府机构确定未来的研究议程，有一个很好的办法，那就是为那些支撑政府未来政策决策的分析项目提供理念。原则上来说，虽然大部分的管理者并不认为评估对改善项目的绩效有所助益，但开展项目评估依然是一个很好的话题。很多智库之所以这样做，是因为这是很划算的自我推销手段，同时他们也坚信这些研究计划是关乎公众利益的。

因此显而易见，智库必须为此认真准备一系列会议。其实这并非易事，因为智库必须把眼光放远到一年后甚至更长的时间来预测政府到时候会需要哪方面的分析，什么样的政策话题会成为焦点。智库最好做一份一到两页的项目概述上交给政府，因为这能给官员留下一个印象，那就是智库是很严肃地对待这些事情的。虽然政府官员们也知道这是一个营销性的会议，但智库还是得把重点放在研究方面。能够拿出优质的展示，做出切题的讨论，官员才会认可智库的能力，能让官员们相信这些分析就是为他们量身定做的，这才能算是一个成功的会议。

这种会议还有一个好处，就是智库能从中打听到政府即将进行的采购，因此智库就能够早做准备去竞争那些合同。

智库常犯的一个错误就是在一个话题上徘徊太久，具体来说就是，智库已经分析完了某个话题，但是还一直主张继续做更多更深入的分析，从而开展一些额外的工作。项目办公室需要处理的项目太多了，但是资源是有限的，所以持续在一个特定的项目上投资是不太可能的。如果智库坚持要求这样做，他们会发现吃闭门羹是难免的。

声望

前面的内容有提到，政府官员很清楚他们需要哪些智库来完成哪些任务，政府也会为此努力制定合适的采购流程，所以他们是心中有数的。这就意味着在一个具体的政策研究领域里，智库的声望至关重要，它决定了这个智库能否在有限的竞争模式中得到候选资格。以往的表现是一个明显的要素，如果智库觉得政府官员（特别是一个新到任的官员）并不完全认可他们以往的成绩，智库可以主动呈递精心制作、目的明确的信函和资料，这种做法往往是有效的。

同时不定期地向政府官员展示智库的实力也很重要。一般的办法有，给某些部门送去一些他们可能特别感兴趣的报告副本；或者给分发清单上相关的和潜在的顾客发送电子邮件，在邮件里面附上新近研究的概述及其可供下载的报告链接；或者邀请顾客参与智库组织的工作，例如圆桌会议的讨论，或是听某个研究所做相关报告。

注意事项

这里列出的不仅仅是在相关官员面前维持智库声望和知名度的活动，也是智库向政府顾客提高自身形象的具体做法：

- 大部分的智库每年都会举办一些聚会并且邀请他们的顾客出席。常见的有圣诞节和新年，有些智库还会举办夏季户外活动，去野餐或者划船。

- 很多智库都会在主要的节假日给顾客们发去问候卡，并且记得顾客们里程碑式的生日。

- 某个新上任的副部长对他所在部门的权力结构和主要职责不太熟悉，有个智库就主动向他提出给他做个简报的意愿，后来这个副部长接受了，并且花了半天的时间来听他们的报告。

- 有个智库了解到有个高级官员喜欢和年轻人做专业的交流，正好这个智库有几个职员在大学里定期授课，他们就在其中一堂课安排这个官员来做了一个报告。

- 有时候，智库能够影响某个正要派到国外游学团队的人员构成，如果游学主题对重要的客户合适，在这一团队里加入这些客户是最好不过了。

很多智库以“声望”之名主动发起了以上提到的一系列活动，但同时要注意一个很重要的事情，就是智库要能够有条不紊地安排这些活动，而不是一时冲动或者后知后觉才想到要做这些事情，就连一个低级职员都应该能够游刃有余地安排这些工作。

尊重

2005 年 7 月 14 日至 16 日在萨拉热窝举办的一个会议讨论了关于政府机构与政策研究组织的合作，会议上有人做了关于合同外包的报告。来自几个国家的政府官员都提出一个观点，智库的领导者和专家应该对政府官员表示一定程度的尊重。这不是关于对政府的尊重问题，而是政策分析师对官员讲话时居高临下，使政府官员明显感到专家就是专家而他不是。这看似微不足道，但对官员来说可不是件小事。智库的高级管理者应该提醒他们职员的态度，必要时还要做一些基本的培训。

合作

上文所述的一个中心观点是，在很多国家里，从政府那里得到工作是业内人士的游戏。在某个行业领域内有好的声望于己十分有利。有时候想要增加赢得某个合同的筹码，还可以寻找另一个在技术上与其互补的合作伙伴。换言之，在竞争某个具体的项目时，与人合作增加实力是双赢的。

举个例子：住房部想要提高住房建设项目的津贴，因此津贴的重点对象就会落在那些收入非常低的家庭身上。一个智库非常了解这个国家的住房建设项目，但是对于贫困的社会群体却知之甚少，而另一个智库则在社会援助方面有良好的口碑，包括使特困人群受益的转移支付项目，但是对住房建设却一无所知。就这个项目来说，这两个智库的联合就会是一种非常有利的做法。当然，不是所有的竞争者都会选择与他人合作，但这种做法确实可以多加考虑。

在这种情况下中，建立合作关系很重要，但得到政府对这类合作体能力的认可也同样重要。如果所有条件都允许，两家智库很有必要和政府的项目办公室开一个联席会议，尤其是在一个有限竞争的情况下，因为这时项目办公室有权力决定邀请哪些智库提交研究计划。下一步最好是发送一份关于这个合作体的说明书，并阐述在这类项目中两家智库合作的意向，还有后续电话联系也很重要。

从失败中吸取教训

大部分智库失败的次数至少和他们成功的次数一样多。有时失败的原因是不定的，但是同时也可能是一些智库的工作制度有问题。大多数的智库（以及类似的营利机构）都没有充分重视从投标失败的经验上吸取教训。①

一个智库起码有两种办法来提高未来中标的几率。第一个就是请求主办机构做一个指示，在这个活动中参与选标过程的官员将会告知智库代表，与其他投标的智库相比，你方研究计划的优势和弱势有哪些。可能是价格太高了，或者是对项目负责人来说时间预算不足，或者是研究方案忽视了某个关键的方法。一般来说这个指示比较概括性，但是，如果认真仔细地听，

① 《亲爱的和陌生人》（2005）里面有一段关于从错误中学习的精彩讨论。

智库还是可以发现有意义的问题。很明显，这样的信息对一个失败了的智库来说非常有用。另外还有一个附带的好处，政府机构的职员通常会对那些请求指示的智库多加关注，同时对那些努力为将来的胜算而付出的智库，这些政府职员也会有深刻的印象。

参与这类汇报的智库领导必须防止抱怨或者质疑政府官员做出的陈述，除非有明显的证据表明有人违反了竞争过程的基本流程。抱怨会给人一种无建设性的印象，并且会给将来审查研究计划的部门留下负面印象。

不是所有的政府机构都照例提供这样的说明，他们是否有责任提供说明取决于采购的规章制度。在这点问题上很难一言概之，因为不同国家不同规定。如果制度规定竞标者有权利要求这样的一份说明但是却遭到政府机构的拒绝，承包机构就要衡量清楚，是否值得为了得到一份说明而惹恼他们。

第二个办法就是召集职员开会，这些职员包括参与准备研究计划的职员，也包括对研究计划的技术要素和成本要素都系统完整地审查过的职员。针对技术性的研究计划，主要考虑以下这些要素：

- 职员的资质——他们是否真的有资格胜任布置下去的任务。
- 项目的组织结构——提出的时间额度是否对每个人都适用；对某些职能（比如做家庭调查）的管理是否充分；如果有合作方，各方之间的权力划分是否清楚，谁直接对代理顾客负责是否明确。
- 研究和分析途径的质量——在研究计划上提出的事项是否都绝对表达清楚；再读研究计划时，能否发现那些还未在研究计划上明确说明的问题；工作计划是否切实可行；每个不同的活动从逻辑上来说时间安排是否都不冲突。

在职员大会对研究计划做完审查之后，智库应该学会从过去几个月类似的研究计划中吸取教训以找出规律。另外，他们还应该留心那些竞争同一个政府部门合同的对手们的结果，通过和自己的研究计划相比较，看看是否能从中发现一些规律。

同样，对项目成本的预算方案也应该进行仔细的审查。如果一个智库因为价格）有很大的差距而失败，他们就应该特别仔细地分析这个预算方案。结合作者与那些管理研究外包合同的项目办公室政府官员的讨论，这个地区很多智库都认为这些政府顾客一般都没怎么意识到价格与他们所收到的成果之间的关系。这好像让人觉得，如果要保证质量，承包机构要么得大幅虚报预算，要么得有储备资金来“补充”被压缩的总额，但是实际上这些事情智库都不会做。不幸的是，那些管理研究项目外包的政府官员可能要过好些年才会明白，成果的质量有多么重要。

当政府部门没有研究预算的时候

在这个新的公众管理年代，政府将各种各样的商品和活动外包这种情况已经随处可见，这样的背景下竟然还有些国家不允许政府部门将研究和项目评估进行常规外包，这似乎有些不可思议。波斯尼亚和黑塞哥维那[①]、阿塞拜疆[②]就是这样的国家。在这些国家，几乎没有外包项目，即使有，其资金也是从其他项目的资金预算里挪过来填数，而那些预算一般都是真正支持项目运转的资金。但偶尔政府部门还是会依赖那些资助来源零散的研究机构。

这种情况下，关键的问题是智库要怎样做才能提高研究预算的合法性，让它在政府部门的预算中有一席之地。就波斯尼亚来说，首先需要做好两手准备。第一个就是向政府展示智库的研究成果在政策制定过程中发挥的作用。他们可以找一些实际事例证明，在国际基金会或者国际捐赠机构（比如世界银行或者联合国开发计划署）的捐赠支持下，智库做出的研究成果在政府部门和议会的某些具体政策问题中发挥了重要的作用。对政府部门和对议会可以举不同的例子，最好是那些很明显用到了智库提供的信息的事例，而且多多益善。近几年来大部分转型期国家和发展中国家已经在大量的捐赠援助下实施减少饥饿人群的战略，因此这是一个很好的切入点。这些例子可以有力地向政府部门和议会证明，政策研究在制定国家政策和实

① 要做到这点，应该准备好先前审查结果的总结要点。

② 2004年，在欧洲联盟的援助下，随着对国家中期发展策略的监察任务实施和及时的政策研究执行，波黑在首相办公室成立了经济政策规划处。这在当时是唯一正式得到政府资金支持的研究项目，虽然有些机构是用非专项资金来支持一些研究的。

施国家项目时起到了非常重要的作用。

第二个是，当地的智库可以联合起来游说一些重要的政府部长，甚至是首相和议会成员，说服他们给新的研究项目颁布必要的法令，至少划拨少量的资金款项。智库之间的合作也许并不容易，他们彼此之间的关系最恰当的形容应该是“竞争”而不是“合作”，这是可以理解的，但是这种情况下大家肯定会优先考虑共同利益。联合的智库有必要和政府以及议会领导接触。在合作的基础上，制定并执行一个周密的游说计划，根据这个计划，两到三个智库领导一起去访问重要的政府领导，为研究争取资金预算。现在基本论点就很清楚了：这里有现成的例子能证明智库的研究在促进立法或者执行项目时起到了重要作用，现在只要有外部的资金支持智库就能够运转。而且，想要提高国家政策制定和项目执行的效率，政府机构就应该为他们自己的研究拨款。

如果他们有邻国已经在政府预算上明确给研究项目拨款，智库向政府机构举这样的例子可能会更有说服力。再有，努力争取得到国际捐赠机构当地代表办事处领导的支持也会有一定的帮助。

9. 财务管理:持续性和问责制

与其他经济组织一样,智库也以市场的方式运作。智库讨论的重点是政策和理念市场:什么样的问题对于社会和决策者来说是至关重要的?在捐助方中流行什么样的话题?但是这个市场还存在经济方面的考虑:可供使用的研究经费有多少?开展这项研究需要的费用是多少?除了那些拥有充足捐赠资金的智库,大多数的智库需要为有限的资金而竞争。

假设一个智库拥有在理念和政策市场上竞争的技术能力,要能够成功地竞争到有限的资金还需要具备其他两种能力:一是具有成本意识,二是对捐助资金的控制和问责,即有效管理。第一种能力需要智库将研究项目与从捐助方那里获得的可用资金联系起来。如果智库总是低估任务执行成本,要么自身的资源将会耗尽,要么捐助方将不再投资那些没有完成的或者需要追加投资的工作项目。第二种能力需要智库向捐助方证明捐助资金都在按照预期目的使用。对于智库如何使用研究经费,捐助方一般都会给予不同程度的自主权。例如,对于智库而言,比起合同上的规定,政府补助会有更多的自由裁量空间。但是,大多数的捐助方会要求智库提供资金支出记录以确定资金按照预期目的使用。

尽管财务管理对于智库的可持续发展而言十分重要,但是随着智库的发展壮大,成本意识以及成本核算经常给智库自身和其捐助方带来麻烦。

在非高度工业化的国家,智库通常以两种方式形成:一是以一个强大的技术领导者为核心的小型专家团体;二是主要由某个捐助方捐助而成立。在这两种情况下,其所使用的财务管理体系通常都不具备上文所述的两种能力。在第一种情况下,智库不给员工支付薪酬(或只是象征性地支付薪酬),但是当有可用资金时会以项目为基础进行付费(就像是给咨询顾问支付费用);固定成本(如租金、水电费、行政管理费用等)毫无条理地分摊到各个项目中;智库也不支付业务拓展费用(通过成员提供无价劳动)或者不合理地由项目资金承担;会计核算也因各项目的要求而有所不同。第二种情况又经常是另外一种极端,智库的财务管理要迎合捐助方的要求而不是满足自身的需要。在这种情况下,捐助资金通常是可以承担智库许多的固定成本的,但这也导致对开展和执行其他捐助项目的实际成本的低估。

随着智库从初期阶段逐渐发展成熟,自然会出现以下一些情况:

- 人工成本增多(支付固定工资,支付和雇员相关的不允许纳入成本的费用和社会保险费用,提供带薪休假,对员工培训和专业发展提供支持);
- 设施相关的固定成本(租金、水电费、设备费用和维护费用)和智库行政管理的固定成本增多(人事管理、符合税务和注册的法律规定、内部组织管理);
- 业务拓展成本(搜寻新的投资机会和准备提案的工作时间)和筹资活动成本增多。①

智库无法将这些改变所增加的成本分摊到具体的研究项目,或者分摊时会有较大的管理困难。这些费用对于智库的可持续发展是非常重要的投入(与员工相关时称为“附加福利”;与设备和行政管理相关时称为“经常费用”;所有这些费用通常称为“间接成本”):

- 如果智库不能提供有竞争力的报酬和福利,将难以留住和激励员工;
- 没有足够的设施与设备,员工将不能实际而有效地开展研究;
- 没有培训和专业发展机会,员工将不能维持一定的专业技术水平来保持竞争力;
- 没有资金支持业务拓展和筹资活动,智库将不能持续得到新的研究项目以保证机构的持续运转。

简单地说,一个研究项目的全部成本应当包括智库的全部必要成本。

① 这里使用的“资金募集”是指智库募集没有使用限制的资金,而“业务拓展”则是为具体的研究项目筹集资金。

了解研究项目的全部成本就能从智库内部角度给项目的财务分析设立一个基线，也给捐助方提供了项目研究全部成本的报销依据。

尽管这些费用对于保持智库的活力和持续发展非常重要，但是捐助方还是常常不愿意承担这些费用。从狭隘的角度看，作为特定研究项目的捐助资金是有限的，捐助方自然希望节约成本，将自己的捐助全部直接投入项目中去（当然这回避了谁应当支付间接成本的问题）。然而，从更广阔的视角看，捐助方不仅是研究项目的支持者，也是执行这一研究项目的智库的支持者，那么问题自然就来了。从长远来看，智库要开展这项工作，所有的这些间接成本都是必须的吗？鉴于资金有限，捐助方对于给定的投资总是期待最好的结果，因此他们也希望间接成本能控制在智库可持续发展所必须的合理范围内。

捐助方作为资金拥有者是占有优势的，他们对此事的回应是，对将要支付的间接成本进行限制。[①] 然而，随着下文更充分的讨论，对于间接成本的构成会有更多的解释，它取决于智库的性质、智库的行为活动以及将成本分摊到单个项目中的难易程度。通过可用的方法将间接成本分摊到项目中去让问题变得更加复杂，这些方法合理地使用不同的直接项目成本作为基础，然后在这个基础上较为公平地分摊相对应的间接成本（通常以直接项目成本的百分比形式表示）。因此，任何将间接成本分摊率控制在30%以下的限制，都有可能无意间使成本结构不符合这一比例限制的智库陷入困境。

着眼于其未来的可持续发展，智库应当找到一种方法来解释间接成本，并且这种方法应当具备两大功能：一是提供一种内部管理工具来识别和跟踪对于智库可持续发展至关重要的成本；二是提供一个清晰而全面的间接成本分摊政策声明以回应捐助方的主张，即捐助方只愿承担智库必要支出的合理部分。实际上，这种方法衍伸出了一个财务管理体系，分别跟踪直接成本和间接成本。理想中的这种成本分离方法，既是可以预估的（通过智库的运营预算制度）也是可以复核的（通过成本会计制度）。这让智库能够估算可能要承担的费用（需要加入预算的新项目的间接成本）和已经承担的费用（智库现有项目必须承担的间接成本）。

---

① 例如，美国政府对于按照联邦合同或补助而进行研究工作的大学的间接成本有支付数量的限制。

每个智库都要做好判断,是否需要进一步使捐助方确信间接成本分摊和声明的政策是相一致的。随着一个智库的发展,捐助方所给予的支持力度也在加大。然而,进行年度外部审计的争论也在升级。审计可以确认间接成本分摊政策的应用和项目直接成本的有效性是否一致。的确,一旦资金达到一定数量,捐助方就会要求进行项目账户的审计。例如,美国政府规定当机构接收的联邦资金超过 300 000 美元时就要进行这样的审计。将这样的审计纳入智库的财务管理方针,虽然会增加智库的运营费用,但也说明了智库对于捐助资金责任意识的提高。

这一章的余下部分将进一步详细叙述制定间接成本分摊制度的原则,介绍这类制度结构的各种模型和方法,讨论审计在智库财务管理中的作用,强调和间接成本相关的常见问题。

间接成本的定义

在任何智库内部,所有的成本都可以划分成两种类型:直接成本和间接成本。直接成本是可以清晰并易于归属于某一具体研究项目的成本。例如,为了收集低收入家庭研究的相关数据而进行调查的成本,这部分的成本可以清楚地和具体的研究项目相关联。

间接成本是难以确定属于哪一具体研究项目的成本,但对于执行研究项目的智库而言是必不可少的(如上文所述),这些成本被分摊到各项目之中,有些情况下也被分摊到智库的各职能模块之中(直接研究、组织管理和一般行政事务、业务拓展和资金募集)。当出现以下两种或其中一种情况时,通常将这样的成本划分为间接成本:(1) 有益于智库整体以及智库所执行的所有项目;(2) 可以归于具体的研究项目,但是对成本使用情况进行跟踪和将其分摊到各项目的管理成本超过了这样做的产出和效益。

第一种情况的例子是,支付给人事主管的费用成本。人事主管负责员工招聘,制定并落实人事政策,确保其符合劳动法。由此受益的是整个智库,而不仅仅是某个具体的研究项目。第二种情况的例子是,市内电话费很难归于某个项目,因为这项成本与通话次数无关或者并没有通话使用情况的记录。因此，分摊市内电话费要求记录通话的次数和时长，然后通过这个记录来分摊成本。既然相较于总成本而言市内电话费的成本很小，并且制作这类记录的工作时间成本较高，那么非常明智的解决方案是将这样的成本看作是所有项目的间接成本。

尽管直接成本和间接成本的划分有一个共识，但是捐助方所关注的作为合理的或"允许的"直接成本和间接成本的细节却十分多样。一般来说，美国非营利组织使用由财务会计准则委员会(FASB)和美国行政管理和预算局(OMB)提供的两种定义。

FASB《财务会计准则》第117条规定非营利组织按照"用途分类"报告开支情况。两大用途分类分别是"项目活动"(直接项目成本)和"支持性活动"(管理和日常行政事务、资金募集和会员拓展)。它们的定义如下：

项目活动是指将成果和服务提供给捐助方、客户或成员，这就是组织的目标和使命所在。支持性活动是指非营利组织除了项目服务之外的所有活动，管理和一般性活动包括监督、业务管理、日常记录、预算编制、资金募集和相关的行政事务工作，以及除了直接执行项目服务和资金募集活动之外的一切管理和行政事务。资金募集活动包括活动宣传和活动执行，联系邮件名录上的捐款人，执行专门的筹款活动，准备和分发筹款手册、说明和其他材料；举行个人、基金会、政府机构及其他形式的筹款活动。会员拓展活动包括招募潜在会员、征收会费，维护会员关系以及其他类似活动(FASB第117号准则，第27、28段)。

OMB A-122号预算通告《非营利组织的成本准则》提供了以下美国政府捐助项目的间接成本定义(详见该通告附件A，C.1—C.3)：

1. 间接成本是指用于常用成本对象或共同成本对象，并且不易确定其具体的最终成本对象的成本。"任何数量较小的直接成本都可能被作为间接成本处理，因为实际情况中对这类成本的会计处理始终是适用所有的最终成本目标的"……[①]在直接成本被定义并且视情况而将其分摊到捐助项目或其他工作事项中后，间接成本就是以实现成本目标为目的而待分摊的成

① OMB A-122号通告，通告附件A，B.2。

本。如果在同一目标下已经有其他成本在类似情况下被作为直接成本分摊到捐助项目中，那么该成本将不会被作为间接成本分摊到捐助项目中去。

2. 因为非营利组织有着不同的特点和会计实务，所以不可能说明所有可能会被归为间接成本的成本类型。然而，许多非营利组织可能都会包含一些常见的间接成本，包括建筑和设备的折旧或使用费，设施运营和维护费用，以及日常管理费用和日常开支。又比如，薪酬和行政官员补助，人事管理费用和会计事务费用。

3. 间接成本应在两个大类下进行划分：设施和管理。"设施"类成本的定义是：建筑、设备和设备折旧或改造费用，某些建筑、设备和设备改造的贷款利息，以及设备运转和维护费用。"管理"类成本的定义是：一般行政管理费用和日常开支，例如，管理人员的办公、会计、人事、图书费用，以及其他没有被专门列在"设施"类成本下的其他类型的支出（在合理情况下还包括和其他资金交叉分摊的部分）。

另外，OMB A－122 号通告在附件 B 中对美国政府补助或协议捐助的资金用途类型进行了详细的划分，分别为成本开支范围、条件性成本开支范围和非成本开支范围。表 9－1 对附件 B 进行了总结。

表 9－1　OMB A－122 号预算通告规定的成本开支范围

成本开支范围	条件性成本开支范围	非成本开支范围
投标和提案成本	广告和公关	酒精饮料
债券	辩护费/刑事诉讼费/民事诉讼费	坏账
通讯	设备/设备改进	应急费用
员工薪酬	额外福利（包括补助）	对其他组织的捐赠
折旧/使用费	住房和个人生活费	娱乐
员工激励/健康/福利	闲置设备/人力	罚款和罚金
独立的研究和开发	与义工相关的间接成本	资金募集活动
保险和赔偿金	资产购置债务利息	个人使用的产品/服务
员工关系费用	加班费	借入资本的利息
维护和修理费	专利费	投资管理费
材料物资	提前奖励费	游说

续表

成本开支范围	条件性成本开支范围	非成本开支范围
会议费	折旧资产或其他固定资产处理利润/损失	其他项目损失
会员、服务和专业活动费	出版和印刷费	组织费用(建立/重组相关)
专业期刊的版面费	再分摊/变更费	
相关支持费用	复原费	
安保费	招聘费	
专业服务费/咨询费	员工安置费	
租赁费	市场营销费	
专利费和版权费	离职费	
税款	专用设备费	
员工培训费	解约费	
交通费	员工差旅费	
	董事差旅费	

尽管如此,这份准则仍然允许智库在分摊直接成本和间接成本时,存在政策上和实际情况上的差异。因此,不同的智库有不同的成本分摊方式。例如,将执行主管开发和监督项目所花费的时间成本作为项目费用是很合理的,然而一些智库就会把主管的薪酬全部归为间接成本。同样地,尽管租金、水电费、保险、物资和其他日常开支往往会归为间接成本,但也可能存在这些成本更适合直接归入项目中去的情况。每一个智库都需要做好成本分类,确定哪些成本是项目性的,哪些成本是支持性的,以便区分直接成本和间接成本。审计员和捐助方对于成本分摊情况的接受度取决于分类依据的合理性。

既然没有间接成本分摊的标准惯例,那就意味着也没有可用来评估智库间接成本的间接成本率标准。那么随着时间的变化,智库跟踪间接成本动态就很有意义。在审查这些动态时,要思考如下问题:随着时间变化,直接成本和间接成本之间的关系是否有改变?如果有所改变,原因是什么?如果相较于直接成本,间接成本一直在增加,那么这会不会影响智库吸引投资的能力?如果确实有影响,怎样扭转这个趋势?如果相较于直接成本,间接成本一直在减少,是否存在不会给智库的资金募集能力带来负面影响的智库内部投资(如员工培训或改进管理系统)?

间接成本分摊方法

一旦智库已经明确其间接成本,下一步就是想办法在智库的活动之中分摊这些成本(因为这些间接成本对智库的所有活动都具有效益)。尽管已经有一些分摊间接成本的方法,但这一部分将介绍两个最常见的方法:逐项分摊法和间接成本率法。

逐项分摊法

间接成本的逐项分摊法是根据智库中每项活动的实际费用情况来确定比例。在最简单的形式中,这种方法可以用来记录易跟踪的成本账目。这种方法的例子包括跟踪长途电话通讯情况,使用计数器或日志记录复印机使用情况,或者以工作时间记录表作为分摊管理人员和行政人员,如执行总裁、财务经理和行政助理等薪酬成本的依据,因为他们的工作服务于多个项目或活动。如上述例子所示,不同的成本可以采用不同的记账方法。

这种方法的优点是在活动和支撑该活动的间接成本之间建立了密切的联系。然而,这种方法的缺点是需要有大量的密集时间来做记录,即使是为了相对较小的成本也是如此。进一步说,即使保存了完整的记录,还是会有无法精确分摊的公用成本。例如,办公场地成本可以以占用该场地的工作以及占地面积为基础进行分摊。但是,对于公用面积的成本,例如走廊,该如何分摊?类似地,不管使用情况如何,市内通话服务和上网费用每个月都会有交叉成本,所以不能只是简单地做跟踪记录。

因此,大多数智库不会仅仅用逐项分摊法来分摊间接成本。选择逐项分摊法还是间接成本率法(见下文)取决于以下两个因素:

- 生成记录的难易程度。当自动化系统可以轻松地跟踪项目成本时(例如,长途电话或复印机的计算机跟踪系统),使用逐项分摊法分摊成本会更加精确。
- 跨项目成本的可变性。当跨项目的成本在不同的项目中差异较大时,逐项分摊法可以帮助限定间接成本的交叉部分。例如,如果智库的常规项目形式上需要一台复印机，但是有一个项目需要大量的复印(如需要大规模地分发报告等)，逐项分摊法可以保证常规项目不用承担不必要的复印费用。

基于上文所述的逐项分摊法的缺点，间接成本率法可能更适合处理那些不易直接分摊到具体活动或项目中的公用成本。

间接成本率法

间接成本率法是在智库的活动和项目中按照比例分摊间接成本的方法。为此，智库的所有成本应当分成两组：直接成本(主要是项目或活动成本)和间接成本。间接成本被聚集到同一个"成本池"，这些成本将会分摊到项目成本当中，通常会根据间接成本(分子)和直接成本(分母也即基数，通常是全部的直接成本或者如人工费用等的部分成本)间的比率进行分摊。[①]

选择合理的分摊方法以及作为基数的直接成本，应当使得间接成本对于所有的直接成本都是合理的。对于大多数智库来说，在间接成本(主要指行政性的人工成本和支持性费用以及设备费用)和直接人工成本之间有非常明显的相关性。大多数情况下，将直接人工成本作为基数可以公平地分摊间接成本。然而，当各项目之间的直接人工成本与总成本的比例差异较大时(如各项目存在不同的差旅费、咨询费、外包费或其他直接成本)，将总直接成本作为基数更为合适。

这一部分的主要内容着眼于制定间接成本率时的更多细节问题。

间接成本率的类型

如上文所述，间接成本率法是以间接成本和直接成本基数的比率为基础进行核算的。实际的间接成本率要在该成本率的会计期间(一般是一个会计年度)结束之后才可以知道，这个成本率通常也被叫做"最终比率"。然而一般来说，智库和捐助方都不可能等到一个会计期间结束之后才公布和

---

① 尽管基数有很多设置的方式，如项目人员花费的时间，为一个项目工作或服务的人员数量，每个项目使用的设备尺寸，或者其他和活动或项目的本质有逻辑关联的方法等，但大多数智库使用直接人工费用或总直接成本作为基数。因此，并没有唯一的"正确"方法去计算间接成本率，决定哪些成本是间接成本，或者由多少间接成本才是"公平的"。根据美国联邦政府的指导方针，允许的间接成本范围在3%到70%，各个智库有所不同。许多基金组织都秉持间接成本分摊率越低越好的观念，但是低比率并不意味着高效的智库。例如，假设一个智库要执行多个项目，每个项目都有自己的会计人员，购置自己的物资，拥有自己的设备。这样的机构将没有间接成本而言，然而，比起各项目分摊会计成本、物资和设备，这样的做法显然是低效益的。

支付账单,因此间接成本率(临时比率或预定比率)常常以成本的预期分析为基础。这些不同的间接成本率详情如下①:

- 最终比率。最终间接成本率必须明确智库在会计期间(通常是会计年度)的实际成本后才能制定。一旦制定,最终间接成本率将会用来调整最初由临时比率(见下文)确定的间接成本。实际成本的变动是在会计期间产生的,因此要等到会计期间结束才可以确定具体的调整情况。
- 临时比率。一个临时的间接成本率是为了在最终比率和实际间接成本确定之前,智库可以在未来的会计期间内编制预算,并由捐助方记账或者付费,通常以智库的计划预算为基数(基于预期的费用和活动)。如果资金或费用的预期变化较小,一个会计年度的最终比率可能会被用来作为下一会计年度的临时比率。

  因为临时比率以智库的预期活动为基础,可能会和实际结果有所不同,所以当以实际间接成本费用为基础的最终间接成本率公布时,临时比率要做出相应调整。之后,智库可能需要向捐助方请求追加付款(当临时比率太低,低于应分摊的间接成本时)或退款(当临时比率太高,高于应分摊的间接成本时)给捐助方作为智库和捐助方之间协议规定的一种成本补偿类型。
- 预定比率。预定比率是为了进行当前或未来指定期间的间接成本分摊而制定的,并且不需要调整。当预定比率和智库的实际成本比率出入不大时,会采用该比率处理合同或政府补助事项。如果随着时间变化,智库的间接成本率保持不变,比如智库有非常稳定的成本结构和捐助金,则会采用这种类型的比率。②

---

① 这些介绍以在美国劳工部网站(http://www.dol.gov)上为立约人和受让人发布的《间接成本率制定指南》为基础。

② 另一种类型的间接成本率是"延后的固定比率"。在这种结构中,固定比率用来进行一段时期内的预算编制,向捐助方偿还费用或者由捐助方支付费用。实际成本由智库的会计系统决定,由固定间接成本率计算的间接成本和实际间接成本的差异结转到下一期间(通常是智库的下一会计年度),以调整下一期间的固定比率以使间接成本没有偏差。这种结构只会用在智库的捐助金随着时间的变化保持稳定的情况下。否则,对捐助者来说,由于资金结构变化和会计期间间接成本分摊之间的偏差,这种结构会导致间接成本分摊不当。

大多数的智库倾向于采用临时比率或最终比率，理由如下：

- 在会计期间对实际的间接成本进行分摊可以得到精确的成本信息；
- 不会将前面会计期间的间接成本带入后面的会计期间，从而避免了后者承担不必要的资金支出；
- 能够在间接成本的会计期间将其合理分摊，智库就不存在盈亏；
- 智库的会计系统必须确定每年的实际成本，它基本上与会计核算、预算编制和成本分摊息息相关；
- 每年确定的服务或项目的实际成本可以用于内部管理和预算编制。

间接成本率法的文件编制

为了落实间接成本率法，智库需要制定一系列的文件以提供给捐助方。以下是文件应包括的要点，同时也展示了 EO 智库(Example Organization)的文件实例。

- 组织方面的信息：
  智库结构信息，能够体现智库所有构成单位的职务或职责信息；
  财务数据，如财务报表(最好是经过认证的)、预算或其他财务报告，间接成本率就是以这些数据为基础的；
  如果间接成本率法已经被其他捐助方认可，要列出捐助合同或者政府补助的相关信息，包括捐助方、捐助数额、期间绩效以及所有和间接成本有关的细节信息。
- 成本政策声明。成本政策声明(Cost Policy Statement，CPS)明确了智库的直接成本和间接成本。EO 智库的 CPS 范例参见附录 G。
- 薪酬和福利声明。这份声明应包括预估的或实际的员工薪酬成本和附加福利。员工附加福利通常分为两类：(1) 法定的员工福利，如社会保险、失业保险、工资税，或者其他必须的员工福利或节假日、病假等休假宽限；(2) 机构规定的附加福利，如年假、绩效奖金等非薪酬补贴、健康保险和人寿保险。智库规定的附加福利通常是由捐助方从总的人工成本的合理性角度进行评估。EO 智库薪酬和福利声明的实例如表单 9-1 所示。

表单 9-1　薪酬和福利声明实例(单位：$)

人员＼薪酬	总年度薪酬	离岗薪酬[a]	在岗薪酬[b]
执行总裁	60 000	9 231	50 769
技术人员(40 000/人,5 人)	200 000	30 769	169 231
财务经理	30 000	4 615	25 385
行政助理	20 000	3 077	16 923
合计	310 000	47 692	262 308

附加福利项目	附加福利占总薪酬的比例	附加福利费用
社会/健康保险(雇主贡献)	15%	46 500
退休基金(雇主贡献)	5%	15.500
年假,休假,病假(40 天/年)	15.38%	47 691
合计	35.38%	109 692
		附加福利比例[c]:41.818%

a. 离岗薪酬占总年度薪酬 15.385%(也就是每年支付薪酬的 260 天中的 40 天的休假成本)。为了计算福利和间接成本率,这部分费用被作为福利而不是薪酬来支付。

b. 在岗薪酬占总年度薪酬的 84.615%(也就是每年支付薪酬的 260 天中的 220 天的工作日)。

c. 附加福利比例是用在岗薪酬除附加福利费用得到的(109 692/262 308=41.818%)。

- 人工成本分摊和总成本声明。EO 智库的声明实例如表单 9-2 所示,当用来计算临时间接成本率时,这份声明以 EO 智库的计划预算为基础。当最终间接成本率计算出来后,实际的成本也适用于这份声明。

  这份声明反映了花费在直接或间接活动上的估算的或实际的直接薪酬成本(扣除了薪酬的附加福利部分),每个职位的时间百分比应放在对应的费用类别下,确保每个职位都有分摊薪酬成本。①

声明也表明了哪些费用被作为直接成本进行分摊,哪些费用被作为间接成本进行分摊,或者哪些是非成本范围的费用(与成本政策声明具有一致性),这些成本类型的总和必须与智库的总成本相匹配。

---

① 智库必须保持时间分配制度(如工作时间记录表),以记录在间接成本和直接成本中有多少薪酬费用,以及忙于多个活动或项目的员工在各项目中的薪酬成本。

表单 9－2　人工成本分摊和总成本声明实例(单位：$)

		总成本(A)	间接成本(B)		直接项目成本(C)		不允许纳入成本的费用(D)		账目调节(E=B+C+D=A)	
			比例	费用	比例	费用	比例	费用	比例	费用
薪酬(仅在岗人工费用)										
执行总裁		50 769	75%	38 077	25%	12 692	0		100%	50 769
技术人员(40 000/人)		169 231	10%	16 923	90%	152 308	0		100%	169 231
财务经理		25 385	100%	25 385	0		0		100%	25 385
行政助理		16 923	100%	16 923	0		0		100%	16 923
合计		262 308	37.097%	97 308	62.903%	165 000	0			262 308
附加福利 41.82%	在岗薪酬	109 692	42.818%	40 692	42.818%	69 000	41.818%			109 692

		总成本(A)	间接成本(B)		直接项目成本(C)		非成本范围的费用(D)		账目调节(E=B+C+D=A)	
			比例	费用	比例	费用	比例	费用	比例	费用
非人工费用的间接成本										
租金/水电费/保洁	2 500/月	30 000		30 000						30 000
办公用品	300/月	3 600		3 600						3 600

续表

		总成本(A)	间接成本(B)		直接项目成本(C)		非成本范围的费用(D)		账目调节(E=B+C+D=A)	
			比例	费用	比例	费用	比例	费用	比例	费用
市内通话/长途通话/传真	200/月	2 400		2 400						2 400
邮费/快递/送货	200/月	2 400		2 400						2 400
复印	200/月	2 400		2 400						2 400
电脑/网络	500/月	6 000		6 000						6 000
设备租金	250/月	3 000		3 000						3 000
固定资产折旧	20%折旧率	5 000		5 000						5 000
员工培训		4 000		4 000						4 000
业务拓展		6 000		6 000						6 000
董事会费		2 000		2 000						2 000
保险		3 000		3 000						3 000
审计		3 000		3 000						3 000
合计		72 800		72 800						72 800

续表

		总成本(A)	间接成本(B)		直接项目成本(C)		非成本范围的费用(D)		账目调节(E=B+C+D=A)	
			比例	费用	比例	费用	比例	费用	比例	费用
其他直接成本										
咨询服务/外包		20 000				20 000				20 000
差旅费	1000/月	12 000				12 000				12 000
长途电话/传真	300/月	3 600				3 600				3 600
项目物资/材料	300/月	3 600				3 600				3 600
打印/复制	500/月	6 000				6 000				6 000
合计		45 2000				45 2000				45 2000
非成本范围的费用[a]										
				7 000				7 000		7 000
资产设备采购	25 000									
坏账/娱乐				3 000				3 000		3 000
合计				10 000				10 000		10 000
总成本		500 000		210 800		279 200		10 000		500 000

a. 设备购买和翻新费用(有时还会有外包费用但并不在此例之中)在不同的项目间可能存在较大不同，这会导致间接成本的不合理分摊。因此，在使用总直接成本作为基数时应当剔除这部分成本。另外，坏账和娱乐费用是典型的不在成本之列的。

● 间接成本率计算。表单 9-3 展示了两种不同的间接成本率计算方法:方法 1 将直接人工费用作为基数;方法 2 将总直接成本作为基数。间接成本率的计算过程是:(1) 把基期(通常是智库的会计年度)的总成本分为直接成本和间接成本(如人工成本分摊和总成本声明所述);(2) 以公平分摊为基础划分间接成本。

表单 9-3 间接成本率的计算实例

方法 1:直接人工费用为基数(包括附加福利)	
间接成本(来自表单 2)	210 800
成本基数(来自表单 2)	
直接人工费用	165 000
附加福利	69 000
总成本基数	234 000
间接成本率(间接成本/总成本基数)	90.085%
总成本核对(来自表单 2)	
直接人工费用	165 000
附加福利(41.818%直接人工费用)	69 000
间接成本(90.085%的直接薪酬和附加福利)	210 800
其他直接成本	45 200
不允许纳入成本的费用	3 000
除外费用	7 000
总成本	500 000
方法 2:总直接成本为基数	
间接成本(来自表单 2)	210 800
成本基数(来自表单 2)	
直接人工费用	165 000
附加福利(41.818%直接人工费用)	69 000
其他直接成本	45 200
不允许纳入成本的费用[a]	3 000
总成本基数	282 200

续表

方法 2:总直接成本为基数	
间接成本率(间接成本/总成本基数)	74.699%
总成本核对(来自表单 2)	
直接人工费用	165 000
附加福利(41.818%直接人工费用)	69 000
间接成本(74.699%总成本)	210 800
其他直接成本	45 200
不允许纳入成本的费用[a]	3 000
除外费用	7 000
总成本	500 000

a. 如果是为了活动而产生的不允许纳入成本的费用，那么将其算在成本基数之中，以合理分摊间接成本。

这一计算过程产生的间接成本率，用来将间接成本分摊到根据合同或政府补助的各个项目之中，也可用于处理因间接成本活动而产生的不允许纳入成本的费用。这一成本率(百分数)是总的可允许的间接成本(分子)和选择的基数(分母)的比率。当智库只有一个主要职能，而这一职能围绕若干独立的项目和活动，或者对于智库来说联邦资助的等级相对较小时，这种方法也同样适用。

注意，尽管在各计算方法中，总间接成本的数额是一样的，间接成本率会因为直接成本基数的选择而不同。因此，低比率并不“优于”高比率，不同的比率只是简单地反映了建立在不同基数之上的间接成本分摊。

财务审计

审计通常由智库外具有从业资格的会计人员(在美国是注册会计师)来检测和评估智库的财务信息(特别是一系列的财务报表)的完整性和准确性。根据法律要求，类似智库这样的非营利组织当其活动水平达到一定层次时则需具备审计职能，并将审计作为一种管理工具。随着智库的成熟，通过间接成本分摊机制也使得智库的财务结构更加复杂，审计可以向智库和其捐助方确保智库财务管理的有效性，提供的财务信息也准确地体现了智库在组织层和项目层的运行状况。特别地，审计可以发现下文将讨论的常见的间接成本问题，并给问题的避免和修正提供相应的措施。

审计的主要目标是评估以下方面：

- 智库内部财务处理系统的完善性。为了保证智库可以接受捐助方、政府监管部门和公众的问责，内部控制系统是必不可少的——一个提供公共政策方案的智库为了保证其公信力必须坚持遵纪守法和合乎道德的最高水准。总之，智库的内部控制系统提供了一个确保资源（现金、设备、财产或其他资产）合理利用的机制，而且文件编制职责和使用审批职责是相互独立的，因此不存在智库内单个人全权决定的情况。尽管这样的划分可能在小型智库内并不可行，也应当通过仔细的责任分工以及对交易的管理评审建立内部控制的相关措施。
- 反映智库运行状况的财务记录的准确性。审计员会审查财务记录和支持性文件以确保所有重要的财务事项都在智库的财务信息中有准确的反映。审计也会审查交易实例来确保交易的支持性材料是合理的并正确地纳入了财务管理系统。审计员并不能保证所有的交易都有合理的文件记录或正确地纳入了财务管理系统，成功的审计并不意味着智库的财务状况不存在问题。
- 项目和支出的合理权限。机构编制的文件（董事会批准的文件或机构的政策和章程等）以及与捐助方的合同或拨款协议都必须有审计监督，以确保费用支出和协议规定相一致。特别地，审计应当核实支出是否遵守了合同或拨款协议中的限制条件和具体要求。
- 资产账目记录和实存信息的一致性。智库资产现存状况的核实，如银行存款、应收账款、设备、不动产、证券和其他投资的实物资产，都包括在审计内容之中。
- 公共款项的支付和及时汇报情况。最后，审计员会审查上交政府监管部门报告的归档情况和公共款项的支付情况，如许可证费、法人费用、销售费用、增值税、工资单和其他与个人相关的费用，以确保支付的及时性和准确性。

在进行以上审查时，审计员应当特别关注内部财务管理账目上间接成本分摊的正确性，以保证其和智库的成本政策声明相一致。当发现如下文所述的常见问题时，审计员和管理人员应当共同确定财务管理系统和内部控制系统的改进方案以避免问题的再次发生。

智库应按照一定的衡量标准选择审计员，并根据具体情况对这些标准进行评定：

- 职业资格和经验。营利组织和非营利组织的审计有很多不同，所以有相关工作经验的审计员，特别是从事同类工作的，有可能会更好地理解智库的问题和关注点。这一标准应在公司层面进行评估并且要对将被指派的审计员个人保持尊重。在审计期间，选择合格而有经验的审计团队持续长期地负责智库的审计工作，更有可能带来好的审计结果。
- 质量控制体系。为了确保审计员对于准确而全面的审计工作有一个系统的掌握，应当检查审计员的各项审计记录情况，包括对之前发布的审计报告的重述和更正记录，对监管机构的处罚事项或法律诉讼后法院判定的补救措施的审查记录，以及对内部监督政策和章程的审查记录。
- 利益冲突。审计员应当避免与智库存在任何利益冲突，如同智库的董事会成员或项目捐助方存在商业关系等。
- 资源。审计员必须能够提供必要的人力资源和技术资源以满足智库完成审计工作的日程安排，特别是当审计需要满足法定要求或管理要求时。此外，关于智库需要提供哪些资源来辅助审计员，双方对此应达成清晰的共识。
- 其他服务。审计员可能会利用其对智库的深入了解为智库提供其他服务，这些服务可能包括报税援助、监察法规标准并帮助合规。然而，智库必须意识到某些服务，如记账或资产评估等和审计工作存在潜在的利益冲突。

- 参考资料。应当通过获得参考资料来帮助评定以上标准，通常从和智库类似的客户那里获得。同时，也应当加入更多的主观判断，如审计员的沟通能力，对智库具体要求的理解能力，以及顺利开展审计工作的执行能力等。
- 费用。费用是一个较难评定的标准。审计事务所很少会为非营利组织提供无偿或低价服务，但是在大多数情况下智库都会在审计服务和相应费用之间进行权衡。低的费用并不一定是划算的，因为这可能标志着审计工作不能完全符合要求。审计员缺少相关经验而需要花费更长的时间来进行审计，并希望智库为准备审计做更多的工作，又或者故意在第一年降低价格，当智库更换审计事务所的成本较高时，则提高后续费用。审计事务所应当提供一份详细的费用说明协议，以便智库对审计人员的服务保障水平和提供的具体服务项目进行评估。例如，审计员是否仅对智库编制的财务报表进行审查？在审查智库财务管理政策和章程之后是否会提供一份书面的管理建议书？发现内部控制系统的缺陷后是否会提出相应的对策？

对智库来说，经常变更审计员，接受低劣的或不符合要求的审计并不划算，所以需要根据以上所有的标准去权衡审计的成本和收益。

常见的间接成本问题

这一部分介绍了在非营利组织审计工作中发现的，常见的间接成本问题。

时间记录制度

人工成本，不管是由政府补助支付还是由捐助协议支付，也不管是作为直接成本还是间接成本，都必须以反映人员实际工作情况的准确的时间记录为基础，时间记录必须统计所有的人员活动。最常见的问题是，要么没有用时间记录制度跟踪人员活动，要么只是为了计算工资而使用时间记录制度，也就是只记录了时间和出勤情况，没有记录活动内容。表单 9－4 展示了时间记录表的样例，该表单记录了项目活动和间接人工成本，如提案设计、员工培训、年假和病假等附加福利成本。

表单 9－4　时间记录表样例

雇员姓名：罗伯特·史密斯　　　　月/年：6/2002

项目名称	项目编号	日期																															
		1	2	3	4	5	6	7	8	9	10	11	12	13	14	15	16	17	18	19	20	21	22	23	24	25	26	27	28	29	30	31	合计
社会保险审查	10024			8	4													2	3								2						19
住房补贴改革	10031				4	8	8															6					6	8	8				48
税收研究建议	90055																	6	5	8	8	2											29
员工培训	00203																								8	8							16
带薪休假	00101																															8	8
年假	00102										8	8	8	8	8																		40
病假	00103							8																									8
				8	8	8	8	8			8	8	8	8	8			8	8	8	8	8			8	8	8	8	8			8	168

雇员证明：

我证明这份工作时间记录表中关亍相关工作时间的分配是准确的，并且包括带薪假期。

雇员签名：

主管批复：

我已收到这份工作时间记录表，据我所知，信息准确无误。

主管签名：

成本的例外认定和一致处理

智库所有项目的成本处理必须具有一致性。这方面的典型问题包括，特殊项目的成本处理与其他项目的成本处理区分开来，或者由相似工作任务产生的成本并没有进行一致处理。

“不允许的活动”的费用

如果不允许纳入成本的费用都被不合理地作为间接成本处理，会导致两个问题。第一，不允许纳入成本的费用包含在间接成本中虚增了间接成本的数量，导致间接成本率高于可允许的间接成本分摊比例。第二，因为并不是这些费用都直接作为“不允许的活动”的成本，不能给这些活动合适的间接成本份额，导致智库的间接成本不合理地分摊到了智库的直接成本项目中。

智库自身开展的活动，或某些由合同或政府补助承担直接成本的项目，即使没有或几乎没有任何的间接成本支出，最终所有的间接成本肯定还是会被分摊到这些活动或者项目上并由合同或政府补助支付，也就是说不能将间接成本不合理地转移到没有间接成本支付限制的项目。

计入贷方

有些费用，如智库为具体项目举行会议的费用，必须记在该具体项目的贷方。同样的，可以作为间接成本的支出，如场地的费用等也必须归入“间接成本池”。

间接成本分摊基数

作为基数的直接成本必须能公平地将间接成本分摊到各直接成本项目。为了实现目标，智库必须不断地评估在分摊间接成本时，选择的基数是否是合理的。例如，由于早期项目的人工成本和其他直接成本都较少，所以智库可能会选择直接人工费用作为基数。如果智库承担了一个新的关系到智库的全部活动的大项目，相较于直接人工成本，该项目的其他直接成本份额更大，那么为了公平地分摊智库的间接成本将总成本作为基数更为合适。

机构内的转移和关联交易

从附属单位、关联机构和同盟组织获得的物资或服务，必须以提供该物资或服务的实际成本为基础进行会计核算。来自这些关联机构的物资成本或服务成本不允许包括利润或相关机构增加的其他加成。

缺少证明文件的成本

为了获得认可，所有的直接成本或间接成本都必须有足够的原始文件支撑，这些文件应清楚地说明费用的使用的目的和使用情况。例如，已兑现的支票、银行转账记录、信用卡收据单是不足以作为费用证明文件的，因为他们没有标明支出的目的，只是简单的支付记录。充分的支持性成本证明文件应当记录费用的使用目的和使用情况，如差旅费的证明文件应明确是由谁，在什么时候，为了哪个项目或活动而出差，以确定其是直接成本还是间接成本，又或者是否是允许纳入的成本。

总结

处于发展和经济转型期的智库，通常根据财务管理方面的制度建设可以将智库分为两种类型：(1) 以特定方式运转的小型智库；(2) 在国际上拥有充足捐助方和基金会支持的大型的智能健全的智库。

第一种类型中的多数智库并没有达到本章所讲的财务管理系统的标准，他们大都对于间接成本没有清晰的认识。项目预算要么仅依赖直接成本——这意味着在智库资金需求中并没有真正地包括全部成本，要么专设“经常费用”科目——这通常是对总成本的任意增加。“经常费用”的比例很可能并不在符合捐助方利益的财务分析范围之内，以及对智库运转所需资源水平的有根据的推测基础之上。结果，这些智库似乎总是处在经济危机的状态中，智库和员工的财务状况都很不稳定，就这样在一个又一个的项目中存活下来。

第二种类型的智库很好地理解了间接成本的问题，但是他们的理解锁定在对捐助者的要求方面而不是对智库自身需求的仔细审查。这些智库通常已经制定了间接成本率，但经常是作为几年前的重要合同或拨款的组成部分制定的，没有去审阅其是否仍符合智库当下的需求。因此，面对严重质疑其间接成本率的捐助方，并不确定这些智库能否成功地解释和说明其间接成本份额。

对处于经济转型期的大多数研究机构来说，当前的财务管理水平要想能够更为清晰地对自身的财务需求进行评估和管理，还有很长的路要走。捐助者们认识到对于任何智库的持续运转而言，间接成本都是必不可少的部分，尤其是智库能够解释和说明其间接成本的能力，而不是简单地认为间接成本是没有产出的，这将激励智库在制度建设中对这些方面予以更多关注。

10. 高级管理层的信息需求

智库领导需要及时了解智库各部门的运行信息，包括公司的基本财务状况（年初至今的收支比状况）以及智库与公众沟通的总体情况（在报纸上发表的文章数量、开设的专栏数量、组织的演讲活动和新闻发布会次数等）。缺乏这些信息，智库的管理就会出现问题，因为大多情况下领导们只能被动地应对问题，而不是预见问题从而未雨绸缪。例如，及时了解现金流动和计划的人力配置情况这些信息，可以避免发生现金短缺危机。但是很多高级管理层可能会耗费大量的时间去处理这些危机，这显然会降低智库的工作效率。

传统上来说，机构的监管业务通常指的是跟踪财务状况，但是在过去的15年里，营利性机构已经将其扩展到更大的范围。他们越来越多地以客户为导向，并开始跟踪记录客户满意度，因为这才是影响财务状况的根本原因。[①] 智库也需要采用这种类似的方式来扩展他们的监管范围。尽管如此，将智库高级领导层信息需求与其他机构相应领导的信息需求进行比较时，还是会发现智库与其他营利或非营利机构的使命有非常明显的区别。

本章叙述了几类智库应该定期收集并使用的监管信息。接下来，首先划定监管范围，然后确定具体的指标，用以指出需要收集的数据。附录H罗列了一些管理者在实践中可以用到的报告实例。

本章提出了一个信息监管计划，它适用于职员较多（50人以上）并且有人事和公关专家的智库。规模较小的智库可以按需求选择最适合他们的指标。因为在一些转型期国家和发展中国家的智库中，特别是在中小型智库

---

① 见《哈佛商业评论》（1998年）上面相关的文章。

中，他们的信息监管范围相当有限，所以本章不涉及这些中小型智库或企业，重点讲述的是第三阶段智库和少数第二阶段智库的实践。[①]

现代高层管理者用的信息需求指标主要是为了利用信息管理系统（MIS）生成数据。因此对智库来说最大的挑战是要做到能够根据重要的指标，有效地利用计算机从大量数据中筛选所需的信息，并且能够利用以前未用到的信息协助监管工作，提升绩效。设计精良的信息管理系统可以用来收集有价值的信息，如果缺少这样的系统，那些信息的价值在非营利机构里很有可能被忽视浪费掉。然而，在大多数情况下，大部分的信息都不需要很复杂的信息管理系统，因为通常来说这些数据除某些会计信息外，都是一些简单的统计数据（比如过去三个月内出版物的数量）。

下面介绍几点重点事项。首先，信息必须在恰当的时机传达给恰当的人，这个人不一定总是智库的总裁。制定绩效指标时，管理者首先应该确定能够利用这些信息改善组织工作的最佳人选。这些人应该要能够接收到相关信息并采取相应的行动，或者在某些情况下，当问题或者机遇出现时，他们能够与高级管理层共同决定采取何种行动。

必须注意不要给管理者提供过量的信息。通常，对于公关或财务主管来说定期得到的指标信息就足够了。智库的领导都希望智库的管理者能够有条不紊地监管他们办公室的工作效率，即使没有明文规定，至少也该用一些含蓄的手段进行监管。给领导层提供完整的智库运作信息，可以帮助他们进行年度审查或者为董事会议做准备。如有必要，可以引起智库总裁对一些次要的指标信息的具体发展动态的重视。

第二，以适用的形式向高级管理层收集并提供信息，并不意味着一定要把信息做成好看又全面的报告。美国住房与城市发展部的职员每个月都要把各个部门的重要信息汇集成统计表，做成厚厚的活页册子，呈交给部长和主要工作人员。虽然对于每年负责一百亿美元支出的管理者来说，这些动辄就有300页的册子所含的信息非常有用，但汇集这些信息需要耗费职员大量的时间。因此智库领导必须根据机构自身的资源状况来衡量其信息需

① 第1章有对智库发展的三个阶段的描述。

求。即使是大型的第三阶段智库，其管理也时不时地需要一些分散的监管信息，从而避免信息过载，管理人员核对这些数据时也就不要求那么正式了。简而言之，与其拘泥于固定的展示形式和定期汇总的综合报告，倒不如集中精力制定更少的指标，及时地向管理层传递有意义的信息。

第三，因为许多基本财务和会计的指标其文本资料是现成的，所以像现金流动、储备头寸、应收款项的总数和账龄等基本财务指标在本章节只是顺带讨论。另外，包括美国国际开发署在内的一些捐赠机构，都有一些指导财政业务的资料，能够很好地引导成本控制与分摊以及支出监管等。

监管内容概述

一个真正成功的监管系统能及时为高级管理层和身担重任的职员提供智库运作的重要信息。近年来，私营机构广泛采用一种叫做“平衡计分卡”的方法，这种方法秉持一种理念，认为一个公司应该在所有重要的运作环节上拿到高分才算得上是一个优秀的公司，无论是在库存控制、客户满意度、产品创新上，还是现金储备的投资获利上。①

同样的理念也适用于智库。如果不能很好地推进组织的研究成果参与政策制定过程，那么光有稳固的财政运作又有什么意义呢？特别是，如果不在培养职员和鼓励创新研究上面投资，智库就可能会面临创造力和政策影响力下降的窘境。

“平衡计分卡”指出智库高级管理层应该对五个重要的领域或活动进行监管，同时对每一个领域或活动的监管也是衡量智库业绩的一种方式。下面从五个视角来阐述这些重要的领域或活动：

1. 公共政策视角。是否成功地向政策制定者、其他利益相关人和公众宣传智库的研究成果，使公众了解当今社会面临的重要问题。

2. 客户视角。是否成功地达到智库政策资助方的期望，满足那些与研究所在研究、试点项目和评估等方面签订合同的各方的要求。

---

① 见 Kaplan and Norton(1992)的完整解释。

3. 内部业务视角。是否成功地有效开展研究工作、沟通活动以及行政工作。

4. 创新和学习视角。是否成功地提高了职员的技能水平，促进职员之间的交往，确立重要的政策项目并为之努力。

5. 财务视角。是否成功地筹集到资金以支持研究项目，妥善管理研究所的资源。

其中只有公共政策视角在企业上不常用到。许多客户比较关心智库的最终研究成果，对智库最初的使命——积极地影响政策制定过程并使公众了解政策结果——反而不太在意。[①] 例如一个政府部门可能委托智库进行一个项目评估，找出福利计划人员参与率较低的原因，这个过程里智库想要将评估的结果用到政策讨论中去，即使委托方认为这对于项目的推进是次要的。一般来说，相对其他的客户而言，基金会与智库之间的利益关系会更紧密一致。

表 10－1 给每一个视角都列举了一些绩效指标的例子。其中众多条款都指明了高级管理层应该了解的信息范围。视角过窄很容易产生一些问题，甚至导致问题进一步恶化。再次强调的一点是，这样做的目的是为了在问题刚出现时就能有所察觉并将其解决，避免它变成组织的大问题。

表 10－1　一个平衡的智库信息方案

视角	指标样例
公共政策视角	·网站的访问量 ·举行网络论坛的数量，参与者的人数 ·智库职员参与的会议和研讨会数量 ·政策简报的数量以及呈交给政策制定者的数量 ·职员在报纸、热门杂志上发表的文章数量
客户视角	·未准时完成的项目数量 ·客户对研讨会和培训课的评分 ·出版物的销量 ·客户参加付费课程的意向 ·老客户的合同或者捐赠的数量

① 一些公司的使命和客户的基本利益并不相关。例如，许多从事开采自然资源的公司投入了大量人力财力物力，以减少开采活动对环境的影响。当然人们可以争辩说，从长远来看这些自愿投资的企业将来卖给客户的商品价格会降低，因为他们会阻止政府抬高价格的调控以避免付出太多的成本代价。

续表

视角	指标样例
内部业务视角	·超出预算的项目数量和花费金额占预算总额的比例 ·人员配置情况(收费项目花费的职员时间) ·计划的支出:实际使用的资金与预计的支出比 成本/研究计划;研究计划中标的比例
创新和学习视角	·使职员承担新职责或获得更大的发展空间或为开发新产品而发起的培训次数 ·招募那些在创新议题方面具有专门技能或者能够增强团队实力的新职员 ·进行中的试点项目,与基本要求相比试点项目成功的数量
财务视角	·现金流动 ·年度资金的同比增长 ·流动资产的收益率 ·全部的和每一段账龄的应收账款

大多数智库可能会用一些类似指标对上文列举的这些活动进行监管。然而,为了达到总裁提出的某些具体的、临时的要求,职员们也会经常提供一些零散的信息,这种做法样是很可能是错误的。有些重要的信息一定要定期生成和使用,最重要的信息几乎不需要每个月都进行跟踪,在这些职能活动或领域内,掌握季度或者年度的信息就足够了。

值得注意的是,在接下来讨论的各项指标中,有些是交叉存在于多个视角的。

公共政策视角

公共政策视角关注的是智库的社会服务,也就是智库积极参与政策形成过程,以及使公众了解会对社会产生影响的重要公共问题。显然,无论从哪一方面来判断智库成功与否,都是一项艰巨的挑战。有些学术文献就研究了相关的话题,还有些案例研究论述了不同类型的智库和个人在影响特定政策结果时发挥的重要作用。但是通过案例研究来监察影响力是耗时且昂贵的,或者通过采访重要的政策制定者,这不仅需要进行定期采访,而且也不能保证政策制定者完全开诚布公。

衡量智库影响力有一种更好的方法,就是将那些对政策产生影响和对公众有教育意义的活动记录作为指标进行监管,其中的记录只是关于智库活动的客观的数据，而非智库研究性的成果。毋庸置疑，虽然关于智库的影响力这些指标能提供的信息非常有限，但它们确实也是有价值的。即使是这样的情况，假设一个智库很少或没有努力使其政策研究成果得到利用，那么它将会清楚地认识到这些指标的价值，用它们来评估各种活动也可能是很重要的。例如，如果高级管理层认为将简短的"政策简报"发送给特定邮件清单上的政策制定者是影响政策结果的最好做法，那么他们只要看看过去六个月发布的政策简报数量图表，就能知道智库有没有执行这个做法。

表 10-2 列出了从公共政策视角来监管智库运作的几个指标，并且指明了在组织内部可以从哪里找到这些信息来源。① 信息技术和出版领域的指标由他们的专家各自负责，至于其他几个领域，例如公共关系(PR)的指标则需要他们的专家根据各个团队或部门提供的信息来设立。在很多智库里，团队每月或每隔两月会向高级管理层提交活动报告，公共关系专家或行政助理则从中获取所需数据。在其他情况下，这些信息由行政助理跟踪并定期提交给公共关系专家。

表 10-2　公共政策视角下的绩效指标

指标	可能的来源[a]
·网络活动 ·网站的访问量和从网站上下载的文件数量[b] ·举行网络论坛的数量；每个论坛的人数 ·顾客从网上订阅的文件和出版物数量 ·网站发布的论文和报告的数量	信息技术(IT)或者公关人员
研讨会/会议 ·职员参与的会议或研讨会的数量 ·有多少城市举行这些活动 ·参与这些活动的人数	公共关系职员，并且数据以研究中心的信息为基础
政策论坛 ·由智库就当前政策问题召开的圆桌会议或其他论坛的数量 ·参加会议的包括高级政策制定者或重要媒体人在内的目标受众人数[c]	公共关系职员，并且数据以研究中心的信息为基础

① 附录H样表1中展示了一种可行的报告格式。

续表

指标	可能的来源[a]
公共关系 ·职员在报纸上发表的文章数量、职员或者智库被引用的文章数量 ·记者和编辑来电的数量 ·专栏[d]的数量[e] ·举行发布会的数量，新闻发布会后报纸和电视曝光的次数 ·职员在报纸和电视上的曝光率，发表与该智库研究项目有关的文章数量	公共关系职员，并且数据以研究中心的信息为基础，
出版物 ·政策简报的发行量，发送给目标受众的数量 ·报告的出版量及分发出去的副本数量 ·图书的出版量及分发出去的副本数量 ·智库出版物中的评论发表的地方以及数量，职员发表的图书数量 ·被大学课程列为指定要求的赠阅本数量	作者和负责出版工作的职员

a. 应该为准备指标和报告的人提供信息的负责人。

b. 有些智库发现获取访客的 IP 地址信息也是有用的，可知道访客从哪个城市和国家登陆他们的网站。

c. 以叙述或定性分析的形式来做这份数据的报告会比数量统计的形式好。

d. “专栏”是专由某个作者发表的评论文章，它在英文中之所以被称为“op-ed”，即“opposite editorial”，是因为很多报纸上刊登专栏的页面总是报纸社论的反面。

e. 公关部门会发现，统计智库被专栏拒稿的次数也是有用的，因为他们能借此了解智库向某个报纸投稿的频率。他们的目标不是向某个媒体过度投稿，因为大多数报纸都希望避免发表太多来自同一个地方的文章。

正如前文所述，关键的问题是高级管理层需要定期了解的是哪些信息。实践表明，这些信息的数量是有限的。一般来说，公共关系专家来负责确保这类信息已经生成，并且判断哪些信息需要向高级管理层传达。对智库工作的大量报道，或是令人担忧的信息，或是非常乐观的趋势，或是重要的偶发事件总是会引起领导的关注。公关办公室将这些收集来的信息用于为管理层的务虚会准备年度报告和数据。通常情况下，以这些指标为基础，将智库的发展情况和趋势写成包含几个章节的小文章，往往能给高级管理层提供比表格数据更多的信息。

表格 10 - 2 是针对智库沟通和对外活动的各项指标，统计的是已完成的活动数量，有些活动会随着时间的推移产生更多的信息，并且会显现出重要的发展趋势。虽然许多指标一目了然，但是仍需要做一些必要的解释。

1. 网站活动

这些数据为管理层提供两种类型的管理信息：第一，它们都显示了智库向公众传达信息的力度和有效性；第二，它们显示了整个网站的效益：如果网站活动很少或急剧下降，那么就说明网站可能设计不好或缺乏更新。

2. 研讨会/会议和公共关系

这组指标揭示了智库为两种截然不同的受众提供资讯的有效性，一种是研讨会和会议上的管理层、研究员，另一种是公共关系活动中的一般公众。一般来说，活动越多，就说明智库越成功。但并不是所有的报纸都拥有相同数量的读者，更不用说智库青睐的读者；有些电视节目越有声望，就越能比其他节目得到专家的关注。所以，许多组织把这些数据补充到清单上，包括某些特定领域的期刊数量，在电视节目上的曝光率，职员参与的会议和研讨会的主题、位置和与会者的数量。

当东欧和独联体国家的智库领导在电视和收音机上的曝光率总是很理想时，就表明他们有很高的知名度并且善于表达自己，而并非因为他们是当前热点话题方面的专家（斯特鲁伊克，1999）。因此表中包含两个指标，用以区分所有的曝光和那些真正宣传智库政策研究成果的曝光。

3. 政策论坛

这类论坛取得的成效大小很大程度上取决于实际参与的人员身份。管理人员应该指导他们的职员审核出席人名单，哪些人属于"高级政策制定者"或"重要的媒体人"。

智库可以把举办这些活动的成本信息补充到这些指标中，并且应该这么做。

客户视角

从这个视角看，智库的捐助方，无论是提供捐赠的基金会还是援助机构，或者是与之签订合同的政府部门，都是对智库工作有所了解的。这里的指标主要集中于一些基本的绩效（见表 10－3）[①]，因为很难建立更多的标准

① 附录H样表2－4展示了几种可行的报告格式。

来衡量捐助方是否会满意智库的工作,例如有关政策研究的质量。

“项目工作”中的两个主要的指标是关于智库研究项目核心绩效的问题,即:能否准时提交报告?项目的成本是否在客户的预算之内?如果没按时交付报告或者要求客户多付额外的资金来完成原定的任务,除非有特殊情况,否则这对智库来说就是一个致命的错误。如果向客户提交的成果毫无技术含量或者其中的分析和建议都十分草率,则是更糟糕的情况。

表 10-3 客户视角下的绩效指标

指标	可能的来源[a]
项目工作	
未按时提交的报告占提交的全部报告总数百分比	团体领导
成本超支的项目数量:超支的项目总数;获得捐助方额外资助的项目数;内部解决超支问题的项目数	财务主管
过去一年老客户的合同或捐赠/全部的合同或捐赠	财务主管
其他	
客户对研讨会和培训活动的评分	团体领导
同一门课程参与人数的变化趋势	团体领导
出版物的总销量,每份出版物的平均销量(仅适用于出售的出版物,也就是说,不包含免费捐赠和分发出去的部分)	相关出版部门

a. 应该为准备指标和报告的人提供信息的负责人。

如果捐赠方再次对同一个智库投资,就明显表示这个智库的政策研究质量很高,不过值得提醒的是,相当多的基金会都明令禁止持续资助同一个智库,两到三次连续的捐助是有可能的,但是在几年内不会再有更多。因此,有必要对连续的捐赠或合同分别进行跟踪。

“其他”标题下的指标是根据客户行为来衡量他们的满意度,这里需要对这些指标进行仔细解释。

1. 研讨会/培训评分

参与度可能会受到课程质量的影响。随着时间推移显现出来的得分走势和客观水平一样重要。但是因为人员的组成和主题会随着时间发生相应的变化，分数的准确度也会随之下降，所以最好是按课程来跟踪评分结果。

2. 付费课程参与人数的变化趋势

这种“市场测试”指标相当准确，因为它对每一个课程都会进行单独跟踪，但是要理解这点必须要记住，一个特定课程的市场可能会变饱和或者课程主题会发生改变。比如某个中亚共和国的抵押贷款数量很低，给这个国家抵押贷款银行的工作人员开设一门课程，一旦这些工作人员学习了这门课程，往后其需求就会变小，这就是一种饱和现象。再比如，在某个中欧国家开设一门课程，学员在这里学习如何准备市政府的年度预算，一旦大部分的市政府工作人员都来参加，往后的需求就会下降，培训也有可能会在市政府的工作中进行，当地的财政官员也会乐意接受更高级的课程，这就是一个课程主题发生改变的例子。

3. 出版物的销售

再次强调的是，人们可以从这些指标当中得到有用的信息，但是要根据新出版物的标题潜在的吸引力来进行解读。所有的智库出版图书更多的是为了提升智库的政治地位或者威望，而不是为了销售的收入。标题的变化会对销量产生极大的影响。

通过表 10－3 所列的指标，高级管理层可以更好地理解他们与客户之间的关系。但即便如此，这些管理者还必须直接与重要客户对话，让客户们知道智库在具体项目的执行和对成果的沟通上表现得多么优秀。

内部业务视角

这里的指标主要是关于投入和产出之间的关系，比如，项目实施至今的支出占总预算额的百分比，以及撰写研究计划的平均收入与成本之间的比较。通过表 10－4 中列出的各项指标，高级管理层能够对智库六个业务领域的工作效率有所了解(其中一些指标的报告格式可见附录 H 中的样表 5－9)。因为劳动力成本占智库总开支的比例非常大，所以很多指标会将某个指定的成果数量(如管理的合同和报纸刊登的文章数量)与投入其中的职员人数进行比较。

表 10－4 内部业务视角的绩效指标

指标	频率[a]	可能的来源[b]
A. 基本要素		
1. 每个项目的支出概况，比较项目实施至今花费的支出与工作期间的支出各占预算总额的百分比	M	财务部
2. 资金筹集的结果：将筹集到的资金与季度或年度目标进行比较	M	财务部
3. 团队资金状况：未用完的合同收入/团体承担的劳动成本	Q	财务部
4. 团队在过去三个月的人员配置情况[c]	Q	财务部
5. 下个季度预计的职员配置情况	Q	团队领导
B. 研究计划和发展		
6. 过去一年研究计划的资金利用情况和预计支出的比较	Q	财务部
7. 研究计划的效益分析	Q	财务部
·中标的研究计划/全部的研究计划(两者都是通过研究计划的数量和开发研究计划的支出进行计算)		财务部
·成本/研究计划：拿到的资金/所有研究计划的成本		财务部
·拿到的捐赠或合同的价值总额/研究计划花费的资金		财务部
8. (根据计划方案)项目开发的资金使用情况：花费的资金，以及支出占分摊到项目的资金总额百分比/开发总用时的百分比	Q	财务部
C. 人力资源		
9. 职员总人数/人力资源部(简称 HR)总人数	S	人力资源部
10. 新雇的职员数/HR 总人数	S	人力资源部
11. HR 新雇的职员数/HR 总人数	S	人力资源部
12. 离职人数/HR 总人数	S	人力资源部
13. 处理健康保险索赔的数量/HR 总人数[d]	S	人力资源部
D. 会计/财务		
14. 超过 60 天以上资金仍未进账的项目数量	M	财务部
15. 没有按时支付现金预付的项目总数和资金总量[e]	M	财务部
16. 按账龄来统计应收账款的数量	M	财务部
17. 每一类捐赠者对应的进行中的项目数量[f]，和全部项目投入的以及每个项目投入的会计职员数	Q	财务部
18. 叫停的项目数量，全部项目投入的以及每个项目投入的会计职员数	Q	财务部

续表

指标	频率[a]	可能的来源[b]
19. 出差的职员人数，和全部项目投入的以及每个项目投入的会计职员数[g]	S	财务部
20. 研究计划的预算金额，和全部项目投入的以及每个项目投入的会计职员数	S	财务部
21. 管理的合同数量和资助金额，所有合同投入的职员数和单份合同投入的职员数	S	合同办公室
22. 新的合同数量和资助金额，所有合同投入的职员数和单份合同投入的职员数	S	合同办公室
23. 叫停的合同数量，所有合同投入的职员数和单份合同投入的职员数	S	合同办公室
24. 发起分包合同的数量，所有合同投入的职员数和单份合同投入的职员数	S	合同办公室
25. 叫停的分包合同数量，所有合同投入的职员数和单份合同投入的职员数	S	合同办公室
F. 公共关系		
26. 职员在报纸上发表的、职员或者智库被引用的文章数量/全部的 PR 人数和每个项目的 PR 人数	S	公关办公室
27. 专栏的数量/全部的 PR 人数和每个项目的 PR 人数	S	公关办公室
28. 举行新闻发布会的数量和发布会后报纸和电视报道的数量/全部的 PR 人数和每个项目的 PR 人数	S	公关办公室
29. 职员在收音机与电视上的曝光率和研究项目主题的曝光率/全部的 PR 人数和每个项目的 PR 人数	S	公关办公室
30. 政策简报的发行量和送到目标受众手里的简报数量/全部的 PR 人数和每个项目的 PR 人数	S	公关办公室

a. M＝每月一次；Q＝每季度一次；S＝每半年一次。

b. 应该为准备指标和报告的人提供信息的负责人。

c. 将项目花费的时间比例与间接费用账目进行比较。

d. 这是人力资源部分内的事情，其他任务也同样如此。

e. 这样的项目只适用那些支持支付预付款的项目。

f. 当某个特定合同或资助需要花费更多时间进行管理时，不能对相应的捐助方区别对待。

g. 在一些国家，比如俄罗斯，每日支付的差旅费超出最低标准的部分将会算作职员的个人收入，这个额外的收入必须记录和纳税，由于智库职员出差非常频繁，因此差旅支出对智库来说是一项很重的负担。

这个表的"频率"这一列指出了管理者每隔多久应该对每项指标审查一次。用于监管智库重要财政效益的指标几乎不需要每月都进行检查,比如资金筹集情况和预算范围内的研究成果,表中大多数指标只需要每隔半年检查一次。

表的 A 部分和 B 部分主要是关于研究项目进展的状况和效率,包括研究计划的撰写和项目的开发。虽然其中许多指标一目了然[①],但有些还是需要进行解释。

- A. 3　团队的资金状况。

未使用完的合同收入/团队的劳动力成本投入。这是估计团队未来资金规模的一个粗略指标,它的用处是有限的,因为项目工作的持续时间长短不一。如果持续时间很长,那么智库的资金可能就不够用来支付所有职员的薪酬。试想一下这种情况:团队每月的成本是 20 000 美元,而且有以下的合同剩余资金可以花费:

此时,如果团队在合同期内每个月平均花费 2 000 美元,可是实际只有 18 400 美元可用,那么在第一个月将会有大约 1 600 美元的短缺,当然,智库也可以通过加速完成第一个合同(还剩五个月的合同)缩短工期来弥补这个资金短缺,从而解决这个问题。但是能够提前开展的工作量可能也很有限,这个例子说明了为什么要对这个指标做出仔细的解释。

合同	剩余的资金 (单位:美元)	剩余的合同期 (单位:月)	每月的平均可用资金 (单位:美元)
1	50 000	5	10 000
2	15 000	36	4 200
3	50 000	12	4 200
总计			18 400

- A. 4　过去三个月的职员配置情况。

如果职员经常花费大量的工作时间从而形成了大量的间接成

---

① 正如本文所说,笔者已经刻意省略了许多财务状况的指标,因为它们可以在其他地方找到。但有一个例外,就是要将每一项活动的间接费用于与原计划花费资金相比较。

本，这表明团队可能会面临资金短缺的问题，如果有报告指出了这个隐患，管理者应当和团队的领导一起弄清楚这个问题。资金短缺的原因很有可能是智库准备了部分的间接费用用于支付给外聘的分析师，不管这是不是一项明智的投资，智库都应出做决定是否要投资，这一决定一定程度上也取决于智库预计追加资金多久能到账(有些间接费用或许是合理的，比如撰写大量研究计划产生的费用)。

- A. 5　下一个季度职员配置计划。

虽然标准的书面形式有利于指导讨论问题，高级管理层还是应该就团队的前景与每一个团队领导面谈，因为有些信息难以通过书面传达。例如，经常有这样的情况，团队领导从之前与捐赠者的谈话中找到他们给智库提供资助的可能性，当团队的工作量即将呈现暴涨的趋势时，就需要好好讨论如何获得额外的资源来满足这大量工作的需要。

- B. 6　过去一年研究计划资金利用情况和预计支出的比较。

大多数智库会定期经历一个季度资金筹集过程。如果智库与政府机构签订了重要的外包合同，他们会发现大部分的合同都是在政府的会计年度接近尾声的时候才签订的，因此智库的大部分研究计划也是在这个时候完成的。研究计划的预计支出应当考虑到这种情况，这样高级管理层才会明白，怎样正确地解释撰写研究计划花费的资金比例。

C 部分到 F 部分指出了几类行政工作的有效性：人力资源管理，会计或者财务管理，管理合同和公共关系。这是为了给高级管理层提供有意义的工作量和生产率指标，大多数指标是通过每个职员的成果来计算生产率，计算职员数量时，采用等价全职的方法(简称 FTEs)。也就是说，如果三个人都花费了一半的工作时间在人事管理上，那么 FET 值就是 1.5，这就是在构建指标时使用的值。①

① 另一种理解内部工作效率的办法是以活动为基础计算成本(也就是确定每个活动的全部费用)。这可能会有较高的要求，因为很多活动的成本与花销分散在智库的各个部门，而且创建和操作一个系统来跟踪这些成本，并将其组织分摊到各个活动是既复杂又高成本的。因此一般不向智库推荐这种办法。第 5 章介绍了一些这样的计算方式，同时也可以在内斯库库扎(1995)的文中找到一些例子。

虽然表中的指标很有用,但仅仅这些还远远不够。经验丰富的管理者给出了以下四条建议来获取更多的信息,用以判断工作效率。

与类似的智库就运作方面进行比较。在华盛顿,几个大智库的一群财务主管常常定期在一起讨论智库的运作问题,他们会在不泄露智库秘密(如智库的间接费用率)的前提下分享一些信息。如果可能,其他城市或者国家的智库财务总监也可以尝试召开类似的会谈,例如,他们可以就行政人员的人数以及薪酬进行讨论。

倾听内部职员的诉求。高级管理层应该用心倾听职员的抱怨,诸如差旅费用报销缓慢,客户延迟付款,缺乏新闻报纸的排版支持,或合同经理在合同事务上没能及时采取关键措施。

不要因为工作高峰期增聘职员。一般来说几乎所有的行政工作都会有一个季节性规律,比如,会计人员在智库的会计年度结束和各种税务申报快要到期时会感到特别有压力,如果在接近政府会计年度尾声的时候有新合同必须加急执行的话,合同经理通常就会忙得焦头烂额。负责这类事务的管理层会更希望有足够多的职员来熬过这些高峰期,但是这样可能会导致在其他时期出现人事冗余。高级管理层需要根据每个部门的季节性工作量来看待职员在这一阶段的抱怨,因为这些在工作量高峰期的抱怨可能会有不同的含义,并且处理方式与平时不同。

观察职员人数变化趋势。对C部分到F部分的大多数指标来说,很难解释其客观价值。每个人力资源部门配置65个职员是否符合实际情况?单靠这个数字可能很难说明什么,但是如果两年内职员数从65人上升到150人,就明显意味着人力资源部比两年前更忙了,这个时候是否需要招聘更多的职员就很难说了。

- C部分:人力资源。

  一般来说,招聘新职员并把他们分配到合适的位置会比留住原有职员更费时,而且,工作调整和职员成长会增加工作负担。因为随着智库职员人数的增加,人力资源部在职员医疗保险、离职率监控、绩效评估和薪酬管理等方面的工作也会增加,所以全部的职员数与人力资源部职员数的比例也可用来衡量这一变化。

- D. 14 和 D. 15。

  这两个关于应收账款的指标是会计/财务工作最大的难题。没有及时收集客户资金会损害一个智库的财政健康状况，高级管理层有必要对此进行密切的关注和强有力的监管。

- D 部分：会计/财务，以及其他指标。

  大多数的这些衡量办法，有助于了解每个职员的工作量以及全部职员的总工作量。这里没有列出能够反映智库各种纳税记录和对社会资金捐助记录的数量与繁杂类别等相关指标，是因为这些记录应该保持相对稳定的状态。如果情况不是这样，那么就需要增加指标来获取这些指标中劳动力的支出情况。

- E 部分：合同管理。

  当赢得一个新的合同或者当合同叫停时，合同经理会比在绩效考周期时需要付出更多的努力。因此，这些指标主要聚焦于新合同和停闭的合同。同样地，当智库与其他公司签订分包合同时，也必须对所需的大量工作进行监管。除此之外，进行中的合同也有一些基本的活动：

  · 向客户递交报告。

  · 征求允许对合同分包。

  · 记录选择分包商后的详细流程。

  · 应对工作范围的变化、重要的人事调动和其他情况的变动。

  因此，跟踪管理合同的总数也是有帮助的。

- F 部分：公共关系。

  为了监管公关人员的工作效率，相关的指标主要关注的是以下活动的数目，如在报纸上发表的文章数，职员在电视和广播上的曝光率，报纸专栏数。因为智库通过以上某个传播渠道来开展公关活动，所以要将这些指标同时考虑进去。而且高级管理层应该明白，在不同的媒介上顺利开展公关活动的难度有很大的差别，同时也应该记住这些指标的价值与外包出去的工作量息息相关，这些工作包括政策简报的排版设计，文章的编辑，发邮件或者是打电话请人来给文章排版。需要注意的是，这些指标包括和表 10－2 相同的信息与从事公共关系的职员人数。

表中指标所列的信息有多处收集来源。在总会计师办公室统计这些数据以确保其一致性及时性是合理的。

创新与学习的视角

通过这些指标可以向高级管理层表明，智库在增强自身实力方面表现良好，主要是通过提高职员素质，涉足的领域或者发展新客户。关键是要看到实力增强的趋势，智库要能在年度审查中发觉它们。

表 10－5　创新和学习视角下的绩效指标

指标	可能的来源[a]
培训	
1. 为承担新职能或开发新产品参加培训的职员人数和比例	人事部和团队领导
2. 为提升专业资格参加培训的职员人数和比例	人事部
3. 职员培训产生的间接费用/职员总数	会计部
4. 职员培训产生的间接费用/用这些费用参加培训的职员人数[b]	会计部
5. 职员培训花费的间接费用比例	会计部
提高职员素质	
6. 为创新活动或增强团队实力而雇用带有特殊技能的新职员人数	团队领导
创新	
7. 给智库创新发展分摊的间接费用比例	会计部[c]
8. 与基本要求标准相比，进行中的试点项目成功的数量	负责试点项目的团队领导

a. 应该为准备指标和报告的人提供信息的负责人。
b. 排除那些有捐助的培训，例如免费的培训。
c. 只有当这类创新项目创立时，会计部才能获得相应的信息。

许多智库会为职员培训制定详细间接成本的使用计划以及机构发展规划，如开展新主题的工作和启动试点项目等。① 要判断资金的使用是否合理，高级管理层应该了解在这些(表 10－5 第 3、4、5、7 点的)活动上有没有花费资金。

---

① 如何在这样的领域中做决策，可见第 4 章。

培训指标跟踪的是本年度受到培训的职员数量和比例，无论这些培训是智库自己出资还是有别的机构捐助。把有资助的、用于提高个人资历的培训活动进行分类是有意义的(例如，提高职员的经济计量技能或提供健康经济学的培训使职员能够胜任新领域的工作)。

当智库需要某种新的专业技能时，他们通常会发现雇用一个新人比重新培训老职员更有效。此外，持续关注雇用新人的相关决议，有助于智库了解自身为适应新需求做出哪些调整(表 10－5 第 6 点)。

最后，表 10－5 列举了两个关于智库用于创新的资金使用的基本指标。[①] 一个仅仅是必要的可用的间接费用比例，这些费用是用于创新项目前期的日常开支的花费。换句话说，该智库去年为了创新，利用现有资源做了哪些改变。试点项目的进展状况很难归结为几个干巴巴的数据，因此，只有将其与预计的目标进行明确的比较才有意义(第 8 个指标)。[②] 高级管理层需要和相关的团队领导就研究项目进展状况面谈。能够成功地实施试点项目和成功引起潜在捐赠者对新主题的兴趣都表明智库发展状况良好，资金的到位也明显意味着所做的工作是有价值的。

总结

这里已经列举了很多跟踪智库绩效的指标，但很少有智库会生成这样一系列完整的指标，更不用说会将其写成报告呈交给智库领导。但是许多智库都有他们非正式的信息系统，能够满足这些信息需求。只要监管工作在进行，信息的收集方式不正式也无所谓。

当然每一个智库都不相同。每个智库的领导都应该明确在哪些业务领域已掌握了丰富的信息，哪些领域的信息还不够。最重要的管理层应该参与这样的商议，衡量生成和核对监管领域的信息产生的潜在效益是否会高出开展这项活动的成本。

如果这些管理者认为他们还需要更多、更优质的信息，那么接下来就需

---

① 附录 H 的样表 10 展示了这些指标可行的报告格式。

② 扩展讨论见第 7 章。

要考虑，要定期生成哪些信息，并应该将其传达给谁。本章所列表格中的指标和附录 H 中的一些样例表都列举了与发展最相关的信息。

正如上文五种视角说明的一样，即使一个监管系统能够跟踪智库所有业务的重要环节，但还是很容易忽略这个系统对智库的必要性。如果不参考一定的绩效指标信息，光凭一点想象制定一系列的发展计划，要是这个问题长期不被发现，那么就会危害到智库的运行，甚至还会威胁到智库的生存。监管所带来的效益是巨大的且明显的，即使难以衡量，这也是一项很划算的投资。

11. 团队型或明星型？组建研究团队的选择

有效并高效地组织开展研究与分析工作是智库高级管理层最重要的任务之一。但是，智库组织研究人员实施项目的方式通常是历史偶然事件促成的结果，而不是深思熟虑后的决定。智库开始运作时重点放在如何赢得项目，很好地完成项目，利用研究成果影响政策过程。对智库管理和决策问题的担忧往往要让位于更紧迫的问题，然后，智库才会着手解决其他管理问题，尤其是那些涉及财务和人事管理的问题。智库如何组织研究活动这一问题常常被忽视，是因为智库在当前管理状况下完成的工作质量还算可以接受。

虽然智库在当前管理机制下也可以完成高质量的工作，但是，如果管理者能采用另一种组织结构应用于部分或全部的研究与决策分析工作时，或许更能提升员工的工作效率和满意度。对智库管理者来说，现在或许正是重新思考智库运营方法的一个好时机。

这一章共有三个任务：(1) 概述智库组织研究活动的模式；(2) 介绍不同环境下智库的实践信息；(3) 指导高层管理者对当前的组织结构进行评估，判断其是否最适合于智库运营。

可供选择的模式

随着时间的推移，各个智库在组织分析与决策工作时采用了几种明显不同的组织模式，这或许并不让人感到意外。在对 6 个国家约 30 个智库的采访和现场观察的基础上，我们总结出了几种模式①。

智库如何开展研究活动主要受以下两个方面的影响：一是开展研究工作的组织方式，二是研究人员的结构。它们之间复杂的相互作用造就了智库的组织模式。我们可以将第一个方面——研究工作的组织方分为以下两种模式：

- 明星型。在这种模式下，著名的、有影响力的研究员通常是在一个或两个研究助理的协助下独立地开展工作。他们得出的研究成果往往是“软”的，因此这意味着它只涉及有限的大型数据集的处理和复杂的统计分析。而且，研究成果通常以这些“明星”——著名研究员的名义出版。举例来说，在美国，采用明星型模式的智库都拥有一批资深研究员，他们与政府、国会和学术界都有着密切的关联。
- 团队型。依赖团队合作的智库倾向于开展一些大型研究项目、项目评估、示范和试点项目。其工作通常包括原始数据收集和其他田野调查工作，并且其统计分析常常是复杂的和严密的。

影响组织模式的第二个方面是人员结构。智库要么依赖全职员工，要么依靠各种形式的补充性人员：(1) 访问研究员，通常是以兼职或者全职形式受聘于特定项目的著名学者；(2) 咨询顾问，他们通常被聘请来从事特定项目，并和智库固定员工一起工作。在这里，“访问研究员”、“咨询顾问”指的是那些在整个项目中起主导作用的情况，而不仅仅是提供特定的、有限的建议的(也就是典型的短期咨询顾问)。这些人员结构模式又可以有以下几种变体形式：

- 智库以固定员工为主体；再加上一些补充性的研究员，但他们并不是智库运营所必需的。
- 智库固定员工加“咨询顾问”。
- 智库固定员工加“访问研究员”。
- 智库固定员工与“访问研究员”、“咨询顾问”三类人员的混合。

表 11－1 和表 11－2 给出了不同环境下的智库该选用哪种模式的总

① 文中的大部分信息内容是斯特鲁伊克(1993，1999)总结的。

体思路，这些表格是以我们先期的研究成果为基础的。表 11－1 显示了10 个美国及西欧的第三阶段智库的人员配置情况。显然，明星型模式是最常用的模式，10 个智库中有 5 家都选用了这种模式。第二个最常见的模式是“固定员工加咨询顾问加访问研究员”，有三家智库选用了这种模式，但在这种模式下，智库也往往是参照明星型模式开展工作，而不是团队型模式。

表 11－1　第三阶段智库员工组建模式举例

智库名称	明星型	团队型	员工加咨询顾问/访问研究员	员工和外聘研究员
美国智库				
美国企业研究所	√			
布鲁金斯学会	√			
外交关系协会	√			
战略与国际研究中心			√	
传统基金会	√			
胡佛研究中心	√			
皮特森国际经济研究所			√	
城市研究所		√		
欧洲智库				
欧洲政策研究中心			√	
斯德哥尔摩国际和平研究所				√

来源：斯特鲁伊克、尤恩奥和苏祖基(1993)，表 4.1。
注释：此为 20 世纪 90 年代初的信息。

表 11－2 选取了位于东欧和独联体的 4 个国家的 37 家智库的情况。该表关注的重点是 21 家智库机构，它们中的任何一家都至少拥有 7 个全职研究员，这也是划分第三阶段智库与第二阶段智库的一个粗略的界限。相对于由一小部分核心员工加大量兼职人员这种模式，这 21 家智库明显倾向于

选择全职员工模式。其中,只有保加利亚的两个智库报告说他们的兼职员工多于全职研究员。[①] 这两个智库声称它们有着大量的兼职研究人员(一个有 70 人,另一个有 30 人),这是因为保加利亚兼职研究员平均数量较高(表中最后一列)。从表中可以看出在另外三个国家,兼职研究员的平均数量是 4;而保加利亚是 18。总之,东欧—独联体区域内的智库倾向于选择全职研究员占主导的团队组建模式。表 2 提供的信息并不能表明这些机构倾向"明星型"模式还是"团队型"模式。但是,对其中很多机构的实地考察结果证明"团队型"是占绝对优势的。

表 11－2　来自东欧和独联体的智库内研究员雇用情况

国家	调查的智库总数	至少拥有七个全职研究员的智库数量		
		总数	全职超过兼职的智库数	兼职员工平均数
亚美尼亚	4	1	1	15
保加利亚	11	6	4	18
匈牙利	11	5	5	3
俄罗斯	11	9	9	8

来源:斯特鲁伊克(1999),附录 E－3。

以上所列信息有助于描述智库组织研究工作开展的实践情况,然而它低估了在实践中组织模式存在的多样性。事实上,智库在构建团队时,需要在以下两个方面做出选择:一是选择明星型还是团队型,二是对固定研究员倚重程度(即选择多少固定员工)。表 11－3 列出这两组选项在交叉组合后形成的各种组配模式,同时,我们给出了这些模式被采用的频率。两个最常见的人员结构一个是"固定研究员为主"模式,另一个是"固定研究员加咨询顾问"模式。然而,它们又都借鉴了明星型和团队型的变形模式。比如,在第三发展阶段的智库中,华盛顿的布鲁金斯学会采用的是"固定研究员为主

① 这次调查本打算统计研究工作中涉及的其他类型的员工,比如有时会聘用的采访员、咨询师。因为事实表明,问题并不如预想的那样容易被理解,而且在某些情况下员工类型要比上面提过的更多样,因此本文的讨论没有包括其他类型的员工。

体模式/明星型模式”，但是同样位于华盛顿的城市研究所采用的是“固定研究员为主体模式/团队型模式”。选用明星型模式的智库雇用一个访问研究员或咨询顾问，很可能只是让他领导自己的项目，或者同其他人合作开展一个非常大的项目。

很多智库采用“固定员工加咨询顾问”这种结构模式，这使得他们在为特定项目配备人员时更具有灵活性，而且避免了因为大量固定员工而产生的高额的刚性开支。此类例子有西方的战略与国际研究中心、欧洲政策研究中心。这种模式在东欧被频繁采用，而且通常由“顾问”领导整个项目团队（如索菲亚的一个第二阶段的智库——民主研究中心）。在其他情况下，采用这种模式的智库则由正式员工中的团队领导负责项目团队，其余的团队成员大多数则是兼职人员（比如莫斯科的一个处于第二发展阶段的智库——专家研究所）。

当然，几乎没有一家智库会纯粹地只采用以上模式中的任何一种。城市研究所通常采用团队型的模式开展研究，但也会有高级研究员以明星型的方式进行他们自己的研究。类似的情况还有，布鲁金斯学会会组建研究团队来执行特大项目，可是项目一旦完成团队往往也会解散。

最后两个模式涉及大量访问学者参与项目实施，这些模式通常很少被采用。因为，将访问学者的兴趣、日程安排与智库被资助的议程进行匹配协调始终是一个具有挑战性的工作。如果智库能从政府机构获得重大的核心资金或者有其他持续性的资助来源，这些模式也会很适用。至于这些内容，这里就不再做进一步的讨论了。

表 11－3　可供选择的智库人员结构构建模式及其应用频率

模式	聘用高级研究员		聘用顾问[a]	
	明星型	团队型	明星型	团队型
全职员工为主[b]	常见	常见	单独项目/大型项目	偶尔
全职员工和咨询顾问	常见	常见	单独项目/大型项目	相当常见

续表

模式	聘用高级研究员		聘用顾问[a]	
	明星型	团队型	明星型	团队型
全职员工和大量访问研究员	偶尔	罕见	偶尔	罕见
全职员工与访问研究员/咨询顾问混合	偶尔	罕见	偶尔	罕见

来源:对智库的采访结果以及作者的观察。

a. 访问研究员和咨询顾问在项目中担负着重大责任,并不仅仅是提供有限的专家建议。

b. 这种模式中也可能会有一些访问学者,但是对智库的运行来说并不是必需的。

选用哪种模式?

当智库管理者为智库制定最合适的人事安排时,应该考虑到以下六个因素:

项目的类型和规模

智库承载的工作负荷越大,团队选用哪种模式的争议就越大,这些工作包括项目评估、示范和试点项目、技术辅助项目以及其他需要大量原始数据收集的项目。研究团队通常需要一小部分全职员工作为核心成员来管理项目,并提供必要的凝聚力和组织性。举例来说,试想智库有一个同地方政府合作的试点项目,目的是明确当地社会援助项目的受益人群。因此需要一个智库研究团队来设计并实施这个试点项目,然后还要通过严格的实施过程或者过程评估来判定这个试点项目是否成功。一个拥有至少 6 个专业人员的研究团队要想完成这个项目可能需要 2 年多的时间①,可见,这种情况适合选择团队型的研究组织模式。

① 值得一提的是,当团队针对精英层进行访谈时,通常就不必要开展常规的、大规模的调查活动。抽样调查专家和采访者将担负起对精英层进行访谈的这一职责。当然,团队还是要对调查过程负责以保证其能满足项目的需求。

相比之下，如果智库主要是依靠二次信息和数量有限的定性信息进行政策分析，那么明星型模式则更合适。当研究员要处理一些涉及国家外交政策的问题时，他的任务通常包括审查大量的文献资料，也许还需要检查大量外交部的内部文件，也可能需要采访一些政界精英。这种情况下，一位有能力的研究助理能够为高级研究员开展这个项目提供足够的支持。

当然研究助理、顾问或智库的全职员工都可以担任明星型模式中的领导角色，但是，维持原有骨干力量对于保障智库信誉来说是很重要的。因此，如果一个智库选择了明星型研究模式，其人员结构又不是以全职员工为基础，这种情况是不多见的。

工作量的变化性

智库承担的工作量的变数（不管是积极的还是消极的）越大，智库管理者面临的维持一个稳定的核心团队的挑战就越大。这里提到的工作量指的是智库总工作量，也可以指智库总工作量分配到每一时间段的分工作量。管理者必须努力保证处于低谷期的全职研究员能在合适的项目上有事可做，并且在智库规模扩大时要及时招募和培训所需新员工。由此可见，智库工作量的变数越大，就越倾向于选择数量相对有限的全职固定员工，对兼职研究员，比如访问研究员、咨询顾问的依赖也就越大。

员工的灵活性

尽管智库的工作总量可能没有太大的波动，但由于受国家政策重点转变和资助方利益改变的影响，智库的议程可能每年都要进行大幅度的调整。即使在这些困难条件下，留住一些高级的固定员工仍然是值得的。这些研究员累积的业务知识，他们的忠诚度，以及他们为保证工作连续性付出的贡献都是智库非常重要的资产。

然而，关键问题在于这些员工对待新课题的意愿，以及他们在新课题上有效开展工作的能力。一个高级研究员不愿意将关注重点从他或她青睐的主题或分析线索移开，这通常是比他或她的能力更大的一个问题。遇到这种情况，高级管理层或许需要对其进行体察入微的劝说和引导，说服这个高级分析员做出改变并继续留在智库工作。

一般来说，高级研究员致力于研究不同课题的灵活性越大，机构拥有的固定员工就会越多，情况就会越好。尽管如此，高级管理层还是很可能不得不为固定员工增补一些短期受聘的外来专家，以保证新课题能有高质量的研究水平。

税收和社会基金的影响

在很多国家，智库聘用一个人当固定研究员的成本和聘用他作“咨询顾问”的成本是有很大区别的。这是因为雇主在这两种雇佣模式下承担的扣缴个人所得税和/或缴纳各种社保基金的责任是不同的（比如健康保险和养老金）。通常在这种情况下智库聘用“咨询顾问”的费用是相对较低的。为了提升竞争力，智库可能别无选择，只好通过各种咨询协议雇佣一些研究员来填补团队中很大一部分的人员空缺。

机构的声誉

智库选择固定员工、咨询顾问和杰出访问学者三种模式的能力将大大取决于该机构的声誉。智库的名望越高，就越容易吸引高级政策分析师或研究员来担任兼职人员或访问学者。如果该机构尚未跻身国家一流智库行列，那么雇佣这样的高层人士作为咨询顾问或许就是一个极好的策略，这样不仅可以激励固定员工，也可以提高智库的声誉。

一般来说，固定员工有着强烈的动力去完成出色的工作，不然也会积极采取行动树立机构的声誉。咨询顾问完成任务通常是为了实现每小时工资率的最大化，因此不太可能会拿出具有典范意义的工作成果。

特殊情况

在智库开展研究和分析工作时，不管它选择的主要组织模式是哪一种，偶尔也会有充分的理由让我们打破常规。试想有一个智库想要吸引一个某领域的杰出学者，其研究领域对智库的长远规划特别重要。如果这个智库开展研究工作历来都是选用团队型模式，可是杰出学者更喜欢明星型模式，那么智库改用明星型模式似乎就合情合理了。再举例来说，在开启新研究领域时，一个通常只会雇用全职员工的智库可能会想要聘用一些兼职的、临时的研究员和高级研究员。因为前几个月的工作量具有极大的不确定性，而补充性兼职人员这种灵活的方式对于节约资金十分必需的。

总结

对于大多数智库来说，最好每隔几年就重新审视一下它的员工结构以及研究活动的组织策略。管理层可以对照上文所列的前 5 个因素对智库进行逐条分析，对重新审视智库来说这是个很有益的起点。下面提供三条更进一步的建议：

第一，不要只考虑智库当前的需求，也要考虑其在未来几年想要努力达到的目标。是不是尝试着要将研究活动从以技术辅助性项目为主转移到更多的政策研究项目？是不是要争取将政府项目的过程评估和执行评估作为其议程的重要部分？这些计划应该在智库研究活动组织模式的变化中得以体现。

第二，要具有灵活性。智库在开展研究时完全没必要只采用单一模式作为唯一结构。正如前文提到的，美国和欧洲的一些重要智库经常会根据所做任务的不同而采用多种模式。如果需要的话，应该采用不同的模式去适应特定环境。不过，智库采用一般方法来构建研究团队可能还是很适用的（即这种模式在当前的运营环境下是高效的），除非有值得改变的好理由。

第三，要具有创新性。举例来说，一些智库会发现尽管"固定员工模式/团队型模式"通常很适用，但是，没有一个团队可以实现完全的自给自足。这个共同的问题在于智库的研究团队需要得到来自计量经济学方面评估和分析的帮助，但是没有一个团队会需要一个全职的计量经济学家。所以智库需要聘请一个计量经济学家作为团队的内部顾问，同时他也可开展自己的研究项目。抽样和调查方面的专家也可以参与到项目中来。

12. 培养团队领导者

团队领导者是负责智库研究工作的中层管理者，他们的重要性仅次于智库总裁。他们的团队规模从两三个研究员至二十多人的团队不等，智库不同对这一角色的称谓也不尽相同，比如有中心主任、部门主管、部门经理等称呼。在一些大的部门，项目主管向团队领导汇报，受其领导和指示。[①]研究员一旦超过10个人，通常就会形成一个团队，随之管理层会指派某人担任团队领导，这种任命有时是正式的，有时则是非正式的。[②]

团队领导主要负责项目的实施，同时也包括其他职责，比如确保员工高产、有效地开展工作，维持一个积极向上的工作氛围，保证研究报告的高质量，积极主动地参与决策过程，努力寻求和开拓新的研究项目。总之，团队领导这一角色的职责可以概括为四个方面：(1) 确立目标、管理和协调团队以最佳的状态开展工作；(2) 为团队提供资源；(3) 负责团队与机构其他部门之间的沟通；(4) 做一个乐于贡献的团队成员。[③]

在理想状况下，智库的团队领导需要具备一系列一般人难以企及的优秀品质。他们应该：

1. 具备过硬的研究和决策能力以便于对员工进行管理，并且要在决策制定过程中充当引导者；

---

① 明确地说，本章讨论的团队领导这一职位属于长期管理岗位。相比之下，如今的很多智库会为解决某个具体任务成立一个研究团队，一旦任务完成团队也会被解散。

② 有一种类型的智库并没有遵循这一模式。这些智库往往由一些资深学者组成，他们在很大程度上都是独自进行项目研究，有时也会有研究助理的协助。智库会把这些学者归入一些部门或研究中心，但是仅仅是为了便于管理。沿用这一模式的实例有布鲁金斯学会和卡内基国际和平基金会。

③ 基于里斯(2001,86)。

2. 有很强的人际沟通技巧和领导能力，充分发掘员工们的最大价值；

3. 是一名优秀的项目经理——也就是说，他应该清楚地知道执行一个项目需要多少资源，以及如何通过计划和组织实现这些资源的有效利用；

4. 有很强的组织能力，以确保团队能充分地高效地开展工作、按时完成工作、保持工作质量；

5. 具备市场推广和宣传的本领，能把团队的专长成功地展示给现有客户；

6. 在评估现有客户及潜在客户需求时，要具有创新精神，能够为团队确认新的研究课题和研究活动。

毫无疑问，没有哪个团队领导能具备全部优秀品质。但是，让人感到惊讶的是几乎没有一家智库设有专门项目来培训和指导团队领导以确保他们能有效地开展工作。通常情况下，一个有着良好组织能力、足够的亲和力，并且在市场推广方面独具眼光的研究员会被提拔为团队领导。从这时候起，他就要在实践中学习怎样担任领导团队了。当团队领导的工作表现出力不从心时，他将会获得智库总裁或研究主管的一些帮助。大多数团队领导最终都能以一个合理的标准完成工作，但是，值得注意的是还有一部分团队领导表现得很极端：他们要么因为工作完成得足够好而再次被委任，要么是工作差劲到不能满足团队和智库的需求。

智库可以通过以下方式提升管理精英的工作效率，即让他们在自己负责的任务中，和准团队领导或新上任的团队领导一起开展工作。本章基于私人企业的实践和对成功团队领导的观察，列举了高级管理层培养高效率的团队领导者可以采取的步骤。

本章与其他章节不同，因为它没有可以说明当下实践的例子，即使在第三阶段智库中也没有相应的实例。这一部分并没有什么内容好讲，因为智库研究成果目前还没有涉及这个话题。

我们从两个部分论述本章的内容。第一部分简略地探讨了高级管理层应该从团队领导者身上寻找哪些品质，以及管理层怎样帮助团队领导把工作做得更好。第二部分提出了一系列团队领导必须执行的任务，能够指导其有效并高效地完成工作。

高级管理层的职责

智库领导层负责招聘团队领导。在一些情况下,这是件简单的事,因为候选人本来就是智库现有员工中的一员,而且通常就是团队的成员之一。但是往往还是有必要从智库外部招募一些团队领导。不论是哪一种情况,都必须依照明确的标准对团队领导候选人进行严格的评估。筛选一旦结束,高级管理层可以采取一些措施来增加团队领导候选人获选的几率。

挑选团队领导

对一个成功的团队领导的要求是苛刻的。表 12-1 列出了对评定候选人有帮助的一些标准。该表反映的是一套被普遍认可的准团队领导的任职资格,并且囊括了上文提到的所有关键品质。表中还显示了各个品质的相对权重。这里给出的权重值跟标准本身相比要更加主观,下文再做解释。然而,重点是高级管理层应该给予这些标准或者类似的一套资格指标相应的权重,这便于他们在评估候选人时相互之间能够达成一致意见。

掌握丰富的知识和决策智慧是权重最高的两个指标。首先,团队领导必须是他们团队专攻领域的真正专家。没有这样的专业背景,团队做的工作很可能就不够前沿,而且在工作的同时还要被迫去学习很多相关的东西。团队领导要想对其他人员实行知识型领导,掌握全面的知识是十分必要的。

但是,光有丰富的知识是不够的,候选人在相关政策领域必须具备被证实的能力。同研究员一起工作过的人都很清楚地知道,很多研究员很难将他们的研究成果与特定的政治问题联系起来。只有少数研究员能成为成熟的政策分析师。因此,对团队领导政策技能的需求是显而易见的,它不仅包括书写研究报告的能力,还包括其在政治舞台的交际能力,即能以巧妙的方式向政府官员、非政府组织和立法委员提出想法。如果可以的话,候选者最好是已经被政界认可的专家。即使候选人还达不到这样的级别,他或她在决策议题上的观点也应该是强有力的、有根据的,并且是令人信服的。政治出版物和公共演讲为候选者发表什么言论提供了很好的想法。

表 12-1　团队领导应该具备的理想品质的权重分配

权重值	品质
26	丰富的知识——对相关主题领域的知识极其熟悉，有着多年的经验，并且对政策有着极强的解读能力
20	人际关系处理能力——是一个天生的领导者和指导者，能够促进管理层会议的开展
16	首创精神和远见——努力寻求机会；想尽办法强化团队的能力；擅长预测政策重点和用户需求
14	良好的组织能力——超前计划，密切追踪，能够实现对用户的承诺以及按时完成任务
12	分析能力——精通较复杂的计量经济学及其他技术[a]
12	发展潜力——具有智慧上的创造性和灵活性；在管理方面有很大潜力
100	总权重值

a. 假定所有候选人都具有美国大学博士学位；或者在经济学、其他社会科学中有着足够的分析经验。

人际关系处理能力在权重排名中处于第二。在一个行业领域里如此看重个人表达的技巧和能力，这可能看起来会有点奇怪。但是，这样做的理由是显而易见的：团队领导糟糕的人际处理能力会降低团队的生产力，而且甚至可能会造成优秀人才流失而破坏整个团队。据作者了解，处于第二阶段、第三阶段的智库都曾发生过这样的悲剧：一个专业能力突出、决策高效的团队领导却让下属的生活苦不堪言，董事会除了解雇现有团队领导或将其重新委派，别无选择。正如邦克德、克莱姆和廷所说，一个真正的领导应该是平易近人的，要建立起团队精神，并且能够激励整个团队。① 只有人情练达的人才具备这种能力，年轻的分析家在这方面往往是比较缺乏的。但是，这

① 至于团队领导和管理者的区别，请参考凯勒曼(2004)。

种成熟与年龄也并不是高度相关的。

管理层怎样才能收集到候选人在人际交往能力方面的信息呢？如果候选人本来就是智库的员工，那将有很多机会对其进行评估。候选人不能胜任的迹象可能包括：(1) 候选人是特立独行的人（也就是不喜欢参与团队项目或者不乐意帮助别人）；(2) 总是吹毛求疵，而且他的质询毫无建设性可言；(3) 总是想方设法逃避对成果质量和演示报告应负的责任。

从组织外招聘的候选人比较难以判断。然而，除了候选人与智库高层之间的面试，还有别的方法来收集考察信息。可行的方法包括下面几个：

1. 向特定领域的研究员和专家咨询候选人属于哪种类型：具有合作精神的？有建设性的？具有竞争力的？还是破坏性的？被咨询者应该是被本机构员工所熟知的员工或专家，并且跟候选者一起参与过学术会议或政策研讨会。

2. 向那些曾跟候选人合作过的人询问候选人的工作作风以及他与同事的相处情况。向候选人当前的同事们咨询往往会比较困难，但是可以搜寻其在先前岗位的工作经历，这也是很有价值的信息。最好的做法是招聘方可以通过自己的私人朋友咨询有关情况，如果这位朋友在其他单位工作又刚好跟候选人一起工作过。

3. 安排候选人与两三个将来要一起共事的员工进行面谈。有时候候选人会在这种会面中表现出很强的攻击性，有时候他们会明显得表现出高人一等的姿态。不论是哪种情况，这都是一个令人担忧的迹象。因此，从智库员工那里获取坦诚的反馈是很重要的。

4. 邀请候选人以自己的专业知识为话题开一个研讨会。

虽然表中后面列出的三个品质所得权重有点少，但其中还是有很重要的因素是需要考虑的。政策分析能力的权重较低，这可能看起来有点奇怪。但是，这份分析报告假定的是所有候选人都有一个社会科学领域的研究生学位，其程度相当于美国大学的博士学位。[①] 候选人的计量经济学和其他统

① 在欧洲制度中，这被称作“准博士学历资格”（比如说，除了博士论文，候选人已经具备了获取博士学位要求的其他条件）。

计能力可能参差不齐，但是很多智库都认识到可以雇用一些有着高度专业化统计能力的人来协助团队领导。举例来说，城市研究所聘用了一个经济计量学家作内部咨询师，他既可以就某个经济计量问题提供建议，也可以根据需要做分析研究。很多智库都会针对特定项目指定拥有相关技能的员工或者引进一个咨询师来开展研究。简单地说，人们总是很容易高估团队领导的技能要求。团队领导必须承认技术通常适合用来解决各种不同问题，但他们却没有必要成为一个技术专家。

到目前为止，讨论的焦点一直集中于候选人表现出来的品质。但是候选人的发展潜能通常和他已具备的品质一样重要，对年轻的即将成为团队领导的人来说尤其如此。那么我们要寻找的这种潜能的迹象是什么呢？这是极具主观性的，在实践中很难判断。表 12－2 为营利性智库机构(查兰，罗特和诺埃尔，2001)列出了评判这项潜能的标准。左边一列显示的是拥有巨大潜力者应该具有的特征，右边一列显示的品质则标明候选人很可能只会在目前岗位上获得有限发展。

这些标准应该能够为管理者考察候选人的潜能提供一些好的思路。很显然，将这些标准应用到内部候选人身上要比运用到外部候选人身上要简单一些。对内部候选人来说，我们可以从其以往的工作表现获取重要信息，也可以向候选人的评估者咨询相关情况。[①] 招聘人员会询问外部候选人是否对管理工作感兴趣以及他们的管理技能，即便这样，候选人可能还是会被问到一些问题，比如说如何处理特定任务，像如何为团队工作制定计划、为团队工作设想新方向，或者就某项工作分配任务。

候选人能否担任团队领导，最终既取决于候选人显露出来的品质(如表 12－1)，又取决于他内在的发展潜力。在比较候选人时，有用的做法是由两三个智库领导依据同一套影响因素明确地对候选人进行逐一评估。事后评估小组应该就所给等级进行讨论，并且探讨造成评定等级不同的原因。这种小组评定的方法被证明很有效，但是也不能消除可能做出糟糕选择的风险。

---

① 参考第 2 章中对评估过程的讨论。

表 12－2　判断候选人发展潜力的标准

有巨大的领导潜能	有限的领导潜能
在运营管理、技术和专业技能方面有着广泛而深入的知识	总的来说，其运营管理、技术和专业知识仅处于可接受的水平
展现出可靠的管理才能	只付出很少的努力来培养新技能，但会使现有技能保持最佳水平
显示出与团队领导岗位相一致的领导才能	
经常培养新技能	渴望继续留在研究所，但对较大的挑战并不感兴趣
渴望更高级别的挑战和机遇	其工作动力只是为了满足目前需要
对机构的工作表现出很高的兴趣和精力	对目前的工作很了解
以整个机构的成功为导向，而且并不只局限于团队的成功	主要关注技术层面的成功

来源：基于查兰、罗特和诺埃尔(2001)，展品 10.1。

支持团队领导

从一个高产的政策分析家转变成团队领导，思维上需要极大的转变。[①] 大多数人想继续从事他们擅长的工作。但是新的团队领导必须学会重新分配时间，即把他的时间从研究工作转移到管理活动。通常这对首次担任团队领导的人来说是比较困难的，为此他们不得不减少在原来工作上花费的精力，虽然正是那些工作为他们带来了今大的成功。他们还必须学会分配职责，而不是亲自去做过多的工作。表 12－3 更系统地概述了在这个角色转变过程中，个人的技能、时间分配、工作价值观会发生的一系列变化。

表 12－3　从团队成员转变为团队领导——工作方案的改变

团队成员	团队领导
技能	
·精通技术或专业的技能	·计划——项目、预算和团队 ·选择团队成员

① 这一部分普遍借鉴了多特利奇、卡伊罗(1999)，查兰及其同事(2001)，以及康格和本杰明(1999)的论述。

续表

团队成员	团队领导
·团队共同行动	·委任授权 ·绩效追踪
·基于个人利益和个人成果[a]构建人际关系	·培训与反馈 ·奖励和激励员工 ·协调沟通与创建和谐的氛围
·利用机构设定的方法、流程和程序	·为了团队的利益与客户建立或解除关系 ·招揽任务
时间分配	
·遵循每天的时间安排	·为预算和项目制定年度计划和月度计划 ·综合团队和员工个人需要,给员工安排合理的工作时间
·在截止日期前完成个人负责的任务——通常针对的是短期项目管理	·设定团队工作任务的优先级 ·就时间分配问题与智库其他部门以及客户进行沟通
工作价值	
·凭借个人能力获得研究成果	·通过他人获得成果 ·团队成员的成功
·生产出高质量的专业成果	·管理方面的工作和纪律 ·团队的成功
·认同智库的价值观	·自律 ·有目共睹的诚信

来源:查兰、罗特和诺埃尔(2001),表2.1。

a. 当员工升级为管理者后这一项成果将会急剧下降。

考虑到准团队领导将会面临的这些巨大变化,智库领导层的支持就显得十分重要了。及时帮助团队领导开展新职能,就能避免来自各方面的许多障碍。这一部分简要地概述了高级管理者怎样促进新团队领导完成角色转变。

1. 明确工作职责

在智库中经常会上演这样一幕:一个普通员工通过努力成长为政策分析家,继而又被提拔为团队领导。这时,智库总裁应该在整个团队面前宣布任命通知,并描述团队未来几个月的工作计划和发展前景。但是,团队领导可能对新的工作职责(即他们必须要做的具体任务有哪些)还不够熟悉。很多智库并没有一个专为团队领导准备的书面的工作说明;即使有内容往往也很笼统。新上任的团队领导应该观察往届团队领导都做了哪些工作,并借助他们的经验开展职能活动。

智库总裁或副手可以通过提供书面的工作说明及补充的任务列表来帮助团队领导明确职责。任务列表应该详细说明每项任务每隔多长时间需要做一次。这样的任务应该包括:在现有及预期资金、合同的基础上对团队规模进行季度预测,每月向相关客户提供活动汇报,控制研究报告的质量,安排团队成员每月的旅行日程。

除此之外,高级管理层应该对团队的发展前景有清楚的认识。毫无疑问,研究成果的市场推广和创收是其中的一大主题。如果团队每个月的花销能保障其维持现有规模,将会有利于创收目标的实现。另一大主题可能是智库总裁对团队未来工作方向的指示,这一点直接影响着团队领导开展的市场营销及招聘活动。

让团队领导清楚地知道自己的职责至少会有两个好处。首先,可以使团队领导不至于总会对新要求感到惊讶。试想,如果团队领导已经分配好了自己的时间,那么这些意想不到的额外职责就会破坏已有安排。其次,在对团队领导应该负责哪些核心活动的理解上,能使智库总裁和团队领导达成一致,也为智库总裁监督团队领导日常工作打下了基础。

2. 如何帮助团队领导

在团队领导上任后的最初半年至一年时间内,高级管理层需要认真地监督其工作,而且,还要定期提供反馈意见和指导来帮助其实现角色转变。

(1) 绩效监督

管理层可以借助一系列文件来监督团队领导的活动,包括由团队成员和团队领导分别掌管的工作时间分配表、团队人员规模预测表、与项目相关的出差记录、对团队成果的同行评审意见。此外,管理者可以通过与团队领导会谈的方式来了解人员支配情况(比如在专业分工、出差方式上有哪些变动),还可以借此判断他是否为团队以及智库的服务开展了良好的市场宣传活动。除了这些文档,团队成员的反馈意见也同样重要,反馈信息包括同事间的工作关系、团队的工作氛围、团队的生产力,以及员工对领导风格的意见。同样道理,获取客户的反馈信息也很重要。

团队领导可能会遇到哪些问题呢? 这些问题可以分为两类:一类是与研究成果相关的问题,另一类则是与领导风格直接相关的问题。表单 12-1 分别列举了相应的例子。这两类问题的识别方法和解决方式都截然不同。

表单 12-1　团队领导可能遇到的问题

研究成果方面的问题
·项目没有按期完成但没有超出预算,或项目不仅没有按期完成还超出了预算 ·在控制成果质量方面存在问题 ·糟糕的超前计划造成人浮于事或团队成员超负荷作业 ·市场宣传成效微弱
团队领导对提高生产力无益的行为
·滥用职权 ·高估自己的能力,难以接受别人的观点,总是给人傲慢的印象 ·不信任别人,管得太细,未能充分授权 ·单独打理团队事务,与员工的沟通策略不佳 ·做事只有三分钟热度,今天还充满激情,没过几天就变得漠不关心了 ·迫切地想要取悦于权威人士,不愿意为了支持员工而去挑战权威 ·不愿意尝试新事物,跟不上变化趋势 ·因为执著于细节而感到困惑,被各种规则和程序绑架,处事不灵活 ·表面上支持决策,实际只做他想做的事,对别人的要求则不予理会

来源:表单第二栏的一些例子取自多特利奇和卡伊罗(1999),96。

团队成果质量存在的问题是很明显的危险信号,因为它表明智库的信誉正处于危急关头。这种问题亟需立即关注。从理论上讲,管理层应该能很容易地识别出这些问题,除非他们在质量把关上出了差错。也就是说,如果同行评审人员都来自团队内部,或者团队领导不重视质量监督环节,那么研究成果存在的问题可能在相当长的一段时间内都不会被发现,直到客户抱怨或者外部分析专家批评智库成果质量欠缺。除了市场宣传方面的问题,研究成果方面的问题都能以相当简单的方式得以解决,主要方法就是完善项目管理工作。高级管理层可以就如何进行项目管理给予指导,或者建议团队领导调用某个员工协助其跟踪各项任务的进展情况。

相反,团队领导那些对工作无益的行为比较难以识别和处理。而且,这些问题往往都隐藏在团队内部,更不易被管理层察觉到。即使发现了这些问题,处理起来也比较棘手。因为这些问题通常都与团队领导的基本态度和个性品质有关，而不是其在基本管理活动中存在警惕性不够或精力不足这种问题。

查兰、罗特和诺埃尔（2001）为高级管理层提供了若干方法，来帮助他们加深对员工成功转型为领导者和管理者的理解。下面是当前最被看好的三种方法：

· 弄清楚团队领导如何分配自己的时间。团队领导的时间分配情况可以使我们了解其对不同活动的重视程度。团队领导应该把大量的时间分配给计划制定、同单个员工以及整个团队开展讨论、开展市场宣传活动。与普通员工相比，团队领导应该在直接性的研究活动和撰写报告方面花费更少的时间。

· 认真聆听团队领导如何对下属进行评价。如果团队领导对员工有过多的消极评论，或者他只根据单一的业绩标准对员工进行评价，那么这都是令人担忧的。

· 以价值为出发点考量团队领导作出的计划（无论是书面的还是口头形式的计划）。计划通常会显示出团队领导最重视的是哪个方面。或许团队领导将太多的时间分配给了研究和分析活动，这也是他们最感兴趣的方面。然而，用于市场宣传和员工培训的时间通常都少得可怜。此外，计划本身的质量也很重要，一个混乱的计划意味着欠缺思考或者对整体规划的不重视。不管哪种情况都需要引起人们的重视。

一旦发现这些问题，那么高级管理层要怎样帮助团队领导解决问题呢？

（2）先从管理层开始

发现问题时，高级管理层应该先检查自身的管理活动，判断自己的行为是不是造成这些问题的原因。举例来说，高级管理者有没有以下行为：

· 对团队领导管得太细，控制着团队的人员调度和规划事宜，而团队领导在管理团队时几乎没有尝试创新的空间？

· 没有很好地传达智库对团队的愿景或者智库发展目标的改变？

· 提供的资源不足，因此破坏了团队按时完成项目的能力？

· 越过团队领导直接给单个员工分派任务，因此破坏了团队领导的威信，也减少了可用于研究和分析活动的资源？

高级管理者谨遵职守的自我意识能够防范他们无意识地破坏或抑制团队领导的领导力，而且也可以避免他们与团队领导之间发生冲突。

(3) 指导

新上任的团队领导难免都会犯错误。通过适当的监督，管理者可以尽早发现团队领导失策的地方，以免其恶化成更严重的问题。由此可见，团队领导需要从上级领导那里获取一对一的指导，这种方法是不可替代的。利和梅纳德曾经说过"指导是借助他人提供的帮助来开发一个人的能力，并借此改善其工作方式。它是一项与当前任务相关的，具有极高实践性的活动。"(利和梅纳德，1995，141)有关指导培训方面的著作概述了指导者(比如某个智库的高层领导者)与被指导者(团队领导)一起工作的大致过程。这个过程可以分成四个步骤，并且将会在本书附录 H 中有所体现。

"领导是后天培养出来的，而不是天生的"，这句谚语正是对下面将要讨论内容的一个总结。随着时间的增长，大多数智库的部门主管都吸取了这样的一个经验，即培养一个有能力的、可靠的团队领导需要进行一笔巨大的前期投资。尽管这项投资很昂贵，但它通常都会带来很高的回报率。

团队领导的任务

这一部分指出了团队领导应该执行哪些任务。这些任务共分为三个方面：(1) 规划和控制员工利用率；(2) 项目实施；(3) 提高员工的工作效率。

规划和控制员工利用率

对于常见的研究项目或技术辅助项目来说，给员工支付的工资往往会占据成本的绝大部分。员工的常规工资往往会超过总成本的 70%，除此之外，间接成本也会构成员工收入的一部分，通常是以时薪的形式分摊到员工身上。由此得出结论：要想将项目成本控制在预算之内，最关键的就是要控制人力投入。同样道理，要想使团队保持当前的工作水平，最重要的就是必须确保员工在未来几个月内有事可做。总之，这一部分简要地论述了团队领导在项目开展过程中，跟踪员工利用率以及估算团队未来规模的方法。

1. 跟踪时间利用率

团队领导要想控制项目的时间花费情况，首先，要为项目执行准备一个精打细算的时间计划，要为每一个团队成员分配具体的时间，做好时间预算。同样重要的是，必须清楚地告知每一个员工他要做的任务以及可用的时间。然后，剩下的工作就只是对照任务进展监督员工对时间的利用情况。

这听起来似乎十分简单，但是很多智库，甚至包括有些第三阶段智库，在项目执行时常常因为糟糕的时间监督工作而陷入困境。最终造成的结果可能会是成本大幅度超支，严重时还会对智库的财务状况造成恶劣影响。

对于项目监督来说，监督时间利用率比跟踪财务支出总额更有效，尽管两者都很重要。跟踪总支出会比较困难，因为费用发生时间与财会人员公布财务状况、生成报告之间总会有一段时间差。但是，时间使用情况可以在工作时间记录表提交时就被记录下来。

如果管理者不依照时间预算来监督时间使用情况，员工会发现自己不能够在分配时间内按时完成任务，或者多出时间却没有其他项目可做，只好在原项目上继续消磨时间。（假设员工知道他拥有超出预算的额外的时间，当然情况并非总是如此。）因为可能会犯这样的错误，所以团队领导或高级管理者应该为各个项目设计专门的系统，以便于能够定期监测员工的时间使用情况。

表 12 - 4 和表 12 - 5 以美国城市经济研究所为例阐述了它的时间管理系统。这两个表格都是从一个更大的月度报告中摘录而来的。表 12 - 4 是按照项目编号（第二列）排列的，该表显示了每一个项目参与人员的时间使用情况。这个基于项目的报表是为团队领导和管理层评估特定项目时间使用情况准备的。表 12 - 5 是按照团队成员排列的，该表显示的是团队成员在每一个项目上被分配的时间以及他已经使用的时间。表中最后一行显示的是每个人可用时间的总数，即在所有项目上花费的时间之和。表 12 - 5 是为

了帮助团队成员记录自己的时间使用情况，而且，每个月末财务室会利用该表对时间使用情况进行汇总。原则上讲，在这个报表中，员工用掉的每一个小时都应该从时间预算总额中得以体现。

表 12-4　基于项目的员工时间使用控制表（小时/h）

姓名	项目编号	已使用	上个月已使用	预算	剩余
Gasyak，Vladimir	10468-702-04	4	4	346	342
Gofman，Dima	10468-702-04	448	32	778	330
Khamova，Lena	10468-702-04	145	7	346	201
Molchanov，Andrei	10468-702-04	88	0	259	171
Puzanov，Sasha	10468-702-04	60	0	86	26
Rumiantsev，lgor	10468-702-04	366	32	518	152
Sedova，Lena	10468-702-04	89	4	173	84
Tolstova，Ira	10468-702-04	11	0	173	162
Zadonsky，Georgy	10468-702-04	596	24	1 123	527
Total	**10468-702-04**	**1 807**	**103**	**3 802**	**1 995**
Anopochkin，volodia	50039-000-00	76	10	90	14
Belozerskaya，Lena	50039-000-00	56	2	192	136
Elagina，Elena	50039-000-00	456	88	2 079	1 623
Golenkova，Galina	50039-000-00	4	2	96	92
Levina，Liza	50039-000-00	16	4	96	80
Makhova，Lena	50039-000-00	30	15	96	66
Tolstova，Ira	50039-000-00	18	10	48	30
Yashanin，Victor	50039-000-00	20	5	96	76
Zykova，Tatiana	50039-000-00	48	8	192	144
Total	**50039-000-00**	**724**	**144**	**2 985**	**2 261**

来源：城市经济研究所，2000 年 8 月。

表 12-5 基于员工的时间使用控制表(小时/h)

姓名	项目编号	已使用	上个月已使用	预算	剩余
Khakhalin, Andrei	10468-501-00	48	0	86	38
	10468-503-00	176	28	346	170
	10468-505-01	732	40	950	218
	10468-703-04	40	8	69	29
	10468-802-04	64	32	69	5
	10468-807-04	223	16	864	641
	20279-000-00	40	16	40	0
	50029-000-00	209	16	208	—1
	OVH-019-10	16	8	16	0
	OVH-019-23	8	4	8	0
Total		**1 556**	**168**	**2 656**	**1 100**
Kutakova, Tatiana	10468-300-00	242	22	259	17
	10468-300-01	1 304	96	1 382	78
	10468-704-04	48	24	173	125
	20019-000-00	4	4	4	0
	20069-000-00	136	16	136	0
	20279-000-00	24	0	40	16
	OVH-018-30	8	4	12	4
	OVH-019-01	8	2	4	—4
Total		**1 774**	**168**	**2 010**	**236**

来源:城市经济研究所,2000 年 8 月。

仔细观察这些报表我们会发现,它们都是为 2000 年 8 月份的时间管理做准备的。预算一栏显示的是给员工分配的执行项目的时间总数,这通常是根据项目的总时间预算制定的。第一栏显示的是在 8 月份中用掉的时间总数。最后一栏显示的是员工剩下的可用时间数量。按照这一解释，表 12 - 5 的第一行显示的是安德烈·卡卡林最初在项目 10478 - 501 - 00 中分得 86 小时，他在 7 月份使用了 48 小时，并且还剩余 38 小时可用。如果团队领导改变了员工的时间分配情况，那么他应该将相关情况告知该员工。

这个系统十分简单，并且消除了使用时间的不确定性。每月它都会在上个月工作时间表的基础上进行更新。当然，对于智库来说并不需要上文展示的这些由电脑生成的报表，但是团队领导确实需要某种形式的记录进行时间管理，以避免超出项目的时间预算。

2. 超前规划

在当前项目上做好人员配置管理很重要，但是，对员工将来的使用情况做好规划也很重要。忽视了这种规划会造成以下几种问题：

对市场宣传关注不足

当人员规模即将呈现缩减趋势时，团队就应该格外活跃以促进生成新的研究项目。如果团队领导没有察觉到工作数量潜藏着下降的危机，那么严重的人事问题可能就会接踵而至，即可能会迫使一些员工另找兼职工作来养家糊口，甚至还要裁退冗余员工，使其另谋高就。

工作任务的超额预定

跟上面情况相反，另一个极端是团队领导可能会接受过多的任务。虽说这比遭遇人事危机的情况更乐观一些，但是它也会导致相应的压力。最明显的情况就是员工会承担更多的压力，他们不得不非常努力地工作以完成所有合同或委托事务。在这种压力大的工作环境下很可能会导致工作质量的下降。

选择性的超额预定

在某些情况下，一两个重要员工会被过度使用。从某种程度上讲，用其他人员代替这些关键人物通常也是可以的，但是替代者需要满足一定的限制条件。持续地高强度地使用重要员工可能会迫使他们离开，另找一个压力相对较小的工作环境。

如果团队领导因为缺乏规划而陷入这些问题，高级管理层是很不乐意接受这种情况的。为此，一些智库会有一套清楚明白的规划流程来帮助团队领导做好超前规划。表 12－6 综合了多家智库采用的方法，该表格为每一个员工计划好了未来三个月的时间使用情况。表格顶端部分显示的是当前项目的时间使用情况。底部则是为预期项目制定的时间预算，这些安排通常是为那些出色的项目提案准备的。凭借过去跟客户交往的经验或者与客户就提案进行的商讨，团队领导很有可能会赢得各种政府资助或项目合同，并且能够相应地调整预计的团队规模。① 对团队员工在当前以及预期项目中的可用时间进行总结，这样能够使团队领导更切实际地评估每位员工在未来三个月的时间分配情况。

从表 12－6 可以看出，从 2001 年 4 月开始，员工理查德・琼斯前三个月的时间分配情况还不错。琼斯先生前两个月的工作时间确实会超过被分配的时间（看底部最后两行）。从表中可以看出他 5 月份的工作量非常大，到时候他还将要额外工作 11 天。如果是这样的情况，那么团队领导还要不要去争取这份为 NGO 服务者提供技术援助的合同的项目呢？考虑到这种情况，如果想按期完成项目，团队领导就应该考虑让团队中的其他人为琼斯先生分担一些工作。团队领导还可以尽量去争取客户的许可来延缓交付任务的截止时间。

表 12－6　时间超前计划举例（员工用表）

员工姓名：理查德・琼斯
部门：地方政府
时间范围：2001.4.1—2001.7.1
制作者：安德烈・苏科

项目名称	项目编号	4 月	5 月	6 月	总天数
正在进行的项目					
非营利机构的立法问题	00127－00	10	8	2	20
为地方政府住房提供技术辅助	00136－00	9	9	9	27
合计		19	17	11	47

① 举例来说，一个提案可能将研究者的时间限定为 30 天。如果团队领导将该研究员成功完成工作的可能性评估为 0.6，那么预期的时间成本就是 18（30＊0.6）。

续表

项目名称	项目编号	4月	5月	6月	总天数
计划进行的项目					
研究助理为 NGO 服务者提供的服务：					
技术辅助		—	8	8	16
提案准备		3	5	—	8
辅助财政部	OV	2	—	—	2
合计		5	13	8	26
总计					
实际/预计工作时间		24	30	19	73
每月工作天数		21	19	20	60

这些表格应该由谁来填写呢？经验表明员工往往对待议项目缺乏实际的了解。他们通常不会参与项目投标的准备活动，也不会参与讨论如何增加赢得项目的可能性。因此，由他们来填写表格的下半部分并不合适。否则，他们往往会给计划实施的项目分配过多的时间。相比而言，由团队领导填写这份表格通常会更容易一些。这样的时间规划至少应该每个季度做一次。智库一直处于新老提案不断更替的动态环境中，一轮旧提案宣布通过后，还会有另一批新的项目计划定期提交上来。如果团队领导想要及时了解现实情况，那么就必须经常更新时间规划表。

项目执行

表单 12－2 列出了执行项目必须要经历五个步骤。首要任务是要明确决策目标（这一点可能在合同中有清楚的表述，也可能没有）以及相应的沟通策略（举例来说，确定研究针对的首要客户，以及如何有效地向该群体或个人传达研究结果）。在这五个步骤中，我们将关注重点放在第三项——项目的日程安排，因为团队领导很可能在这一方面上是最缺少经验的。

为项目制定日程安排就是要及时地对投入的资源进行组织管理。规划人力配置非常关键，团队领导要尽力避免因为人员闲置造成的资源浪费，也要抵制在关键节点上因为可用员工太少造成工作延误。另外，像调查、研讨会以及任务提交日期这样的重要环节也必须做好日程安排。

如今，大多数精心设计的项目管理制度已经实现了计算机化。举例来说，在建筑行业，承包方通常利用项目管理制度为转包商、工人以及建筑材料何时到达施工场地制定日程计划。这些系统往往要复杂得多，其功能也远远超出了研究性、评估性和技术辅助性项目的需要。但是，在指导项目开展的过程中，团队领导可以利用一些简单的图表和时间计划表来协助其进行项目管理。

表单 12－2　项目执行的5个步骤

1. 明确决策的目标及相应的沟通策略
为待处理的问题准备一份清晰的说明，明确哪些人或哪些机构与此议题有着最大的利益关系，这样就相当于找到了乐于改变的群体。然后，还要制定与他们接触的沟通策略，根据合同或捐款协议的要求，根据需要调整沟通策略中不恰当的地方。

2. 明确分析方法
如果是一个研究性项目，这包括清楚地说明相关的假设，确定验证假说所用数据的来源，以及需要做的分析工作。对于技术辅助性项目来说，任务包括：与客户共同确定需要做哪些工作；如果有需要的话，需要在法律方面做哪些修改；选择开展培训及/或试点项目的方法；最后对研究成果进行评估。

3. 为项目实施制定日程安排
概述项目开展的时间安排，并指出重要的时间节点。合理安排将由哪些人在哪些时间点开展工作。制定好出差、培训活动、研讨会以及所需报告会的日程安排。

4. 控制工作质量
在项目启动、中期或者收尾时段安排研讨会。确定一个同行评议员进行发言，并在时间表中留出评论所需的时间。

5. 传播研究结果
将研究结果传达给客户和主要的影响受众（如果客户与主要受众不一致，而且合同允许研究成果向客户以外的人公开）。

图 12－1 和 12－2 是城市研究所为波兰的一个培训活动准备的日程安排表。城市研究所需要为这个培训活动承担的工作包括：(1) 为培训准备学习的案例材料；(2) 对培训过程的各个环节进行组织管理，包括招聘当地合格的培训师，并简要地介绍他们的相关信息；(3) 在多个地点开展培训活动，培训过程主要分为两个阶段，经过主要培训之后每个阶段还会有相应的后续培训。这个培训过程持续时间长达 7 个月，因此需要一大批培训师才能按期完成培训任务。

图 12－1 上半部分是为 12 项培训任务制定的时间计划，下半部分显示的

是报告完成与上交的时间计划。图 12－2 列出了相应的人员投入情况。在这个项目中，培训师和管理者都是以全职的形式参与工作的，相对于那些雇用兼职员工且为期较长的项目来说，为这次培训制定日程安排要简单一些。在为员工制定日程安排时，如果团队领导计划让员工在长达数周内主要以兼职形式开展工作，那么他就应该根据员工的需要另做一些更详细的时间计划。

这类图表的建立和更新都十分简单。它们是团队领导组织管理工作的宝贵工具，当团队同时执行多个项目的时候，就更能凸显出它们的有用价值。

活动(工作)	项目启动后的月份						
	1st	2nd	3rd	4th	5th	6th	7th
A. 田野调查和研究项目							
任务 1. 项目启动	▒	▒					
任务 2. 需求评估/最终的工作方案	▒	▒					
任务 3. 从培训中选择员工	▒	▒					
任务 4. 选择场所	▒	▒					
任务 5. 准备培训材料	▒	▒					
任务 6. 团队培训		■					
任务 7. 准备案例研究材料	▒	▒	▒	▒			
任务 8. 第一阶段培训		■	■	■			
任务 9. 第二阶段培训					■	■	■
任务 10. 后续培训活动		▒	▒	▒	▒	▒	▒
任务 11. 考察学习活动					■		
任务 12. 培训评估		▒	▒	▒	▒	▒	▒
B. 报告的完成与提交							
1. 需求评估/最终工作方案(任务 2)		×					
2. 讲习班评估表(任务 8 和 9)		×					
3. 阶段 1 培训材料和阶段 2 培训材料草稿(任务 8 和 9)		×					
4. 阶段 2 培训材料(最终版)(任务 9)				×			
5. 案例研究(任务 7)	×	×	×	×			
6. 考察学习团参加人员名单(任务 11)					×		
7. 评估报告(任务 12)							×

■ 全职活动　▒ 兼职活动

图 12－1　活动日程表

图 12－2　培训师和管理者的日程安排时间表

姓名	岗位	报告/活动	月份							总天数
			1	2	3	4	5	6	7	
K. Alison	培训师	培训								37
M. Borkowska	培训师； 环保经济学	培训								85
T. Driscoll	培训师；水利	培训								35
D. Edwards	培训师	培训								35
A. Eymontt	培训师；环保	培训								85
B. Ferrone	培训师；道路/学校建设规划	培训								35
G. Frelick	培训师	培训								45
A. Grzybek	培训师； 能源经济学	培训								85
A. Law	培训师；采购	培训								35
M. Lebkowski	培训师；金融	培训								85
R. Marcola	培训师；金融	培训								85
B. Markiel	培训师；环保	培训								85
R. Milaszewski	培训师；水利经济学	培训								85
G. Mikeska	培训师；项目经理	培训，管理								79
A. Muzalewski	培训师； 浪费经济学	培训								85
A. Pecikiewicz	培训师；项目经理	培训，管理								140
J. Pigey	培训师	培训								35
F. Rosensweig	培训师	培训，管理								27
B. Ruszkowska	培训师；环保	培训								85
D. Wallgren	培训师；固体废物	培训								35
T. Wojcicki	培训师；金融/道路	培训								85

■ 国际培训师　■ 当地培训师

全职人员：Pecikiewicz 和 Ruszkowska（其他为兼职人员）

报告预期时间：项目结束时

活动持续时间：7 个月

实现团队工作效率的最大化

新上任的团队领导将会面临许多困难。晋升为团队领导当然是一件好事，但是由此也会带来诸多挑战，如果新任团队领导是通过内部提拔的，那么这种情况就更突出了。通常新任团队领导最头疼的是如何跟原来的同事或朋友处好关系。这些人是否尊重新领导的权威还是个问题，而且这往往取决于新领导在管理活动中的行为方式。① 总之，新任团队领导面临的最大挑战就是，如何在维护自身权威形象的同时又能提升每个团队成员的自尊感。

工作任务和社交关系是影响团队合作的两个重要因素。任务指的是团队需要完成的工作，研究性项目的任务包括收集和分析数据、撰写研究报告、准备以及举办研讨会。另外，那些与地方官员、非政府组织合作的技术辅助性项目，工作任务则是开发具有开创性的项目。社交关系指的是员工之间的关系以及他们的归属感（里斯，2001）。团队领导必须对这两个方面给予同等的重视。如果忽视了社交因素，很可能就会影响团队整体的工作效率，甚至会严重地拉低工作效率。

在上文中，我们讨论了团队领导在升职后，面对新的上下级关系如何完成角色转变。下面我们将从四个方面论述如何提高团队的整体绩效。

1. 改变工作场所，改变领导风格

随着智库的发展与成长，团队领导的领导风格也经历了一些变化。最初，是由团队领导发出指令，告诉员工该做什么，后来员工开始参与研究问题，共同讨论，并找到好的方法以便能更好地完成重要任务。在西方，独裁式领导风格在15或20年前开始有了转变。这种转变在知识产业尤其明显，因为受过良好教育的工作者要求用新的领导风格取代独裁式的领导风格。然而，在东欧地区、独立国家联合体、大多数非洲国家和亚洲国家，独裁式领导风格至今仍然普遍存在。

目前，很多先进的智库都采用了一种全新的更具有促进作用的领导风格，表12-7将其与传统的领导风格进行了比较。在控制型领导风格中，主

① 对利和梅纳德（1995，156）的一个补充解释：领导风格讲的是团队领导是怎样与员工相处并对员工产生影响。

要由领导给出最高指示并负责解决问题；相比之下，在新的领导风格下，员工将会体验一种更开明、更乐于接受意见、更深思熟虑的决策过程，而且员工会得到更广泛的授权。

表 12－7 可供选择的领导风格的特点

控制型	促进型
说	倾听
说服	提出问题
指示	指导团体工作过程
决策	指导
解决问题	教导
制定目标	达成共识
利用权威完成工作	员工参与目标制定 员工参与决策制定 授权别人来完成工作

来源：里斯(1999)，55。

促使管理者改变领导风格的原因是简单明了的，因为更具包容性和协商性的领导风格有助于提高生产效率，更长时间地留住员工以维持团队稳定性。在这种环境下，员工会为智库贡献更多良好的建议，在自己的岗位上也会体验到更多的幸福感，而且也会更愿意去承担额外的责任、更持久更努力地工作。（利和梅纳德，1995；里斯，1999；康格和本杰明，1999）

但是，团队领导的基本职责没有改变。此外，还应该强调的一点是促进型团队领导是不会放弃最终决定权的。

创建一个基本上可以实现自我管理的团队，并不是一件简单的事情。对一些国家或机构来说，促进型领导风格还是个新奇的事物。因此在实践中，管理者可能会很难得到相应的资源投入与配合，而这些对新领导风格发挥实际作用却又是那么重要。最好的建议就是按部就班地完成领导风格的转变。团队领导可以通过以下方法鼓励团队成员参与团队管理活动：询问意见和建议，做一个好的倾听者，或者向团队成员多分配一些职责。久而久之，这种“新”的领导风格就会变成一个惯例，员工也会更充分地参与团队的管理工作。

经验表明，团队领导可以通过一些迹象来判断促进型领导风格是否真正发挥了作用，是否带来了积极向上的团队精神（利和梅纳德，1995，105及以后）。不管是从事分析研究性项目的团队，还是技术辅助性项目的团队，我们都可以从下文列举的三个方面对其领导风格进行考察。

・相互支持的人际关系。即员工之间以各种不同的方式互帮互助，包括分享信息及其他资源，或直接协助对方完成任务，比如自告奋勇地帮助其他成员检查报告草稿。

・个人的付出。团队员工以主人翁的心态对待工作，把团队的任务当做自己的事情来做。他们自觉地承担起对工作质量应负的责任，为了实现团队目标愿意付出额外的工作。

・宽容的鼓励。对同事提出的新观点或新提案，团队成员通常会积极地回应。团队应该形成是说“yes”的氛围，而不是说“no”；也不应该对提出新想法的员工怀有嫉妒心理。拥有这些特点的智库将能够更有效地开展工作，并能为员工提供一个惬意的工作环境。

2. 让团队工作变得有趣

团队领导应该想办法让下属的工作变得更加有趣，为资深员工设计工作岗位时尤其要多花心思。可以从以下四个维度衡量员工的工作是否有趣，如果在以下四个维度上拥有相对广泛的跨度，那么这份工作就是“有趣”的。①

控制范围指的是政策分析师可以利用的资源。人们通常会认为一个资深分析专家需要一个研究助理。此外，分析专家可能还需要一些其他的资源，说到这个，即刻跃入脑海的有文秘服务、计量经济学专家的建议和编辑服务。如果一个资深分析家在与项目主管商谈后，能随时获得这些可用资源，那么就可以免除项目中的一些苦差事和不确定性因素。

(1) 责任范围指的是在评估员工绩效时需要权衡的内容。正如第二章提到的那样，对高级研究员来说，其筹集资金的能力、研究成果的质量和数

---

① 虽然这四方面已经被西蒙斯(2005)列举过，但这里的内容和例子却是原始的。

量、在政治领域的影响力和管理项目的能力(即能在预算内按时完成任务)都是极其重要的。从这几个方面对员工进行评估,评估的灵活性越大,员工就越有能力在今年或来年拓展新的研究领域,因此也就最大限度地提高了员工的工作满意度和存在价值。

(2) 影响范围指的是员工在团队中甚至在整个智库中发挥的作用。显然,员工参与问题分析、政策议题和管理决策的机会越多,他对这份工作的满意度就会越高。因此,在准备绩效评估时,团队领导应该多鼓励员工参与;另外一个常见的做法是安排员工参与同行评审活动。

(3) 支持范围指的是员工能从智库其他员工身上获得多少帮助。当你准备一项提案时,财务部门有没有按时配合地为你提供预算?高层领导有没有及时地审查提案,而不至于因为错过时机而导致危机发生?会计部门有没有对发票进行专业处理以免给客户留下不好的印象?很显然,这些任务的完成情况对工作满意度有着巨大的影响。

3. 确立目标

团队管理专家强调团队要有一个清晰的目标,这比完成某些具体的项目任务更重要。(里斯,1999;利和梅纳德,1995)目标通常能为项目涉及的所有工作设定一个统一的主题,帮助团队对日常工作进行定位,还有助于培养团队凝聚力。巧妙地制定目标对项目的成功执行有着更深刻的意义,因为在员工眼中,每一个项目的实施过程都是实现团队宏伟目标的一个步骤,每完成一个项目就距此目标更近了一步。总之,目标能够使团队的总体愿景变得更加具体,而且可以激发团队成员更努力地工作。团队的愿景是一幅宏伟的画面,而目标则是实现这些愿景的步骤。

有一个例子可以证明以上观点。二十世纪九十年代后期,城市研究所的国际活动中心的愿景就是将自身发展为这样的组织:能为地方管理、金融、经济转型国家的社会救助等议题提供最有效的技术援助和政策建议。为了实现这一愿景,开该中心在制定实施策略时认识到它必须要完成几项任务,并把这些任务设定成了若干目标。其中一个目标是增强自身能力,更多地赢取与国家、地方政府合作的机会,合作内容都是关于经济转型的重要议题,包括改善政府间的财政关系,增强地方政府的财政管理能力、为公民创造并提供服务的能力，提高政府运作的透明度以及对公民诉求的回应速度等。

显而易见的是，该中心要想达到这一目标，还必须实现另一个目标，即要与那些一起参加项目竞逐、有合作关系的地方智库建立起工作伙伴关系。如果将当地的和国际方面的专业知识结合到一起，那么城市研究所和地方智库就能够建立起有效的合作伙伴关系。而且这种合作将会带来很强的竞争力，因为它结合了两个机构的成本结构，可以实现资源互补。此外，组建伙伴关系本身就是一项十分有益的活动，因为它提高了智库将来与地方政府合作的能力。

为了实现这个目标，城市研究所的国际活动中心致力于在东欧和独联体国家的智库之间建立并维护政策过渡网络。2001 年这个网络一共涵盖了 10 个智库，除了城市研究所，还包括东欧和独联体区域的 9 个国家，每个国家均有一个智库包含在内。[①]

要想让这些目标发挥实际作用，它们还必须具备可操作性。该中心击败竞争对手赢得合同的数量，可以反映其在第一个目标上取得的进展。衡量第二个目标进展情况，就要看该中心在两年时间内，与多少国家建立起了合作伙伴关系。

在这个例子中，团队愿景和目标为日常工作提供计划与指引。大多数智库领导在表达团队愿景和目标时都比较含蓄，而团队成员需要清楚地了解这些内容，因此与员工分享这些目标是十分重要的。通常情况下，智库的整体目标还不足以激励或引导单个员工，所以，需要团队领导和团队成员共同参与目标制定，不断地确立新目标。通过这种方式的合作，团队领导能使成员更好地理解目标，接受目标，更努力地去实现目标。而且，确定的目标越明确越好。

实际上，能制定明确目标的团队领导并不是很多。他们总是通过各种不同的方式表达隐晦的愿景和目标，然而这种沟通往往具有很大的模糊性。如果团队领导能清楚地表达团队的愿景和目标，并且鼓励员工参与目标制

① 这些信息可以在网站 http://www.urban.org/tpn 看到。

定，那情况将会好很多。

4. 指导团队会议

团队会议可能是提高团队生产力、实现信息共享、增长知识、加强团队协调和合作的一个好机会。总之，对于团队领导来说，团队会议是重要的管理手段之一。在现实中，大多数团队召开会议的次数过少，即使有会议召开，也常常没有什么成效。事实上，会议稀少很可能也正是因为生产效率低下造成的。

里斯(1999,126—227)为我们描述了四种典型的会议形式。

(1) “告诉他们，让他们接受”类型。在这种类型的会议中，团队领导会宣读已经做好的决策。当然，会议肯定也会有阐释和讨论的环节，但是开会的目的是为了告知员工既定的目标并征求大家的支持。

(2) 信息传播类型。团队领导通过会议向员工介绍本部门内及智库内的近况。可能会有一些报告，报告内容可能是提前准备好的，也可能是现场发挥的。通常在这种研讨会上会提出各种各样的议题，但是很少会对这些问题进行深入的讨论，而且几乎也拿不出解决问题的方法。

(3) 参与式的、面向所有员工的会议。在这种宽松的会议氛围中，员工能够有足够多的时间对待议话题展开讨论。但是，这种类型的会议对解决问题或决策制定却没有多大帮助，通常是因为团队领导缺乏组织讨论会议的技巧，不能引导与会者得出结论性的东西，或者他压根没打算这么做。此类会议普遍存在一个缺点，即会议收尾时常常没有一个清楚明确的结论，主要原因是会议缺少一个清晰的议程表。这一类型的会议虽然有积极的互动，却没有具体的结论。

(4) 重点突出的、参与式的会议。这种类型的会议议程是有重点的，因为它在召开前就已经确定了的目标。尽管团队领导鼓励员工参加会议，会议还是要集中讨论议事日程上列出的问题。或许，会议偶尔也会跑偏到另一个话题上，但是团队领导必须能够将话题拉回来，使大家能专注于既定的讨论事项。同时，还要注意的一点是团队领导者必须引导员工说出自己的想法，并听取他们的意见，这有助于会议作出结论性的收尾。而且，必须要为深入的、彻底的讨论留有充足的时间。

显然，团队领导者应该尽量多采用最后一个会议模式。或许，一个经过深思熟虑制定的会议日程有助于会议的成功召开。团队领导在准备会议议程时，需要确认是否真的有必要召开会议，并考虑谁应该来参加会议。会议议程最终应该以书面的形式呈现出来，即便它只是一个大体框架。该议程应该尽可能地由一系列行动任务构成，多使用动词——计划、开发、决定、确定、鉴定、推荐、列举、排序、解决、产生——来描述处理每一项议程时的目标。

开展会议的实际行动是很重要的。在展示完议事日程后，团队领导应该向员工征求其他的待议事项，并根据实际情况适当地添加议程。如果议题在当前会议不能得到满意的解决，可能还需要更多的时间进行讨论，那么团队领导可以提议日后再单独召开一次会议继续讨论。

正如前面部分强调的那样，团队领导应该充分地发掘员工的价值。因为员工不仅能提出很有价值的观点，而且向员工咨询意见也能够更好地激励他们实现工作目标。团队领导需要作一个良好的倾听者，提出进一步的问题，推动团队成员之间的讨论，重申有争论的地方或对争议进行总结，并要在适当的时机引导会议得出一定的结论。

对多数会议来说，报告和信息分享都是很重要的两个环节。将团队成员的贡献集中起来，最大限度地发挥其整体的有用性，这是一件极具挑战性的事情。团队领导应该让员工明白报告书不仅仅只是用来介绍项目的活动信息（比如，“通过分析研究我们得出的结果是……”）。更准确地说，报告演示者应该将报告重点放在对经验教训的总结上，这对其他员工可能会很有帮助。报告者应该多思考从分析研究中可以得出哪些具有普遍意义的经验。

展示田野调查结果的方式有两种，我们只选取其中的一种进行举例说明。假如，有一个为地方政府提供技术辅助的团队，它的两个研究员在与市政当局合作的过程中得到了一个消息，即同他们合作的部门要为某种社会服务项目招标，而不是让市政机构做唯一的（垄断的）服务提供方。显然，这对团队来说将是一个重大的发展机会，应该向整个团队宣传这个好消息。如果团队愿意同其他城市一起推广这个项目，那么这将成为一大创新。换句话说，这一议题对整个团队有着极大的吸引力。人们可能会认为该项目需要做的工作就是与各级官员就社会服务为主题召开一系列会议，虽然这样的说法会掩盖其创新的光芒，但是丝毫也不会降低它的魅力。

在会议结束时，团队领导应该对得出的结论进行回顾，这是很重要的一个环节。同样重要的是，要用一个简短的书面说明对回顾进行总结，通常一页纸就足够了。这样一份书面说明不仅能够固化会议中涉及的信息，清晰地记录下决策制定过程，还能将会议的重要结论传达给未出席的人员。这份说明只需要记录一系列要点，只几分钟就可以搞定。遗憾的是，团队领导或者高级管理层中几乎没有人会效仿这种做法，这样一来，常常会使员工对之前会议所得结论感到困惑不解。

5. 人事问题

如果团队的使命和目标能够极大地激励员工，大家能齐心协力地开展工作，那么就相当于获得了整个团队的最佳表现。要想达到并保持这种良好的状态绝不是偶然的，而是需要苦心经营的，需要团队领导发掘出每个成员对团队的贡献和价值。为此，表单 12-3 列出了实现这一目的的几个步骤。当然，实践中运用表中的原则来化解团队内的人事问题，还是会有一段很长的路要走。

尽管如此，团队领导还必须保持警惕，留意团队的士气与斗志。常见的会破坏团队凝聚力和生产力的人事问题包括：

- 团队成员之间互相抱怨；
- 授权不足导致员工感到无能为力；
- 信息共享不足；
- 对工作分配不满；
- 消极的竞争性行为；
- 对决策不满；
- 未能得到别人的支持；
- 对过去的挫败耿耿于怀；
- 因赞赏或认可不足而感到不满。

通常团队领导都会面临很多与此类似的问题。一旦发现问题，团队领导应该找相关的人或群体进行会谈，并找出一个解决方法。在适当的时候，可以运用前面描述过的那种一对一的指导方法，帮助员工疏解困难。

表单 12－3　团队领导如何表现出对每位员工的重视

通过以下方式使员工成为一个有价值的角色
- 给员工分配有意义的任务
- 确认员工从事的工作真的很重要
- 充分授权

通过以下方式肯定员工的努力
- 当员工努力奋斗的时候要表示欣赏
- 要经常对员工们的贡献表示感谢
- 认可员工的成绩

通过以下方式认真倾听员工的诉求
- 在认真聆听时要集中注意力
- 在倾听过程中要有一定的回应表示你很真诚
- 鼓励员工说出他们的想法

通过以下方式对员工表示尊敬
- 把每一个人都看得很重要
- 认可每个人都有表达自己观点的权利
- 不要质疑员工的动机

通过以下方式去了解员工的感受
- 寻找一些私人方面的回应
- 寻求员工们的一些本能反应
- 注意员工情绪上的波动

通过以下方式表达对员工福利的关心
- 当员工遇到困难时要表示关心
- 在员工困难时候提供帮助
- 询问员工的近况如何

通过以下方式确保别人重视员工的工作
- 告知别人该员工完成了什么工作
- 公开地进行表扬和赞赏

来源：以利和梅纳德为基础(1995)，121。

在某些情况下，团队工作效率下降的原因是很难鉴别的。老员工也许仅仅是感到无聊而倦怠了。保持工作的有趣性对团队领导来说是个长期性的挑战任务。解决这种问题的方法是给员工分配新的任务，或许也可以在团队内实行轮岗制度（又被称为交叉培训）。出于对未知事物本能的恐惧，员工一开始可能会对新任务有抵触情绪，但是这样做的效果通常都还不错，不仅能够使员工重燃工作兴趣，也使团队领导在人员配置上有了更大的灵活性。同理，团队领导可能会给员工分配一些新任务，这些任务最初看来像是超出了他们的能力范围，但是在适当的指导下，他们也可以游刃有余地完成这些任务。这样一来，员工的自信和对工作满意度也会得以提升。

团队领导应该时时留心，对那些潜在的可以提高工作效率的方法保持警觉，并在时机允许的情况下将其付诸实践。很多智库都会经常犯这样一个错误，即低估了基层员工承担责任的能力。高级研究员容易认为基层员工能做的就只是数据分析和文献回溯，而实际上他们也可以去做其他的任务，比如在指导下开展某些田野调查。类似的任务还包括开展精英访谈、领导焦点小组，以及对所得的大量信息进行组织与分析。

如果管理者付出了这么多的努力，还是会有员工对自己的工作极不满意，那么多数情况下，这与工作本身已没有多大关系。出现这种情况的常见原因通常是医学疾病（或服用药物治疗这种疾病带来的副作用）、缺乏自信、压力或情绪方面的问题，或者是家庭困难问题。如果发现类似的情况，而且团队领导发现问题远远超过了他能处理的能力范围，就应该尽快提醒高级管理层和人事部门采取措施。智库应该帮助该员工回归自己原来的工作岗位。出现这种状况的员工究竟需要多长时间以及多少帮助才能恢复常态将取决于智库的环境和条件（比如说，组织中是否有其他人可以先替他履行职责），或许还取决于该员工享有的医疗保险服务的质量。团队领导处理这种问题的方法，主要指的是由此表现出来的人道与同情心，将会对团队士气有一个更广泛的、更巨大的影响。

总结

团队领导在智库中占据着举足轻重的地位，他们是一线管理人员，担负着项目执行、计划、市场宣传的日常职责，确保团队的生产效率也是他们分内的职责。考虑到这种情况，我们惊讶地发现，研究智库的专家实在是太不重视对团队领导的培养和指导了，这方面的相关研究十分匮乏。

智库的生产效率取决于团队领导的效率和能力，大多数智库的高级管理层都需要清楚地认识这一点。要想确保团队领导能够胜任，首先在岗位招聘时就应该认真地进行人员选拔。候选人一旦被雇用或者提拔为团队领导,高级管理层应该对其进行指导和培训。

如果智库的管理风格是"权威人物说了算",那么团队领导的工作将会面临巨大的挑战。经验表明,参与型、协商型的管理风格有助于进行团队管理,也有助于提高生产力。在参与目标制定时,团队成员提出的意见必须是诚恳的。团队领导需要用心地倾听员工的想点,包容不同的观点,并且根据投入资源的变化适时地调整人员配置情况。此外,他们还要努力使工作变得有趣。

设定目标可以实现员工激励,并为他们提供一个广义上的指导方向。如果团队成员能以协作的方式参与目标制定,这将会更加有效。

精心策划和组织的团队会议是另外一种有效的管理手段。如果会议有一个目标明确的会议议程,并鼓励员工参与,那么将有利于实现信息共享,也能够促使会议取得结论性的成果。

团队领导还可以利用一些辅助手段进行团队管理。其中一些已经在上文中有所阐释,例如为大型项目调配投入资源制定时间计划,以及控制员工使用率、项目成本时采用的一些方法。然而,和项目管理任务同样重要的是人事管理方面的任务,即要时刻关注团队员工的个人动态,并为需要的人提供指导和培训。同独裁式的管理模式相比,如果团队领导采用新的领导风格,鼓励员工参与管理活动,主动关心员工,那么他很可能会将团队的生产力提升到高级管理层预想不到的高度。

附录 A 华盛顿城市研究所员工评价和薪酬管理

城市研究所是美国最大最受推崇的智库之一，它拥有超过 400 名员工。员工研究的议题非常广泛，包括养老政策、城市住房和社区发展、健康政策、教育政策以及社会援助和社会服务。它也在美国以外的国家地区开展相关的研究。

本附录包含的文件来自于城市研究所人事管理系统，特别要指出的是，以下四个文件是该研究所正在使用的：

1. 招聘时职位描述的表格与政策

从格式上来看，第一页是对特别重要的工作的职责的描述，第二页是资质的详细说明。

2. 研究员的职位描述和晋升标准

该研究所把研究员分为六个等级：研究助理，一级研究员，二级研究员，高级研究员，首席研究员和资深研究员。此外，还有对前三级研究员的正式的工作描述。高级研究员、首席研究员和资深研究员可以从其对应的晋升标准推测出该职位所需的资质。这类文件还包括工作描述和不同职位的晋升标准。

3. 绩效评估——政策与表格

接下来的几页是研究所关于员工测评流程和整个流程所使用的形式的一份详细的陈述。这里有两种表格：一种是针对首席研究员，他们不仅承担着分析职责，还肩负着筹款和管理的重要责任；另一种是针对其他员工。两份表格都有两部分。第一部分由员工通过输入主管的评级来完成，它包含已有成就和设定来年的目标；第二部分由主管使用。两部分都是主管和员工进行讨论的基础。

4. 薪酬管理政策

最后一份文件是研究所关于薪酬设定的一份说明。工作绩效可能影响加薪,但这远非唯一的决定因素。

1. 创建职位

城市研究所
人力资源办公室　　　　项目编号:

岗位/职位申请表

说明:由招聘主管完成并交还人力资源办公室

<table>
<tr><td colspan="2">中心/办公室:</td><td>主管:</td></tr>
<tr><td colspan="2">职位名称:</td><td>预计薪酬范围:</td></tr>
<tr><td colspan="2">职位是:
首次申请
替换:</td><td>该职位:
主管
非主管</td></tr>
<tr><td>就业状况:
固定的
周期性的
临时的
外派人员</td><td>工作计划表:
全职
兼职:　　小时/每周
临时:　　小时/每周</td><td>地点:
坐班:
非坐班:
办公地点名称:</td></tr>
<tr><td colspan="2">任务量:</td><td>期望入职时间:</td></tr>
</table>

招聘的建议:(列出推荐的候选人)

岗位简述:(包括本职工作、资源监控、差旅及偶发事项)

签名：

招聘主管： 日期：	中心/办公室主任： 日期：
人力资源主任： 日期：	高级副总裁； 日期：
批准： 同意 反对(阐明原因)：	

资质：对下面四个因素的重要性进行打分(1＝最重要，4＝最不重要)

教育 排名：	学历水平优先：
	专业优先：
	专门培训：

经验 排名：	工作类型：
	成就：
	过去的工作环境(学术的，非营利性的，政府等)

技能 排名：	请描述理想候选人应该具有哪些技能：
其他资质： 排名：	请列举成功的工作表现所需要的特殊品质，比如成熟、判断力、创造力，组织能力，领导能力，自我激励，独立工作的能力和团队意识等

城市研究所

人事政策与流程　　政策与流程第101条

日期:2003.2.28

(该版本取代1995年3月31日生效的版本)

主题

批准人:________

创建职位

政策

雇佣员工之前,必须首先创建一个职位,同时要根据工作规范确定薪酬范围和等级。除此之外,必须确定该职位预期的工作时长、工作日程表和公平劳动标准法中该职工作性质。

员工是否具有享受研究所员工福利计划的资格,与员工在公平劳动标准法中的工作性质有一定的关系。附件A汇总了不同的工作性质享有福利的资格。所谓完善的福利信息和资格要求,指的是对汇总计划恰当的描述,或者城市研究所各项福利的政策与流程。

雇用形式描述

根据下面所列的定义,职位可以分为固定的、非连续工作的、临时的员工,以及非连续工作的研究员,或者是外派人员。

"固定的"指的是无限期的职位,或者某一阶段就业时间超过1 000小时,或者有一个如下所描述的定期的、可预见的、全职或兼职的工作时间表。研究所的大部分职位都是固定职位,研究所为全职职位承担所有附加福利、日常开支和行政费用。

"临时的"即一项职位以12个月为一周期,在此阶段工作时间少于1 000小时。临时员工从上一家研究所辞职的那天起,8个月内不得在其他研究所工作。(实际上,就是在一项临时任务之后创建一个为期8个月的冷却期。)类似地,对于正式员工来说,他们辞职后8个月内,不能被再次雇用或者转换成临时工。一个临时的职位享有法定附加福利,并由研究所承担全部的行政费用,但是不承担定价和计费目的的日常开支。

"非连续"员工就是这样一种职位(就像临时职位),在一年内,任职时间不确定,有临时的工作安排,工作时间不足1 000小时。然而,这种职位仅仅当在8个月的冷却期过去之前,一名正式员工被再次任用或调转到一项临时的工作安排的时候才会使用;或者当用人中心或办公室考虑将该员工转为正式员工的时候会采用这种形式,这种职位是临时形式的一种替代选择。

"非连续"研究员指的是这样一种职位,在一年内,任期时间不确定,工作时间不足1 000小时。这种职位只能由总裁授予。"非连续工作的研究员"职位享有法定附加福利,还由研究所承担定价和计费目的的全部经常性开支和行政费用。

"外派人员"指的是工作岗位不在美国,或者工作任务不在美国、需在国外工作至少6个月,或者那些直接劳动力成本主要由外部资金通过对城市研究所的合同或拨款来支付的职位。外派职位享有全部附加福利,并由城市研究所承担全部经常性开支和定价或计费目的的行政费用。

工作日程描述

"全职"指的是一份固定的、可预知工作时间的每周40小时的工作。

"兼职"指的是一份固定的、可预知工作时间的,但每周工作时间在20小时到40小时之间的工作。

"临时"指的是每周工作时间平均水平少于20小时,或者在任期内平均每周工作时间少于20小时。

公平劳动标准法描述

人力资源办公室将会把每一个职位划分为如下所定义的豁免或非豁免。

"豁免"指的是不在公平劳动标准法范围之内的职位。拥有豁免职位的员工不具备获得研究所每周 40 小时之外的加班费的资格。

“非豁免”指的是公平劳动标准法中包含的职位。拥有非豁免职位的员工具有获得研究所的每周 40 小时工作时间之外的加班费的资格（见城市研究所政策和流程第 100 号——工作时间和加班）。

流程

批准职位

创建一个新职位，目的是替代一个即将离职员工的现有职位，或者雇用临时员工。招聘主管需要完成一份从人力资源办公室获取的岗位/职位需求表（附件 B），该表要求招聘主管详细说明预算的工资范围、办公地点、工作性质，主管，期望入职的日期，以及该职位是否负有监督职责。招聘主管还要描述该职位的主要职责，以及做好该工作所需要的资质和技能，并提出吸引合格申请者的招聘建议。该表必须得到中心或办公室主任的签署和批准。完成的表格上交给人力资源主管。

人力资源主管负责审核工作规范，并按照研究所的工作评估流程对职位进行分类（详见城市研究所政策和流程第 108——薪酬管理）。职位一旦被归类，新职位的申请就被送到高级副总裁那里审批。人力资源主任负责批准替代职位的申请，然后通知主管新职位和替代职位何时能够得到批准，并维护职位审批的日志。

临时任务能够使研究员迅速满足短期招聘需求，并有效控制成本。由于这项政策适用于所有工作，因此不管雇佣形式如何，可能只能通过人力资源办公室来创建新职位。

公布空缺职位

高级研究员外的所有空缺的正式职位，都将公布在内部的公共区域或发送给适当的外部资源，以下情况除外：员工在同一中心或办公室内部的晋升或调岗；向高级副总裁提出无需公布该空缺职位的书面请求，并得到其批准。总裁邀请高级研究员来研究所工作，是根据他们在国内公认的的特定研究领域内的专业知识来进行选择的。

豁免的职位将至少公布两周，非豁免的职位至少一周。临时的和间歇性的职位并不需要公布。

取消一个空缺职位

如果一个豁免职位已经公布超过6个月却依然空缺，除非招聘主管对人力资源主任提出一个书面申请，要求该职位的公布延长3个月，否则这个职位将要被取消；如果一个豁免职位延长了3个月后仍然空缺，除非招聘主管对人力资源主任提出一个书面申请，要求该职位的公布再延长3个月，否则这个职位将被取消。

附件A——工作性质和福利资格（人事/政策/状况.xls）

附件B——岗位/职位需求规范表（人事/政策/职位描述.xls）

2. 研究员职位描述以及晋升标准

职位描述

职位名称:研究助理
薪资等级:R01
报告对象:更富经验的研究员

概述

在经验丰富的研究员的密切监督下,研究助理的工作包括:通过收集信息、准备报告资料来协助社会科学调查研究;进行调查,或发放调查问卷并编写调查报告;运用基础的统计方法和数据分析软件对数据进行收集、制作表格和处理。

主要职责

1. 根据指令,按照指定的主题进行图书馆调查并以书目、文摘、备忘录和报告的形式将资料进行整合。

2. 通过编码或图表的方式将收集到的数据编制成表并对数据进行维护。

3. 对从磁带或其他资源获取的大型数据集合进行处理,可以利用诸如SAS或SPSS这样的统计分析软件。

4. 利用基本的统计学方法分析一手数据和二手数据。

5. 通过进行结构化的调查(电话、书面、电脑辅助调查,面谈)为项目收集所需要的一手数据。

6. 为初级行政人员和临时员工分配工作。

资质

该职位的员工需具备的某学科的学术知识通常与其所完成的学士学位相关，或者等同于其教育和经验的结合，或者等同于已被证明的在某个社会科学领域进行初级水平调查研究的能力。

以上工作职责只包括那些进行适当的工作评估和劳动力市场分析所必须的主要职责，其他的职责可以由主管分配。

职位描述

职位名称：二级研究员
薪资等级：R02
报告对象：上级研究员

概述

二级研究员在上级研究员的指导下，完成社会科学调查项目中分配的工作：协助研究方法、数据收集工具的改进，并参与统计技巧的选择；收集数据并应用统计分析的标准方法；以书面形式报告研究发现。

主要职责

1. 综述并撰写研究资料或公共政策的关键性总结。

2. 进行调查（电话、书面的、计算机辅助和面谈）。负责进行参观访问，进行调查并且与当地官员或公民进行访谈。

3. 运用多元回归和因子分析等标准的统计技巧进行数据分析，通过所分析的数据得出结论。准备统计报告并进行数据展示。

4. 记录研究成果，协助撰写提案以及在出版物上发表论文，还可能被派去向客户展示成果。

5. 给研究助理和初级行政人员分配工作，并对其进行监督。

资质

该职位的员工需具备的某学科的学术知识通常与其达到的硕士学位相关(通常具有相关领域的学士学位)或者相当于其教育和日益增多的相关工作经验的结合。

工作职责只包括那些进行适当的工作评估和劳动力市场分析所必须的主要职责,其他的工作职责可以由主管分配。

职位描述

职位名称:一级研究员
薪资等级:R03
报告对象:高级研究人员

概述

通过与中心主管、高级研究员、首席研究员进行磋商,或在其监督之下,负责计划并独立执行一个社会科学研究项目的主要部分。通过与高级研究员磋商,设计研究方法,选择适当的研究方法或其他分析工具;能够构想并撰写提案;能够担任小项目的主要调查者和项目经理。

主要职责

1. 单独创立或参与参与创立研究主题、提案或研究设计。

2. 选择合适的统计方法来分析收集到的数据。

3. 监督并参与低级别研究员进行的数据的收集、分析;从政策的观点解读数据。

4. 进行现场参观访问,对当地官员进行访谈,并监督特定领域研究。

5. 在其职责范围内,控制研究项目的预算,并进行资源管理。可以监督级别较低的高级研究员。

6. 参与撰写最终报告并向客户展示成果。

资质

定量分析能力、分析能力和写作技能的结合；与该职位相关的丰富的知识；以及执行上述职责所需的社会政策研究经验；还有在某个学科的学术知识及研究经验，这通常与其所获得的博士学位有关。

工作职责只包括那些进行适当的工作评估和劳动力市场分析所必须的工作职责，其他的工作职责可以由主管分配。

从研究助理到二级研究员的晋升标准

那些晋升为二级研究员的人必须证明他们进行调查研究的能力，在质量上和完整性上达到硕士学位水平。他们所表现出来的水平应该超出对一名研究助理期待的水平。更重要的是，他们必须持续证明其在工作上有较高的独立性和首创性。不管该研究助理的工作是定量研究还是定性研究，这一要求都适用。通常，从研究助理晋升到二级研究员至少需要两年到两年半的工作经验。然而，鉴于实际中的特殊表现，这一标准可以缩短周期。

研究助理应该通过以下事情对研究项目做出实质性的贡献：(1) 确定分析问题的框架；(2) 确定相关方法和数据来源；(3) 组织数据收集的过程，并对其进行分析；(4) 阐释成果。

为了得到晋升，研究助理必须持续不断的证明其具备以下至少三项能力：

擅长利用 SAS 或 STATA 等统计分析软件处理并分析复杂数据；

至少对一个数据库或者项目软件有详细而透彻的了解（例如 CPS，SIPP，NASF）。作为这些领域的专家，该研究助理是其他研究员（获取这些领域的知识的）的资源。

良好的写作技能，通过对报告和论文做出高质量的贡献来证明。

在自己的研究领域有丰富的知识，包括对关键政策事件的理解力和将知识运用到研究的能力。

通过调查和访问，有效收集数据。例如，研究助理可能会成功地进行一次访谈，并综合访问中所收集到的信息，认定关键事件以及接下来的问题。

在与内部或外部同事共事时具有出色的沟通能力和良好的判断能力。

有效地指导新研究助理，包括对他们的培训。

从二级研究员晋升为一级研究员的标准

晋升为一级研究员的研究人员必须要证明其具有分析和写作技能、相关知识和社会政策研究经验这些综合能力，这通常与其所达到的博士学位有关。这些技能可以在更高级的研究员的监督下完成工作的过程中被证明。通常，要成为一级研究员，至少需要四年二级研究员的研究经验，但并不要求所有的这些经历都发生在城市研究所。二级研究员想要晋升的话，须满足以下五项业绩标准中的四项。

续表

1. 在研究项目的开发和设计方面担任重要角色

至少为一项提案、研究项目或者一个重大项目的重要部分设计方法和方法论。

研究设计或提案贡献应该能够证明其在社会科学研究的观念和方法上具有独立的专业知识。(尽管他们可能会牵涉到对现存方法论的应用问题,也可能有一位更高级的研究员作为一名顾问或贡献者参与其中)

2. 独立分析定性的信息或定量的数据

至少在一个重大研究项目中,对分析数据时所使用的统计技术或其他方法承担首要责任。已经被证明的通过经验分析整合结果和得出结论的能力。这些成就应该至少在一份书面提案、设计文件或研究报告中体现出来。

3. 独立著作或合著研究报告

作为唯一作者或合著者,至少应该有三个项目报告、期刊论文或书籍章节(详见UI关于作者资格的新政策)。这些出版物应该涉及不同的分析成果(而不是把同一分析成果以三种不同的形式出版),并且能够证明其在某领域和相关政策事件上的丰富的知识。对于那些拥有合著出版物的候选人,他在分析和写作上至少应该承担一部分或大部分的责任。

4. 管理研究项目的主要部分

在研究项目的执行和管理过程中,要具有创新精神,并与项目主管友好合作。

计划并管理研究活动,例如,数据收集,数据库开发或者统计分析。

至少管理一个受资助研究项目的日程表、预算、以及项目协调。

5. 向客户和外部观众展示研究方法和研究发现

至少有两次向客户进行展示的经验或者至少参加两次学术性或政策性的会议

对与外部客户或城市研究所的其他客户的沟通承担首要责任。

晋升为高级研究员的标准

那些晋升为高级研究员的人需多次证明,其进行研究的能力在完整性和创新性方面达到完成一份博士论文的水平。并且,他们通常还应达到以下四项中每项类别的最低要求:

出版物——在指定的期刊上,以独立作者的名义,至少发布两篇论文。

其他传播活动——两份广泛传播和备受关注的报告的主要作者,在指定的国家级会议上进行过六次研究论文展示。

资金筹募——在一段时间内(不超过两年),完成三个专业人员每年研究活动所需资金数量的募集。

管理——在不超过两年的一个时段里,完成三个专业人员每年研究项目的管理工作,包括对预算、员工、日程表、实际工作、外部关系的管理。

实际上,如果超出了一个类别的最低要求,而另一个类别的最低要求的不能满足,那么两者可以相互抵消。如果一个成果既属于出版物,又属于其他传播活动,那么这个成果只能两者之一。特殊经历(比如,作为项目主管或执业律师)如果相关的话也会作为衡量因素。

晋升为首席研究员的标准

成为首席研究员最基本的条件是在国内政策研究分析领域享有卓越的声望

这种声望可以通过一系列的研究成果来证明。

大量的出版物，包括在顶级期刊上的大量论文，大量的出版物作品，例如政策简报，书籍文稿和具有影响力的项目报告。

研究过程中的领导能力可以通过大量成功的、非常复杂的研究项目的创新及完成情况，以及指导低级别员工的能力来证明。

大量的资金募集记录，为巩固研究中心财政基础做出很大贡献。

如果不能满足全部标准的话，那么也期望首席研究员能够满足这些标准的大部分。除博士学历或其相等条件之外，首席研究员通常要求至少15年的研究经验。只有经过城市研究所 SRA/PRA 检查委员会慎重考虑之后，才能通过晋升或招聘程序成为首席研究员。

晋升为资深研究员的标准

资深研究员须因其在重大议题上的专业知识而在国内享有广泛的声誉，即在这些重大议题上，他们的观点、分析和评论受到公共政策界（包括学者、政治人物、新闻记者、私营个体或团体）的追捧。他们通常在公共的或私营机构担任重要的职位。不管是在各种各样的论坛中，还是在承受公众压力之下，他们都能证明自己与公共决策界互动的能力。例如，他们经常从事以下活动：

与媒体互动（经常在纸质出版物、地方和国家电台或电视上出现）

在高质量的论坛和聚会上针对广泛的公共政策——而不仅仅是学术会议上发言。

为主流报纸撰写大量的文章，例如社论或者为国家新闻媒体撰写文章（例如主流报纸，大西洋月刊，哈帕斯等）。

在政府、私营机构委员会、重大的咨询组或顾问委员会任职（或曾经在其任职）。

出席国会听证会。

资深研究员将会负责筹集资金来支持其单位的活动，从而实现研究员的使命。城市研究所总裁拥有任命资深研究员的自由量裁权。

3. 绩效评估政策与表格

城市研究所

人事政策与流程 109 条
日期:2000.7.14
(该版本取代 1995.9.10 生效的版本)
经城市研究所总裁批准

主题

绩效评估

政策

在智库中,员工的绩效评估是一项持续性的管理活动。主管人员应该随时与员们就其工作进展情况进行沟通,让其了解智库对他们寄予的期望以及评估标准,这些活动应该贯穿于每一年的管理活动中。如果哪位员工的工作表现出现严重问题,那么主管人员应该与该员工进行面对面的咨询与沟通,以免这些问题影响员工的年度绩效考核。

在通常情况下,每年秋季智库会对正式员工会进行一次正式考核。这次考核需要一份书面的自我评估和一份主管评估,然后还会有一个绩效评估讨论会。

年度考核的目的是对员工某阶段的工作业绩进行评估和记录,该阶段通常指的是继去年评估日期或聘用日期后的这段时间。通过年度考核,可以指出员工需要改进的地方,并帮助其明确未来规划、工作目标和培训需求。因为绩效评估会影响到薪资调整、调任、升迁以及其他一些人事管理活动,所以评估应该是开诚布公的、客观的和明确的,而且评估标准只能与工作相关。

如果员工被雇用或调任时间、主管的调任或离职时间与年度考核周期发生冲突,那就需要在评估周期外设一个临时评估,下文会对这一部分进行详细论述。不过,这个临时评估也需要员工提交一份书面评价,而且对完成书面评价的时间还有具体要求,新雇用的非豁免员工要在被雇用后的第 3 个月底前提交，豁免员工则是在被雇用后的第6个月底前。

流程

年度绩效考核

人事部门将会提供绩效评估表格、填写说明，并规定完成时间。绩效评估表格的内容包含两个部分，分别是员工填写的自我评价以及上级主管对该员工的评估。在召开评估讨论会之前，人事部门会提前将评估表格分发到个人手里。员工要在人事部门规定的时间内将完成的自我评价表上交给主管。

主管负责对员工的自我评价进行审核，并针对该员工在过去12个月的工作表现书写一份评估。主管可以向其他人咨询被评估者的相关情况，比如员工所在项目组的具体负责人，以及在日常工作中对员工进行指导和监督的管理人员，然后主管应该对这些人的评价进行总结并将其写进评估表里。此外，针对员工在自我评价中反映的问题，主管在填写评估表时应该对这些问题有所回应。主管填写的评估表至少要在绩效评估讨论会的前24小时回馈给员工，使其有时间进行自我检查。

绩效评估讨论会的主题不仅应该包括员工在自我评价中阐述的问题，而且还应该包括评估者对员工工作表现的评价。在评估讨论会结束时，评估表必须由员工、评估者(主管)、中心或办公室主任(如果它和主管不是同一职位)共同签署。员工一旦签署了评估表，就表明他已经阅读并参与讨论了评估内容。但是，员工的签名并不意味着他对评估结果表示同意。如果员工对评估结果有不同意见，他可以另提一份报告表明观点，这份报告将由其主管转交给人事部门，并会和其他书面评估材料一起归入其个人档案。

人事部门负责对收回的评估表进行审查，在评估表归入人事档案之前，应该由人事主管签署，如果时间合适的话，还可以加上高级副总裁的签署。

非豁免员工的3个月试用期

非豁免员工被雇用的前3个月为试用期。如果在这段时间内他们的工作表现差强人意，主管随时可以提议终止雇佣关系，而且不用遵循《人事政策与流程》第 112 条的相关规定。主管应该至少提前一个星期向员工下达解雇通知。

如有特殊原因,中心或办公室主任可以向人事部门主管提出书面申请来延长试用期。主管必须以书面的形式告知员工试用期延长的决定以及相应的要求。

对新员工的初步评估

智库对新员工的工作表现会进行一个初步评估。评估非豁免员工的时间不能早于雇用后的第 2 个月也不能晚于第 3 个月,对豁免员工来说,则主要针对其前六个月的工作表现进行评估。

对职位变动的员工进行绩效评估

在员工的调任通知生效之前,如果距离上一次评估已经超过了 6 个月,那么人事部门会要求当前主管准备一份对该员工的绩效评估。这是为了让新主管在接收该员工时能对他以往的工作表现有所了解。

主管的变更

当主管因为合同到期而离任,或者是从中心或办公室调任离开,如果距离上次评估已经超过了 6 个月,那么他在离职前应该为每一个受其监管的员工准备一份绩效评估。

城市研究所
年度绩效评估
(第一部分)员工自我评价

员工姓名　　　　　　　　　　　　　　　　工作职位
中　　心　　　　　　　　　　　　　　　　工作时期

(如果空间不足请另附纸张)

1. 列出你在评估周期的主要成就:研究人员可写的内容包括数据收集和分析、文献综述、研究报告或出版物、项目提案,以及资金筹集活动、特殊的对外活动(演讲、听证会、发布会)、特殊的对内活动(委员会活动、演示报告、员工培训)。行政人员及计算机辅助人员可些的内容包括为所在部门提高工作效率和业绩做出的贡献,诸如参与委员会、演示报告等特殊活动。

2. 在过去的一年里,你是否实现了自己的目标以及主管为你设定的目

标？（请阐述说明）

3. 在这段时间内，你是否承担了新的责任或是扩大了监管责任？如果是，你是怎样履行这些新职责的？如果你是研究人员，你的研究水平提高了吗？如果是，你是怎样做到的呢？

4. 掌握一些新技能不仅有助于提高岗位技能，而且有助于为履行新职能做好准备。那么你最近是否学到了与工作相关的新技能或参加了相关培训课程？如果是，请详细说明。

5. 如果你在过去的一年里负责预算管理和项目管理，那么你是否在预算内按时完成了项目？请解释说明。

6. 对于那些在你监督范围内的员工，你在向他们强调职业发展的重要性时都采取了哪些步骤？（本条仅针对有监管职责的人员——其他人员请标注 N/A）

7. 请说出你希望在哪些地方提升自己的工作表现，以及在接下来的一年内希望实现的目标。

8. 主管（们）可以通过什么方法帮助你提高工作绩效或实现目标？如果有，请选择：

□制定更明确的工作要求

□更频繁地提供反馈信息

□设置更合理的截止日期

□提供额外的资源，比如：

□其他（具体）：________

9. 关于工作的其他方面，有没有哪些是你想在评估期间进行讨论的？如果有，请详细说明。

10. 在这个评估周期内，还有其他人对你工作进行指导吗？如果有，请列出他们的名字并对其所作工作进行简单描述。

注：研究人员应该在这份自我评价表后附上一份最新的简历。

员工签名：________ 日期：________

城市研究所

年度绩效评估

（第二部分）主管对员工的评估

员工姓名：	工作职位：
中　　心：	工作时期：

（如果空间不足请另附纸张）

A. 对员工提交的自我评价表做出评价，并对员工遗漏的重要情况进行补充说明。如果你对员工的评估情况与员工的自我评价存在不一致的地方，请解释说明。

B. 对员工在自我评价中提到的未来一年的目标进行评价，并补充你为员工制定的其他目标。如果你对员工自己设定的目标存在不同意见，请解释说明。

C. 指出员工在工作中的强项，并用实例介绍员工的模范事迹或杰出表现。

D. 指出员工需要改进的地方，并说明你打算用什么方法帮助员工做到这一点。

下面的问题涉及长远的工作计划和员工的职业发展问题，以往的年度工作绩效考核并不包含这些内容。我们可以把这部分看作探讨员工长期职业发展的一个基础。

E. 至少提出一条可以帮助员工提高业绩、增强技能或增加晋升机会的建议。

F. 绩效影响因素评级：下文对员工的能力水平划分了不同的等级，而且每个等级都有相应的定义解释和字母符号。在表格中我们列出了影响员工绩效的若干基本要素，请在每一项影响因素下选择相应的能力级别。

E(exceptional)突出水平：员工能以榜样的标准完成岗位职责要求，其完成的工作常常超出规定的工作范围和预期水平，从而增加了岗位工作的广度和深度。注：即使业绩最好的员工也不能一直保持这种模范作风。＊引用具体的例子。

S(superior)优秀水平：员工的工作表现能够满足所有的绩效考核标准，

并且在某些考核标准方面远远超出了规定的要求。*引用具体的例子

F(fully successful)完全称职:员工能够满足所有的标准要求,并且始终能达到智库对其寄予的最高期望。

I(improvement required)需要改进:员工有一个或者多个工作要求或目标没有完成,为了充分满足工作要求,他的工作必须有所改善。鉴于某些因素,那些仍在熟悉工作岗位的新员工可能会被列入这个级别。*列举具体的例子说明哪里需要改进,并提供相应计划。

D(serious deficiency)在工作方法或已完成的工作中存在严重问题:为了满足工作要求,其工作需要做出很大的改进。*选择这个级别时一定要慎重,除非存在特殊情况,否则主管必须给出充分地解释与说明。主管在与员工进行面对面会谈时,必须就这一问题进行讨论。依据城市研究所(UI)第112条政策——解决失职问题的规定,如果出现了这种情况,会给严重失职的员工发出一份书面警告。

CA=无法评估　　　　NA=不适用

针对所有员工:

影响绩效的基本因素

1. 工作质量/内容、准确性、进展情况、完成情况、创造性:

□E*　□S*　□F*　□I*　□D*　□CA　□NA

2. 生产能力/高质量工作成果的数量:

□E*　□S*　□F*　□I*　□D*　□CA　□NA

3. 组织能力和时效性/高效地计划和组织工作;及时地完成工作:

□E*　□S*　□F*　□I*　□D*　□CA　□NA

4. 技术技能/开展技术性工作的能力(请具体*):

□E*　□S*　□F*　□I*　□D*　□CA　□NA

5. 主动性/做事主动的人;在没有详细指示的情况下也能很好地开展工作:

□E*　□S*　□F*　□I*　□D*　□CA　□NA

6. 解决问题的能力/预测或识别相关问题,提出或运用解决方案:

□E*　□S*　□F*　□I*　□D*　□CA　□NA

7. 写作技能/能写出简洁的、可读的书面材料：

□E＊　□S＊　□F＊　□I＊　□D＊　□CA　□NA

8. 口头交流能力/能清晰地、准确地通过及时而专业的方式传递或表达信息：

□E＊　□S＊　□F＊　□I＊　□D＊　□CA　□NA

9. 灵活性/能很好地适应工作和环境的变化；能轻松地适应与新同事的相处，能接受新想法和规章制度：

□E＊　□S＊　□F＊　□I＊　□D＊　□CA　□NA

10. 人际交往能力/有积极的工作态度，并能通过与他人合作提高团队绩效：

□E＊　□S＊　□F＊　□I＊　□D＊　□CA　□NA

11. 工作习惯/出勤率和时间观念：

□E＊　□S＊　□F＊　□I＊　□D＊　□CA　□NA

仅针对研究人员：

12. 政策解读能力/掌握与政治议题相关的知识并能将其运用到研究活动中，反之亦然：

□E＊　□S＊　□F＊　□I＊　□D＊　□CA　□NA

13. 方案设计能力/起草和设计研究计划的能力：Conceptual Ability

□E＊　□S＊　□F＊　□I＊　□D＊　□CA　□NA

14. 参与专业活动的数量/在专业会议上作的演讲、在专业期刊上发表的论文、简报、证词等：

□E＊　□S＊　□F＊　□I＊　□D＊　□CA　□NA

15. 筹集研究资金的能力：

□E＊　□S＊　□F＊　□I＊　□D＊　□CA　□NA

针对主管和管理者：

16. 管理技能（supervisory skills）/制定及时的、有效的决策，向员工提出具有建设意义的反馈意见，开发员工的潜能，恰当地解决员工在工作中存在的问题，合理配置人力资源，确保员工知晓智库的政策、实践和目标：

□E＊　□S＊　□F＊　□I＊　□D＊　□CA　□NA

17. 财务管理/有效地利用财务资源并将其控制在预算之内：

□E＊　□S＊　□F＊　□I＊　□D＊　□CA　□NA

18. 遵守城市研究所的人事政策与流程/将本部门的管理目标与整个智库的管理目标结合起来：

□E＊　□S＊　□F＊　□I＊　□D＊　□CA　□NA

19. 遵守智库的反歧视行动计划（Affirmative Action Program）/定期召开会议，确保员工之间能够互相交流，共同制定目标；在进行人员招聘和升迁时要多考虑弱势群体：

□E＊　□S＊　□F＊　□I＊　□D＊　□CA　□NA

G. 基于以上所有评估内容，你对这位员工工作表现的整体评价是什么？

附加说明：

签名：

评估主管：________　日期：________

（如果不同于中心/办公室主任）

中心/办公室主任：________　日期：________

员工签名：＊________　评估讨论会日期：________

（签名表明员工已经阅读过本评估内容）

执行/人事部门审查：

签名：________　日期：________

4. 薪酬管理政策

城市研究所 人事政策和流程第 108 条
日期:1997.10.17
(该版本取代 1983.9.9 生效的版本)
主题 经戈勒姆·W 批准

薪酬管理

政策

城市研究所进行薪酬管理的目标是为了吸引、留住员工,刺激员工数量和规模的增长,以确保有足够的人力来完成工作目标。为了实现这个目的,研究所为工作等级构建了一个逻辑框架,这个工作等级与薪酬区间有着直接的关系,研究所根据员工工作的性质和等级支付相应的报酬,为员工提供发展机会。

在设计薪酬结构时,各个级别的薪酬范围要始终与研究所的财务状况保持一致。在研究所内部,薪酬级别的设定要注重公平性,与其他雇主相比,薪酬水平还要保持一定的竞争力。给员工评定薪酬级别是评估和奖励单个员工的一个有效的方法。

研究所力求其薪酬管理政策符合联邦政府和哥伦比亚地区的相关法律。这样一来,一方面能够使员工通过薪酬管理政策了解相关的赔偿事宜,另一方面也能够保护其他员工薪酬信息的机密性。

研究所在制定薪酬政策时只考虑与工作相关的因素,并不会因为员工在种族、肤色、年龄、性取向、宗教、国籍、残疾、录取高校、退伍军人身份、婚姻状态、个人外貌、家庭责任或是政治关系方面的不同而区别对待。

定义

岗位:分配给员工的工作,包括责任和任务。研究所的岗位数量至少应该和员工数量保持一致。

职位:就是同一类岗位的集合,在这类岗位上,员工们从事工作的性质和水平在本质上是一样的。每个职位都有一个头衔、分类和一个对应的级别。

职位描述:每个职位都有一个关于主要责任、任务和职位级别的正式描述。但是,它并不会把全部的职责都详尽地列举出来。

职位描述问卷:是由员工填写的一份问卷,它对工作任务进行了说明,并列出了圆满完成任务所需要的技巧和能力,这份问卷最终要交给主管进行审查。该问卷为人事部门进行员工评估、岗位分类、更新职位描述提供了一个良好的基础。

职位评估:在这个过程中,研究所会对每一个职位进行级别评定、分类,并为其确定相应的薪酬级别。

薪酬级别:将难易程度、责任大小相似的一组职位划为一类,并为其设定相近的工资水平,尽管此类职位要求的技能、知识以及工作内容是不同的。

薪酬范围:在各个薪酬级别中,工资金额最小值与最大值的区间。

薪酬结构:由与各个职位类别相匹配的薪酬级别和薪酬范围构成的层级结构。

职位类别与薪酬结构

研究所为各类员工划分了相应的职位类别和薪酬结构:

研究人员(第 R01—R05 等级)

行政管理人员(第 A01—A08 等级)

计算机辅助人员(第 C01—C05 等级)

研究所会评估每个职位对研究所的相对价值,并参考其他机构类似职位的报酬,然后在此基础上为每个职位设定恰当的薪酬级别。人事部门利用因素计点法评估行政管理层级的各个职位。根据标准的行业分类法,对研究或计算机辅助岗位划分职位等级。

人事部门会根据薪酬级别为每个职位赋予合适的头衔,并为之作出一个标准的职位描述。(参见《人事政策与流程》第 101 条:创建职位)

根据美国《公平劳动标准法》对加班的有关规定，一份工作要么是豁免的，要么是非豁免的。（参见《人事政策与流程》第100条：工作时间与加班）

对薪酬变动的年度审查

在每年的11月份，人事部门通常会比较竞争者（即各种劳动力市场中的其他雇用单位）的薪酬等级，从而重新审视上面三类职位的薪酬范围。人事部门主任根据现有的调查报告或亲自开展市场调查，建议高级副总裁对薪酬结构进行必要的调整以保持竞争力。如果建议可行，既符合劳动力市场现状，又不会直接增加智库成本，那么高级副总裁会批准这样的调整建议。

这个过程和个人工资的调整是分别进行的。

对个人工资的年度考核

提高工资预算：每年秋季，人事部门都会向中心或办公室主任提供员工以往的薪资情况作为调薪的参考。在研究所召开秋季董事会会议之前，高级副总裁和/或人事部门主任将会与中心和办公室主任商讨员工配置情况，并会根据当前可获得的具有竞争力的劳动力市场数据，为工资年度审查提供一个参考性的加薪预算。经过与董事会的磋商，高级副总裁会向董事长提出加薪建议，此建议最终由董事长负责批准。

工资审查委员会：工资审查委员会由高级副总裁、副总裁兼总监、所有中心的主任、两个由高级副总裁任命的办公室主任、人事部门主任组成。工资审查委员会的职能是保证工资审查过程和工资调整的一致性和公平性。中心/办公室主任级别以下的所有员工的加薪和晋升都要接受委员会的审查。

加薪建议：高级副总裁至少应该在中心或办公室主任制定加薪建议书的前三周，向全体员工发布一个通告，提出年度审查的指导方针。通告的内容应该包括审查标准、董事会批准的工资预算、工资增长的平均比例、提交加薪建议书的时间表。中心和办公室主任会根据员工个人的工作表现、职位级别、薪酬级别制定加薪建议书。如果哪一条建议提出的工资增长量明显高于或低于往年工资的平均增长量，那么主任需要对此作出简短的书面解释。在委员会正式批准建议书之前，主管绝对不能与员工交流工资调整数额，因为有时为了保证公平或其他原因还需要对最初的建议书进行调整。

工资审查委员会的决议：中心和办公室主任的加薪建议书会经由人事部门主任送达工资审查委员会。人事部门将会对建议书进行审查，以便与最新的工作评估、研究所反歧视行动计划的目标保持一致，并确认加薪后的工资不会超出规定的薪酬范围。人事部门将会为工资审查委员会提供必要信息以便其作出公平、公正的决定。工资审查委员会的建议应该由董事长或其委任的人员进行审阅和批准。董事会批准的加薪后的工资水平不能不低于联邦政府 ES－4 这一级别。由于加薪建议提交后并不能马上得到批准，可能要等到 11 月份的工资审查委员会会议之后，所以会补发 1 月 1 日至批准日期之间工资调整前后的差额。

通知员工：人事部门会挑选合适的中心或办公室主任向每一个即将加薪的员工发出通知。另外，如果中心/办公室主任的加薪建议被否定或被调整了，人事部门主任会对此作出解释。中心和办公室主任也会向其他员工说明他们没有得到加薪的原因。

工资调整申请：希望加薪的员工应该通过相关中心或办公室主任、人事部门主任向工资审查委员会提出申请。申请必须为书面形式，而且要解释为什么他认为工资审查委员会的现有决议需要调整。考虑到年度工资审查的时间安排，委员会只在发布通告之前受理书面的加薪申请。委员会在斟酌申请书之后，会向总裁提供建议以便其做出最终决定。申请一旦被批准，那么相应的工资调整将从本年 1 月 1 日开始算起。

个人工资的年中审查

有些员工因为聘用时间不符合参与年度审查的要求，还有些员工的主管决定将其工资审查延迟到年中，所以工资审查委员会会在每年 6 月份召开会议，讨论在这两种特殊情况下的加薪建议。对那些适合进行年中审查的研究助理来说，审查委员会也会负责审查提高其工资的建议。除了不用向全体员工发布通告，年中审查中制定加薪建议书的过程与年度审查中的过程是一样的。在制定加薪建议书之前，中心和办公室主任可能会单独与人事主任见面，讨论当前劳动力市场的现状以及内部公平的问题。

新员工的起薪

中心和办公室主任可能会向人事部门主任提出与雇用新员工相关的建

议，但是在招聘时只有人事部门主任有权提供一个正式的雇用工资，或授权智库其他员工提供一个口头工资。起薪的设定不能低于该职位所属薪酬范围的最小值，也不能超出最大值。

人事部门主任在为豁免和非豁免员工的起薪设定提供建议时，要考虑内部公平和外部劳动力市场的，而且可能会同意其工资水平不得高于研究助理I(R03)级(计算机服务岗位的员工为C03级；行政管理岗为A07级)。其他的底薪设定，或者当中心/办公室主任与人事主任对底薪设定有不同意见时，都需要得到高级副总裁的批准。

新员工第一次工资审查时间的设置

研究助理外的所有员工——一般来说，在1月1日至7月31日期间被雇用的员工将会有资格参与1月1日进行的工资调整，这也是年度工资审查的一部分。

在8月1日至10月31日期间被雇用的员工或许也具有参与工资调整的资格，但是这取决于中心或办公室主任的判断。或者，中心或办公室主任也可以将这些员工的工资审查推迟到年中进行。在11月1日至12月31日期间被雇用的员工虽然没有资格参与1月1日的工资调整，但是他们的起薪将会反映出工资调整情况。在来年工资年度审查中，这些员工将会有资格参加1月1日的工资调整。

对有定期任务的固定员工来说，他们的工资会根据任务持续的时间来设定。如果这段时间被延长了或发生了变化，届时也会对新期限内的工资进行相应的调整。如果该员工的职位状态仍是固定员工，而且不再受具体的时间限制，那么可能需要立即对工资进行调整或者延迟到下一个年度审查周期再做调整。这样一来，不管员工的任务是否受时间限制，他们都将有机会参与年度审查周期内的工资调整。

研究助理——除了上文概述的常规的工资审查以外，研究助理还要接受一个审查周期为6个月的年中审查。因为工资审查委员会只在一年中的特定时间召开会议审查工资调整建议，所以实际加薪生效日期可能在加薪建议批准之前。在这种情况下，工资增长日期需要回溯到实际加薪生效日期(在充当6个月的固定的全职或兼职研究员之后，领取全薪的第一天)。

在年中加薪审查之后，研究助理将顺势进入下一次工资审查周期（年中或1月1日，这取决于距离上一次审查的时间长度）和其后的年度审查周期。

非常规加薪情况

实践证明，一年中除了年度审查，可能还会有临时加薪的情况。比如通过晋升途径填补职位空缺，或者当员工收到其他机构的岗位邀请时，研究所会通过加薪防止员工流失。在这些情况下，加薪一经批准立即生效。

降薪

在某些情况下，员工会申请调到一个薪酬级别较低的空缺岗位，例如，工作时间安排需要、员工的责任范围缩小或责任的难度降低、因机构调整而导致其原岗位被取消、员工职业路径的改变，或者其他原因。在这些情况下，将会在新岗位所属的薪酬范围内设定员工工资，其工资水平将参考同级别中那些与他有着相似工作职责和绩效表现的员工。人事部门主任与相关中心/办公室主任磋商后，会建议一个恰当的工资级别，该建议需要得到高级副总裁的批准。

晋升

如果员工填补了一个更高工资级别的空缺岗位，那么就意味着他获得了晋升。晋升后的加薪是以该员工工作表现以及新岗位所属薪酬范围为基础的。加薪会在晋升之后的发薪周期的第一天开始生效，除非有其他规定。

薪酬级别的重新分类

当人事部门对员工的当前岗位重新进行评估时，或者完成工作所要求的职责和技能的水平发生了明显的重大变化，就需要对薪酬级别进行重新分类。如果重新分类促使岗位上升到更高薪酬级别，那么这种情况就被看作晋升。对职位进行重新评估也可能会导致岗位头衔的改变（薪酬级别不变），也可能不会引起岗位的重新分类。通常在年度工资审查周期会受理薪酬级别重新分类的申请，而且任何因为重新分类导致的工资调整将会在1月1日生效。

重新分类的请求可能由主管提出，也可能是员工通过主管提出，该申请必须有大量证据证明在以下方面发生了重要的、持续的变化：个人工作的独立程度、个人的判断水平、执行任务的困难程度、个人的监管责任。工作任务数量的变化或者监管员工数量的变化都不能单独作为职位重新分类的理由。

行政管理人员和计算机服务人员薪酬级别重新分类的流程：员工要完成一份职位描述问卷，这份问卷可以从人事部门获取。主管将会审阅员工填写的问卷，并完成表格中需要自己填写的部分，然后将问卷与其他参考数据提交给人事部门主任，同时还要提交一份薪酬级别重新分类的书面申请。

人事部门将会针对现有的职位描述准备问卷，并准备其他所需数据以便为岗位确定恰当的分类。如果需要的话，人事主任将会向高级副总裁建议设立一个新的职位头衔、岗位分类和薪酬级别。这些决定应该由主管告知员工。

研究人员薪酬级别重新分类的流程：如果一个研究员在一定时期内常常表现出更高水平的独立性和能力，而且远远超出了智库对这一级别员工的预期，那么中心主任可能会推荐其晋升。中心主任必须提交一个晋升申请表(可从人事部门获得)或一份书面建议书，建议书要用实例证明该员工的工作水平已超出了对这一级别工作水平的预期。员工最新的简历、近期书面作品应该和建议书一起上交。一般会在年度工资审查周期内受理晋升申请。人事部门主任将会审核建议书以确保其和最新绩效评估情况之间的完整性和一致性，并将其提交给工资审查委员会来做决定。员工会通过主管获知决定的最终情况。

附录 B 培训研讨会实例

莫斯科城市经济研究所接受美国国际开发署为俄罗斯地方政府提供技术援助,来增加社会救助、提供社会服务。美国城市研究所的伯顿·里奇曼对城市经济研究所的该技术援助项目组成员进行培训。附录 B 就是基于伯顿·里奇曼的一次 PPT 演讲之上的。因此,第一部分涉及与地方政府合作。第二个部分涉及旨在提供技术援助的智库的常规工作内容。

因捐赠机构要求为市政府提供技术援助

第一部分 服务客户

市政府参与项目的动机
· 获得改善运营的资金 · 接受培训、开展项目 · 获得职业资格证书、扩大声誉

与行政部门接洽商谈——需要注意什么
· 提出成熟的观点 · 展现自身能力 · 展现工作风格 · 重视行政部门提出的问题 · 不要轻易承诺——坚持自己的日程安排 · 不要急于改善经营管理

与合作伙伴合作——基本准则
·态度 ·先解决他人的问题 ·清楚自身工作内容,以及如何开展工作 ·做出响应 ·给予充分时间 ·提供必要的资料——产品样本文档、图表等 ·“时刻准备着”——寻根问底,彻底了解情况,然后提供具体的建议 ·不要提供“放之四海而皆准”的建议 ·明确需要改变的地方: 不要对发现的问题立即做出回应 和团队其他成员讨论有关改变的想法 提出具体性、针对性的建议,使其有用

信任关系
·形成一段你信赖的关系是至关重要的

第二部分:“需求驱动”的技术援助

含义
·不要与那些对项目不感兴趣的城市合作,因为他们不太可能成为很好的合作伙伴 ·从超出预期数量的客户开展工作 ·把任务分配给合作伙伴,与合作伙伴共同决策 ·要有耐心,不要太苛刻。恰当的时候,减少城市的工作量,但与其保持联系,并观察其是否会增加兴趣

处理多个项目
·合理安排自己的时间 ·制定一个详细的计划 ·在落后时寻求帮助 ·设置问题的优先级或者知道轻重点 ·使用任何可用的工具

在预算范围内工作
·知晓各种业务活动的预算 ·在预算范围内工作 ·警报管理,以防患于未然

数据怀疑论

- 未证实之前不要轻易相信客户端的数据
- 仔细检查
- 寻找异常
- 确保所有条款都有明文规定

附录C 政策分析课程大纲

该大纲是来自于美国城市研究所和城市经济研究所共同制定的课程中的。到2005年为止，在俄罗斯的12个城市中，市政官员、非政府组织人员、智库、波斯尼亚和黑塞哥维那的政府官员、吉尔吉斯斯坦共和国的政府官员和非政府组织的宣传工作人员，都已学习了该课程。本课程的教科书是《制定有效的政策分析：提升转型经济体实力》，这本书是由克里斯廷·莫尔斯和雷蒙德·J·斯特鲁伊克共同编著的(美国科罗拉多州博尔德：林恩林纳出版社，2006)。

讲习班1：关于公共项目和补贴的重要观点

	分钟	主题	主持人
第一天			
9:00—9:30	30	介绍主持人、与会者、IUE、UI	
9:30—10:00	30	课程概括	
10:00—10:30	30	练习1、政策行为类型	
10:30—10:45	15	休息	
10:45—11:45	60	目标	
11:45—12:30	45	练习2、目标	
12:30—1:30	60	午餐	
1:30—2:00	30	补贴类型	
2:00—2:45	45	练习3、分析代替补贴类型的社会资助	
2:45—3:00	15	休息	
3:00—3:45	45	补助金：效益核算	
3:45—4:15	30	练习4：不同补助金的效益核算	
4:15—4:30	15	总结第一天课程，概览第二天课程	

续表

	分钟	主题	主持人
第二天			
9:00—9:20	20	介绍政策分析	
9:20—9:40	20	股东分析	
9:40—10:40	60	练习 5:股东分析(三个部分)	
10:40—10:55	15	休息	
10:55—12:00	65	政策分析:彼尔姆六步流程实例 练习简介	
12:00—1:00	60	练习 6:政策分析,持续性的—阿尔扎马斯和军事案例研究	
1:00—2:00	60	午餐	
2:00—2:45	45	练习 6:政策分析,持续性的—阿尔扎马斯和军事案例研究(个人展示或讨论)	
2:45—3:30	45	测试	
3:30—3:45	15	评价/作业	
3:45—4:00	15	总结第一次讲习班,展望第二次讲习班	

讲习班 2:提高公众服务效率

	分钟	主题	主讲人
第 天			
9:00—9:20	20	第一次讲习班的问题,交作业 介绍第二次讲习班	
9:20—9:40	20	公共需求/政府在市场经济中的角色	
9:40—10:00	20	公众领域的财政支出	
10:00—10:30	30	练习 1:政府职能和责任	
10:30—10:45	15	休息	
10:45—11:05	20	税收权利	
11:05—11:50	45	行使政府职能的多种选择	
11:50—12:30	40	练习 2:政府职能的正确选择	
12:30—1:00	30	介绍竞争性采购/最新的经验	

续表

	分钟	主题	主讲人
1:00—2:00	60	午餐	
2:00—2:20	20	继续介绍竞争性采购/最新的经验	
2:20—2:50	30	个人展示(按照第一次讲习班的分配安排进行)	
2:50—3:05	15	休息	
3:05—3:50	45	成功的外包:六个步骤	
3:50—4:15	25	经验教训	
4:15—4:25	10	总结第一天内容,概览第二天内容	
第二天			
9:00—9:20	20	回顾外包/进行练习	
9:20—10:30	70	练习3:签订合约——做好竞争准备并提出建议要求	
10:30—10:45	15	休息	
10:45—11:30	45	练习签订合约:提出建议	
11:30—12:30	60	练习签订合约:介绍和评价——住房	
12:30—1:30	60	午餐	
1:30—2:30	60	练习签订合约:介绍和评价:社会服务	
2:30—2:45	15	休息	
2:45—3:15	30	练习签订合约:监测(小组讨论)	
3:15—3:30	15	总结第二次讲习班,概览第三次讲习班	
3:30—4:15	45	测试/作业/评价	

讲习班3:项目监测和评估

	分钟	主题	主讲人
第一天			
9:00—9:15	15	第二次讲习班问题,交作业介绍第三次讲习班项目	
9:15—9:25	10	建模	
9:25—9:50	25	练习1:项目建模	

续表

	分钟	主题	主讲人
9:50—10:05	15	监测	
10:05—10:35	30	练习 2:评估监测指标	
10:35—10:50	15	休息	
10:50—11:30	40	收集监测数据	
11:30—12:00	30	练习 3:创建一个逻辑框架	
12:00—12:15	15	关键数据评估,问题/检查数据	
12:15—12:30	15	练习 4:检查监测数据	
12:30—1:00	30	关键数据评估和分析	
1:00—2:00	60	午餐	
2:00—2:15	15	关键数据评估和分析	
2:15—2:40	25	练习 5:将数据转变成有用信息	
2:40—3:05	25	简介项目评估	
3:05—3:25	20	简介项目评估 第一部:评估设计	
3:25—4:10	45	练习 6:阿尔扎马斯学校午餐项目的评估设计	
第二天			
9:00—9:35	35	进行过程评价 第二步:数据收集 第三步:数据分析	
9:35—9:45	10	进行过程评价 第四步:获取以往评价	
9:45—10:15	30	房屋津贴评价实例	
10:15—10:45	30	练习 7:评估实例	
10:45—11:00	15	休息	
11:00—11:45	45	继续练习 7:评估实例	
11:45—12:05	20	作业展示	
12:05—12:50	45	测试/作业/评价	
12:50—1:00	10	总结	
1:00—2:00	60	午餐	

讲习班 4:制定政策建议

	分钟	主题	主讲人
第一天			
9:00—9:15	15	第三次讲习班的问题,交作业 介绍第四次讲习班	
9:15—9:25	10	强有力/弱势的政策建议	
9:25—10:25	60	课堂讨论:政策建议的实例	
10:25—10:40	15	休息	
10:40—11:00	20	如何撰写政策建议 政策分析的评论/重要概念	
11:00—11:15	15	政策建议的结构 建议的类型	
11:15—1:00	105	练习:政策问题 每个案例大约需要一个半小时的时间,包括展示的时间。 在规定时间内完成	
第二天			
	90+	练习:政策问题 每个案例大约需要一个半小时的时间,包括展示的时间。 至少完成一个案例(成员独自完成)可以优先测试	
	60	测试	
	15	评估 选择:增加时间让成员完成未做的测试。 毕业典礼 庆典	

附录D 城市经济研究所的质量控制政策

已批准的条例

城市经济研究所总裁
2000.05.30
娜杰日达·B·卡萨日瓦

对外发文和出版物的质量控制

总则

这些规章制度规定了一些程序，由IUE职员作为工作义务（成果）的一部分进行制定，用于对向外宣传的文件和出版物实行质量控制。应该遵循质量控制程序的成果清单详见附件1。

部门领导应该对这个部门所有对外宣传的资料（包括那些不在规章制度管理范围但是作为IUE成果对外宣传的资料[①]）的质量负责并且要确保这些资料符合这些条例的要求。

这些规章制度应该包含两种类型的内部审核程序（质量控制）：完整的内部审核程序和简洁的内部审核程序。

在这些规章制度上发布的关于时间行程的控制应该由“信息和出版中心”的领导来进行。

作者、作者所属部门的领导以及审核人员应该对最终产品的质量负责。

遵循内部审核程序向部门领导提交资料，申请领导的批准，意味着给雇

① 例如，当地媒体报道的文章等等。

主提交产品。

有时候已经给"信息和出版中心"交付了资料，钱也已经花费在资料研发和资料外部宣传上，但是又需要对资料进行调整。为了应对这种情况，部门领导应该写一份备注发送给 IUE 的总裁(同时也给财务总监发送一份复印件)。

完整的内部审核程序

根据组织内部完整的审核程序，应该依照作者所属部门领导对审核人员的提名，在 IUE 每周的部门领导会议上对其进行任命，审核人员要对每个具体的外发产品执行一套完整的质量控制程序。

作者至少应该在向"信息和出版中心"提交的最终日期前四周把资料上交审核，并且由该作者对资料的完整性负责。资料的完整性指的是以下部分：

- 封面(作者，名字，出版年份)
- 扉页(摘要)
- 目录
- 参考资料(如果有的话)
- 附件(如果有的话)

审核人员应该按照发布的这些条例在两周内完成审核，并且把材料和审核意见以及附信(详见附件 2)一起送还给作者。

如果审稿人决定资料保持原稿发布，作者把资料提交给部门领导并拿到批准之后，再把资料、审核意见原件的复印件和附信一起提交给"信息和出版中心"。

如果审稿人建议对资料做出修改，作者在两周内按照审核意见上的建议进行修改后，接下来作者要再次上交资料进行再审(重复前面所述的程序)。每一次的审核程序都应该在附信中进行说明。

简短的机构内部审核程序

根据简短的内部审核程序，作者所属部门的领导应该准备一个关于审核人员任命建议的便签交给 IUE 的董事长或总裁，或执行总裁(附件 3)。之后领导可能会根据这个建议，在各部门领导的会议上任命审核人员(和前文所述一样)。

在各部门领导的会议上,领导给任命建议的便签签字并且确定审核人员后,作者应该把资料交给审核人员。审核人员应该根据下文列出的要求在三天内对资料进行审核,并且把资料连同附信一起返回给作者(没有必要写审核意见)。

如果审查者认为资料应该保持原稿,作者就把资料交给部门领导批准,然后把资料连同附信一起交给"信息和出版中心"。

如果审查者认为资料要做出修改,作者在两周内根据审核意见对资料进行修改后,再次把材料上交重审(重复前面所述的程序)。每一次审核的程序都应该在附信中进行说明。

审核

一份审核意见代表了对资料的意见,包括对它的分析、特性描述和评价。

审核意见的要求:

- 客观,并且要在已有的原则上提出意见;
- 做出高标准的评价,提出有建设性的意见;
- 在总结和建议上提出合适的实证;
- 保证所有数据、参考资料和案例来源的可靠性;
- 在资料来源的协议或合同或资助条款上,把顾客的会计要求说明清楚。

撰写审核意见的要求:

- 审核意见应该单独写在一张纸上;
- 审核意见应该由审核人员写上审核日期并签名;
- 审核意见的内容不少于 1 页,不超过 3 页,使用 1.5 倍的行距和 12 号

字体,用 A4 纸打印。如成果超过 150 页,那么审核意见可以超过 3 页。

审核意见的基本要素:

- 对资料内容的总体评价,看其是否符合目标读者提出的题目和要求;

● 关于结构和内容的意见(编辑可能会对资料的内容提出意见):提出的意见应该以编号清单的格式写出来;

● 总结和建议。

争议的解决办法

当资料作者不同意审核人员的意见时,应该把资料提交到 IUE 科学委员会上进行讨论。

当 IUE 科学委员会的成员无法达成共识时,应该把资料交给 IUE 的总裁或者总裁认定的其他人进行裁决。

附件 1

遵循质量控制流程的资料

资料类型	必经的程序
分析性的/方法论的/总结报告的/培训的资料,或者以上资料的任意组合,这些资料内容超过 8 页,用 A4 纸打印(1.5 倍行距,12 号字体),IUE 将其用来向外传播,或者以图书或光碟的形式发送给顾客,或者放到网上。[a]	完整的内部审核程序
对审核过的资料内容进行增加和修改后的再版。	简短的内部审核程序
对审核过的资料内容进行增加和修改后的光碟/汇编图书/其他组合的资料。	简短的内部审核程序
用 A4 纸打印(1.5 倍行距,12 号字体)的政策简报、分析性的摘要以及其他分析性的资料,关于项目实施的电子化展示(PPT 或类似的形式)。	简短的内部审核程序
给期刊投稿的文章	简短的内部审核程序
提报资料(作为项目资料提交的小册子,折叠的小册子,实时通讯等等)	简短的内部审核程序

a. 当展示资料需要提交给外部审核并且提出意见时,允许进行简短的内部审核。

附件 2

资料的标题：

____

资料的类型：　□图书　□文章　□政策简报　□光碟

□放到网页上的分析性资料　□给客户的报告

________________　　　　________________

作者　　　　　　　　　　　　　　审核人员

________________　　　　________________

部门领导　　　　　　　　　　提交给审核人员的日期

审核人员的结论

□资料不需要任何修改

□资料只需要进行少量修改

□资料需要进行大量修改

□资料需要完全重写

意见：

____

____

签字：

________________　　　　________________

提交给审核人员的日期　　　　　　审核人员

________________　　　　________________

交还给作者的日期　　　　　　　　　　作者

第一次复审（根据审核人员的总结填写，不能将资料不作任何修改就打印）

审核人员的结论

□资料不需要任何修改

□资料只需要进行少量修改

□资料需要进行大量修改

□资料需要完全重写

意见：____

____

签字：

________________　　　　　　　　________________

提交给审核人员的日期　　　　　　　　审核人员

________________　　　　　　　　________________

交还给作者的日期　　　　　　　　作者

第二次复审(根据审核人员的总结来填写,不能将资料不作任何修改就进行打印)

审核人员的结论

□资料不需要任何修改

□资料只需要进行少量修改

□资料需要进行大量修改

□资料需要完全重写

意见：____

____

签字：

________________　　　　　　　　________________

提交给审核人员的日期　　　　　　　　审核人员

________________　　　　　　　　________________

交还给作者的日期　　　　　　　　作者

________________　　________________　　________________

作者　　　　部门领导　　　　审核人员

进行审核的资料

________________________________　　________________

“信息和出版中心”的董事 M. Yu. 列多夫斯基　　　　日期

附件3

批准

城市经济研究所的主管

——A·S·普扎诺夫

日期

给城市经济研究所的主管

A·S·普扎诺夫

办公室便签

根据"对外发文和出版物的质量控制"段落3.1所列的规定,恳请任命

____

(被提名人的名字)

为______________________________________的审核人员

(资料标题)

日期______________________________________

部门领导	签名	全名

附录 E 评估传播策略的有效性：城市研究所的“新联邦主义”评估项目

背景

“新联邦主义”评估是城市研究所历时多年的一个项目，它用于分析从联邦政府到各个州社会项目的职能下放，主要关注医疗保健、收入保险、任职和培训项目以及社会服务等方面的话题①，研究人员主要对项目的变化和年度财政的发展状况进行监督。它旨在提供及时的、不偏向于任何党派的信息来告知公众，以及帮助各州和当地的决策者有效地履行他们的新职责。这个项目的主要部分是家庭建设调查和 13 个州的政策研究。

从1996年开始，“新联邦主义”评估（下文简称 ANF）及其捐赠者就想将这个项目向外界传播。项目组知道福利改革——新法律的中心原则，即制定政策的权力下放——把新职权放在了州级的利益相关人手中。项目组想要确认的是，智库近年来所开展项目的研究和数据对利益相关者的政策制定活动是有所助益的，这些项目包括现金救济、儿童保健、儿童福利、儿童抚养、健康保险金及其来源与用处、医疗补助、国家儿童健康保险计划和医疗安全网计划等。

ANF 传播的目标和策略

为了把 ANF 的研究和数据资源融入各州的政策制定过程，沟通团队制

① 这个附录已经得到利波维茨和惠里（2004）的授权进行摘录。这里不对具体的细节展开阐述，如有需要可以详见原文件和 UI 网站，网址为：http://www.urban.org/url.cfm? ID=310983。

定了以下三个目标：

• 在各方势力的政策辩论中树立 ANF 数据和分析的公信力。

• 组织一个由国家级和州级利益相关者组成的董事会，成员包括经过选举的政府官员、机构管理人员、政策推广人员、专业服务提供者、专业和贸易协会。

• 将 ANF 的研究和数据用于全国性的和州一级的政策辩论。

ANF 制定了以下 7 项策略来达成这些目标：

• 在各方势力的政策辩论中把 ANF 的数据和分析均等地向各个利益相关者推广。为了促进这个策略的实施，ANF 采用了以下几个办法：调查方法保持公开透明；在描述数据时不做评价；同时指出政府决策导致的正面和负面成效；推广别人所做数据的出处和用处；把项目前期的新闻发布进行总结并在 ANF 所有的出版物上发表。

• 应对不同群体的不同需求，对不同的利益相关者使用不同的传播形式，使研究能够被理解、利用。例如，州级的政策制定者审查研究成果的时间和资源都是有限的，给他们的报告就必须简明扼要，强调结论，明确研究成果和政策影响的关系。而如果是研究者，他们可能会想要了解更多的细节。

这个项目用了以下 4 种传播形式：

政策简报。政策简报分析的是具体的、与政策相关的问题。里面很少用到表格，而是用一些简单的分析工具和强调型的图表和图像，利益相关者读完一份简报大概需要 30 分钟。1997 年 1 月 ANF 发行了第一份政策简报。“A”系列简报分析多种类型的数据，目前有 62 份。“B 系列”简报始于 1999 年 8 月发行，它专门分析全国性的美国家庭调查（以下简称 NSAF）的数据，目前为止有 55 份。

不定期的调查报告。不定期的调查报告则会罗列更多的细节，对话题会做更深入的探讨，要求更复杂的数据分析或者定性数据的报告。基于对 13 个主要州的网站访问，我们把阐述安全保障网如何适应福利改革的大部分文章出版作为不定期的调查报告，ANF 从 1997 年 7 月做出第一份不定期调查报告后，这个系列的数量至今达到 71 份。

“美国家庭速览”。除了以上两种主要的出版类型，ANF 还出版了三套“美国家庭速览”，用于发布每一次美国家庭调查得到的初步调查结果。速览让人们第一时间了解到健康保险、贫困和工作、家庭结构、家庭环境以及儿童健康这类话题。

“实事快报”。“实事快报”摘录了 ANF 出版物发布的一些琐碎消息，主要关注的是一些零散的具体信息，比如 50 个州制裁政策的区别，或是低收入成年人的健康保险金额的变化，或是亲属抚养父母的情况在整个社会中的比例。有时还会概述对一些更广泛的话题进行概述，比如关于州儿童健康保险计划的评估或者授权启动 TANF(“贫困家庭临时援助”)项目等相关要闻。ANF 至今发行了 43 期“实事快报”，并且只有网络版，没有纸质版。

·利用电子通讯技术来提高网站的点击率，以及加强与利益相关者的联系。1996 年开始实施这个项目的时候，很多利益相关者收发邮件和上网的条件还很有限，但从那之后，使用电子通讯的 ANF 读者就开始普遍起来。

电子通讯让目标受众能够快速接收他们订阅的资料，利益相关者可以通过电子邮件里的附件接收文件，或者用超链接即时接收某份文件。如果 ANF 把印刷品通过大量的邮寄方式发送给客户，递送过程会花掉一到三个星期的时间。

ANF 认识到利益相关者上网的条件是不均衡的，为了弥补这个不均衡，ANF 做了网页文件(html 文件)和 PDF 文件，网页文件对使用拨号连接上网的用户来说更容易识别，网站上的报告通常都使用了这两种格式。

鼓励利益相关者通过网站获取出版物，这种做法能为 ANF 减少打印费和邮费，而这些费用占到出版费用的三分之二。ANF 通过一个联系——管理软件来建立和管理一个包含超过 1300 个联系人的传播网络，这个软件会追踪每个访客的偏好，记录他们与项目有关的访问痕迹，同时在网络上能够自动且有针对性地给大多数访客发送电子邮件。ANF 利用“Act!”这一系统和自动化的联系追踪功能来进行数据库的管理。

1999 年 5 月，为了告知广大的终端用户关于新报告的消息，ANF 做了一个叫做“ANF 最新消息”(以下简称 HOTP)的电子邮件刊物。HOTP 提供的是关于 ANF 出版情况的简短总结(100—150 个词汇)，它不像传统的摘要会概括论文的主题，而是给出具体的数据来突出最新的研究发现，读者通过阅读上面的简介能了解到关于研究的一些实质性信息，并且每份简介后面都会附有报告的全文链接。为了使保持简短的形式，ANF 把每期 HOTP 的信息内容限制在三条以内。为避免过多打扰利益相关者，发送频率不超过一周一次利益相关者。HOTP 目前为止发行了 91 版，邮件名录由一个独立的承包商进行管理。

ANF 从城市研究所的邮寄名单上得到电子邮件地址，创立邮件名录。ANF 还会对购买其报告印刷品的客户进行意见调查，看他们是否愿意通过电子邮件接收有关消息，如果愿意就把他加入邮件名录。此外 ANF 还通过一些他人的引荐、会议或者是直接接触等方式增加新客户。

· 建立一个由全国性的和州一级的机构组成的网络，利用 ANF 最近的数据和分析作为材料对他们的成员进行培训。很多不同的组织会给利益相关者发送大量政策导向的资料，全国性组织的利益相关者一般会优先阅读这些资料。为了扩大其研究成果的使用范围，ANF 和一些在具体的选区内或者具体的议题上排名前二或前三的全国性组织建立了关系。通过这些关系，ANF 的研究人员在利益相关者订阅的新闻通讯上发表文章，在他们的会议上发言，加强自身与州内或当地的联系并丰富他们的网络。

· 创造机会让利益相关者利用 ANF 的研究。为了让利益相关者关注到 ANF 的研究，这个项目实施了一个"评论员"的策略，在传播过程中，他们邀请利益相关者来做评论员，在研究上给了他们一种特权。这就制造了一个诱因让利益相关者来了解 ANF 的研究。很多评论员想通过和记者交流来扩大自己的影响力，自从有 ANF 帮忙跑腿之后，这对"评论员"来说就容易多了。如果评论员知道 ANF 研究的记者可能会给他们打电话，他们很可能会花点时间来读相关的报告，一旦他们读了那些报告，他们就很有可能在其他情况下用到它。

· 鼓励 ANF 与外界就新项目有更多的交流联系，以带动媒体报道。通过与城市研究所公共事务办公室的合作，ANF 的宣传覆盖了国内多种媒体，其中就包括普通的新闻媒体，贸易协会出版物，以及专业期刊。ANF 还把目标放在作为项目研究主要对象的 13 个州（阿拉巴马州，加利福尼亚州，科罗拉多州，佛罗里达州，马萨诸塞州，密歇根州，明尼苏达州，密西西比州，新泽西州，纽约州，德克萨斯州，华盛顿州，威斯康辛州）的新闻媒体上。随着项目的推进，ANF 把宣传范围推广到黑人、西班牙语者和宗教团体的相关媒体，大部分的媒体推广活动都是针对纸媒，但是 ANF 还做了一些电台新闻放送和大量的电视新闻曝光。

媒体推广活动还要求维护 ANF 数据和分析等信息资源的可信性、无党派性和公正性。与"评论员"合作使 ANF 为记者提供机会去讨论研究的政策影响和这些数据对人们的意义，让 ANF 的研究人员能够更容易专注于研究结果。

· 更新传播策略，以应对不断变化的环境，回应利益相关者的反馈。为了迎接新的挑战和机遇，ANF 做了一些调整改变传播重点，更新传播策略，这些调整包括更广泛地使用电子邮件和网络（如上文所述），把关注焦点从州级项目转移到"贫困家庭临时援助"项目的实施上，以及设法让利益相关者使用项目产生的一系列数据。

研究方法

在这些目标和策略的基础上，ANF 提出了 6 个与研究有关的问题：

· ANF 的研究资料是否满足利益相关者的要求。为了弄清楚这个问题，ANF 分析了已出版的不同类型文章，评价它们的可读性，分析终端客户关于格式和内容的意见。

· 利益相关者对于使用电子方式来获得 ANF 的数据和分析是否感到满意？这份报告的作用是：描述网站和系统的结构，这些网站和系统以电子化的方式与利益相关者联系；审查 ANF 邮件列表上订阅用户数量的趋势；审查网站的使用情况；分析终端用户对于网站的使用情况和满意度，以及用户对于邮件推送服务的满意度。

· ANF 的媒体影响是否覆盖了全国以及 13 个主要的州？通过新闻剪报的手段可以分析与 ANF 研究有关的事件报道出现在哪里，事件类型，以及最主要涉及的话题。

· ANF是否成功地把“评论员”融入我们的媒体推广活动中？ANF通过分析新闻剪报数据库来确定在事件报道中记者与时事评论员合作的频率。

· 利益相关者是否认可ANF研究的可信性和客观性？ANF从三个方面来衡量其公信力：首先，ANF的数据和分析能在同行评审期刊上出现，证明了它们在学术界是有公信力的；其次，ANF通过审查新闻剪报来看记者是怎样看待城市研究所的；最后，项目组直接询问终端用户他们是否觉得ANF资料存在的意识形态上的偏见。

· 利益相关者是否有将ANF的研究用于政策制定？为了验证这个问题，ANF通过调查，来了解重要人物是如何发现ANF的出版物和数据的，同时也设置了一些开放性的问题，而这些问题的答案则为这些定量数据提供了背景信息。

ANF用了四种原始数据资源来验证这一问题：

· 项目组用易读性指数和难度系数来检测ANF出版物的可读性。易读性指数通过计算每个单词的音节平均数量和每句话的词语平均数量来打分，它划定一个0到100的范围，分数越高说明文件越容易读。难度系数则用等级的形式来衡量。微软公司的Word软件就包含有这两种计量方式。

· 城市研究所用Web Trends软件（网络追踪软件）来跟踪网站的点击量。Web Trends每个月为ANF的网站做一次用户评估，Web Trends的数据包括从网页上获取的重要信息以及研究员个人出版物有价值的信息。

· ANF建立了一个新闻剪报数据库。这个数据库会跟踪每篇文章发表的时间、地点、作者、类型，以及文章报道的事件，参与的评论员，ANF的重要性，以及它是怎样看待城市研究所的。

这个数据库从2001年元旦开始运行，直到2003年8月31日，它收集了693篇文章和1542条剪报。文章是个体记者写的新闻报道，新闻剪报则统计每篇文章发表的次数。例如，劳拉·梅克勒在美联社上发布的有关儿童健康保障的文章，项目组就收集了27条相关新闻剪报。数据库中的剪报大约有10%来自头版。

·2003年6月16日到7月16日之间,ANF对其邮件列表上的19150名订阅用户进行了4次调查,其中大约有3310个邮箱地址不可用。他们向用户发送了3次调查邀请,却只收到了538份回复,3.4%答复率,令人大失所望。

这么低的答复率,可能要归咎于几个原因:一些用户可能正在过夏季的假期;大部分的州议会正在休会;也可能是因为ANF未经用户同意就将他们列入邮件列表,所以他们可能很不情愿填写这样的调查问卷。

尽管如此,ANF分析这些回复的调查问卷时发现回复者还是相当具有代表性。为了证实这一发现,ANF通过邮件列表上邮箱地址的域名(如.gov,.ore,.edu)推断出人们的身份背景,然后与回复者进行了比较。

调查问卷要求受访者选择一个最适合描述他们目前职位的类型,这些类型包括政府雇员(经过选举的,委任的,或者公务员,其中101人选择了这项,比例20.2%),政策推广人员(59人,比例11.8%),专业服务提供者(28人,比例5.6%),贸易或专业协会(20人,比例4%),研究人员(107人,比例21.4%),记者或媒体代表(10人,比例2%),大学教员或学生(104人,比例20.8%),以及其他(71人,比例14.2%),这些回答"其他"的人要写下他们具体的职位。

政府雇员(邮件列表20%的地址域名是.gov,回复者21%)和大学用户(邮件列表20%的地址域名是.edu,回复者23%)的比例几乎一致;调查问卷回复者中有32%的人选择了政策推广人员、专业服务提供者或者贸易组织,而邮件列表上的域名为.org的只有25%的比例;回复者中有22%的研究人员,但是邮件列表上的相应域名的数量却无法与之匹配。另一方面,34%的邮件地址域名带有.com或者.net(5%是AOL用户),这些都没法与具体的终端用户相对应,其原因很可能是研究人员、政策推广人员、服务提供者和贸易协会的人等很有可能就在公司里面供职,或者是他们使用了带有域名为.com或.net的网络服务商提供的邮件服务。

虽然回复者可能都是那些频繁使用ANF资料的人,但是他们还是反映了ANF的用户基础。因此笔者认为这些样本已经足够多并且具有一定的代表性,所以能够据此判断ANF项目的传播效果。

这个样本中的利益相关者可以分为五个类型：

·自认为是政府雇员的政府类利益相关者。

·政策推广人员、专业服务提供者和贸易协会代表（ASA）一起作为一类。他们代表的利益群体虽然不同，但都是围绕政府机构操作，同时他们自身的利益也和政策辩论结果息息相关，因此都积极参与政策制定的过程。

·研究人员。

·大学教员和学生。

·媒体代表。

调查问卷还询问用户如何使用 ANF 的研究，以及对 ANF 进一步改进的意见。这些回复为 ANF 的定量数据提供了背景信息，也阐明了面向利益相关者的传播策略是怎样起作用的。

结论

这份评估表明 ANF 大体上达到了以下这些目标：

大部分州级和联邦的利益相关者都愿意将复杂的研究用到政策制定的过程中。不出意料，政策推广人员、服务供应商、协会代表和政府官员更喜欢形式简短的报告，通过对不定期调查报告和政策简报的语言分析表明，即使是简短的出版物也会用到复杂的语言，需要读者仔细体会。

利益相关者对那些简短的报道，例如"实事快报"的偏爱，表明他们想要的是那些概述关键数据和突出最新研究发现的资料。"美国家庭快照"就不属于这种类型，其中可能有两个因素。首先"快照"不像政策简报和"实事快报"一样有一个固定的功能，因为每期刊物之间的出版时间相差超过两年。其次"快照"关注的话题很广泛，比如医疗、收入和健康，不像 ANF 其他的出版物那样关注的都是热门话题。

总体上利益相关者对 ANF 研究的主题是满意的。政府雇员回复者的满意度则比较低，这可能反映了一个事实，ANF 的研究人员没有及时为政府决策者提供那些备选政策的评价。

如果没有电子邮件和网站，ANF 传播活动的成本会大得多，并且受众会更少，速度更慢。ANF 在网站上调整了邮件列表的服务——“ANF 最新消息”，因为邮件推送服务包含有重要研究发现的相关信息，即使终端用户不点击进去阅读全文报道，他们也会发现它很有用，这种形式的服务让很多终端用户能够轻易地与人分享这些信息。鉴于网站为 HOTP 设置了跟踪软件，这样就能找到 ANF 研究的支持人群，对新研究的定期推送提高了用户访问网站的积极性。从跟踪数据来看，很多终端用户访问网站的频率相当高。

ANF 的新闻推广策略是行之有效的。所有主要州的媒体上都出现了有关 ANF 的报道文章。除了几个明显的例外，大部分州的报道数量和该州的人口数量基本一致。这些报道的问题都在 ANF 的研究范围内。儿童保障和儿童福利问题是大家最关注的话题，没有任何机构能像 ANF 一样提供这么细致可用的分析。

不仅如此，ANF 还通过新闻推广使终端用户对研究成果进行思考。这个策略让 ANF 在满足记者把研究用于政策环境的同时，又能保持它的客观性，在资讯和事件报道中都有“评论员”的参与。

ANF 需要保持城市研究所的客观性，来让政策辩论中的各方势力都认可 ANF 的可信度。这个项目努力达到这个目标，并且往往都能如愿。新闻报道通常都认可 ANF 的无党派性和客观性，在终端用户中则形成了一个有趣的现象，那些自认为无党派的人大都认同 ANF 是不偏向任何党派的，那些自认为是自由派或者守旧派的人大都觉得 ANF 是自由开明的。

对终端用户的调查表明这些用户在决策活动中确实使用了 ANF 的数据和分析，不同的是他们使用这些研究的方式。终端用户的评论在这方面增加了研究结果的数量。实际上，ANF 还有一个很长的清单罗列了具体的事例，说明利益相关者群体为了保证其政策的客观性，在哪些地方使用到了 ANF 的研究结果。

这份评估还为 ANF 提出了改进意见：

·从国家和各州政策辩论的角度来综合看待研究成果，从而提高资料的时效性和实用性，此外还可以延长研究成果的保质期。

·给城市研究所的网站升级以缓解导航，增强检索功能，其中包括给研究编目以便用户轻松找到入口。

• 估算由于评论员策略的实施而使用 ANF 研究增加的人数。做一个电话抽样调查对评论员和非评论员的数量进行比较，就能得出答案。

• 更系统地评估政府终端用户对 ANF 研究的使用情况。一个有限抽样电话调查可以确定议员和行政官员的区别。

• 扩大 ANF 数据和分析在政府中的受众范围，例如全美州长协会、全美州议会联合会和美国公众事业协会。

附录 F 在出版物和媒体活动调查中涉及的东欧及独联体国家的智库名单

亚美尼亚

1. 亚美尼亚国内外事务中心
2. 马吉斯托茨医师协会
3. 健康服务研究中心
4. 转型社会研究所

保加利亚

1. 获取联盟(有限责任公司)
2. 社会分析代理处
3. 自由战略中心
4. 社会实践中心
5. 战略研究中心——21 世纪基金会
6. 民主研究中心
7. 社会与政治变革研究中心——索菲亚分部
8. 经济学 2000
9. 保加利亚欧洲信息通讯员中心
10. 埃尔克·赛凯洛韦基金会
11. 市场经济研究所

匈牙利

1. 农业经济咨询
2. 安全及国防研究中心
3. GKI 经济研究公司
4. 中欧研究所
5. Research 公司
6. 市场经济基金会
7. 大都会研究所
8. 公共政策研究所
9. 小型企业经济发展基金会
10. 匈牙利世纪末基金会政治学校与政策研究中心
11. TARKI 社会研究所

俄罗斯

1. 政治科技中心
2. 俄罗斯环境政策中心
3. 种族政治与地区研究中心
4. Epi 中心:政治与经济研究中心
5. 俄罗斯产业与企业家同盟研究所
6. 经济转型研究所
7. 经济与社会改革国际基金(新福马基金)
8. 有效政治基金
9. 城市经济研究所
10. 圣彼得堡人文科学与政治科学战略研究中心
11. 企业家精神战略分析与发展研究所

附录G 成本政策声明样例

本附录的成本政策声明样本改编自美国劳工部《间接成本率制定指南：非政府组织成本原则和章程》。这里将其作为一个例子，来说明每一个智库都应该制作一份这样的文件，用以向捐助方表明智库自身有着一套明确的、合理的和公正的间接成本分摊与回收办法。当然，捐助方可能会对间接成本有更具体的要求，如可以报销的间接成本的上限，或者不能报销的具体的成本类型等，这些要求可能会和以下提供的样本存在冲突。每个智库都必须决定如何组织其间接成本回收以反映自身的资金状况。这份成本政策声明假设了一个智库（Example Organization，以下简称"EO"），该智库使用直接分摊法处理成本（也就是除直接成本之外的成本），EO智库有合适的会计章程来直接处理某些成本以避免被当做间接成本（下文将举例描述如何处理复印成本）。

EO成本政策声明

一、一般会计政策

1. 会计基础：权责发生制；
2. 会计期间：7月1日至次年6月30日；
3. 分配原则：直接分配原则；
4. 间接成本率分摊基数：包括附加福利在内的直接薪金和工资；
5. 附加福利基数：直接薪资；
6. EO有完善的内部控制系统以保证在合同或捐助协议上不会直接或

间接地重复登记成本；

7. EO分别在“间接成本费用”和“间接成本收入”科目下核算间接成本费用和收入。

二、成本分配方法说明

（一）薪金与工资

1. 直接成本。EO绝大多数的员工薪资费用是进行直接核算，因为他们的工作可确切归属于具体的捐助协议、合同或其他活动，核算以反映员工实际活动的可审计的劳动分配报表为核算基础。

2. 间接成本；以下人员的全部薪资费用都进行间接核算：财务经理、行政助理。

3. 混合成本。以下人员在核算其薪资费用时既有直接活动也有间接活动：执行总裁、技术人员。

直接和间接之间的差别主要取决于其所担任的职能。例如，当所在职位的职能对于所有的项目都是必须的和有益的，那么就是间接成本。当职能针对一个或多个具体的项目时，那么就是直接成本，因为它没有使所有的项目都受益。

保存反映员工实际活动的可审计的劳动分配记录，以作为直接成本和间接成本混合情况下的核算依据，时间记录由执行总裁签字证明。

（二）附加福利

离岗时间成本（休假、病假、法定节假日）作为附加福利成本，与薪资成本的核算方式一样，EO的会计系统记录离岗时间作为附加福利成本。不是每一个会计期间都有休假记录，只有当其发生时才有记录。

EO给员工提供以下附加福利：社会保险和健康保险，包括失业保险和劳动赔偿；1∶1的退休金补贴。

（三）差旅费

差旅费是作为直接成本还是间接成本核算取决于出差的目的。例如，执行总裁每个季度都要去各区办事处指导工作，这种出差在本质上是间接的，应当作为间接成本。然而，如果执行总裁出差到区办事处是为了某个具体的任务或合同，那么这样的差旅费用将会作为直接成本。

（四）董事会费用

董事会费用作为间接成本核算的部分是参加董事会议的来回差旅费以及每年每位成员250美元的补贴。其他董事会费用由EO智库自己承担，既不作为间接成本也不作为直接成本。

（五）物资与材料费

办公室的物资与材料费应尽量由使用这些物资和材料的合同或者捐助项目来支付。员工在从事间接活动时使用的物资和材料费用，作为间接成本核算。

（六）设备费

EO从出租公司租借场地，整个租用期间的租金平均到每个月支付，所有的租金都作为间接成本核算。

EO的租金包括除电费以外的公共设施费用，电费也作为间接成本核算。

（七）通讯费

1. 将所有的传真发送记录保存好。传真费用是作为直接成本还是间接成本取决于发送的传真用于直接活动还是间接活动。

2. 长途电话费是作为直接成本还是间接成本取决于电话用于直接活动还是间接活动。

3. 市内通话费作为间接费用处理。

4. EO使用计数机制核算邮资。设立邮资计数机制是为了确定具体项目或活动的邮资成本。快件费用也同样核算在相应的项目或活动中。

（八）复印与打印

EO会保存复印活动记录。依据记录，EO以每个项目具体的复印量为基础按比例分摊复印费用。行政人员会最大限度地记录对应项目的复印数量。由行政人员复印一些与EO整体活动相关的材料，且复印不能确切分摊到某个具体项目时，这样的复印成本将核算到“间接成本”科目下。

打印费用作为相应活动费用进行核算。

（九）外部服务

EO的外部服务费包括年度审计费、律师费和员工培训专家费。

1. 年度审计费用作为间接成本核算；

2. 一般来说，律师费作为相应项目或活动的直接成本核算；

3. 不能明确到具体项目上的律师费作为间接成本核算。

（十）资产项目

只有在合同或捐助协议中得到明确批准时，资本性支出才作为直接项目成本核算。没有资本性支出是作为间接成本核算的，当没有合同或捐助协议支持时，资产购置成本作为折旧费用核算，EO 资产购置的起价是 500 美元。

（十一）折旧

为各个项目服务但没有合同或捐助协议支持的资产购置成本，作为折旧费用核算。EO 使用与公认会计准则一致的直线折旧法核算资产成本，折旧费用作为间接成本核算。

（十二）不允许纳入成本的费用

以下所列费用不属于合同或捐助协议支付的成本范围，应当有相应的内部控制系统来保证这些费用不会由合同或捐助协议来承担：

1. 广告和公关费用；

2. 娱乐和酒精饮料；

3. 资本性支出；

4. 坏账；

5. 利息；

6. 游说和资金募集。

签字：　　　　　　　　　　　　　　　　　日期：

公司名称：Example Organization

地址：

附录 H　向高级管理层传达重要信息的样表

这里列出的一些表单是基于智库在实践中生成的一些报告。为了使这些表单能在更广范围内得到运用我们将其进行了一定的调整。我们设计这些表格是为了说明各项信息指标及其表现形式。然而，这里列出的只是一些简单的信息指标表格，并不完全包括表 10－2 至表 10－5 中的所有信息指标。

样表 1　公共政策视角的绩效指标

指标	阶段 1	阶段 2	阶段 3	阶段 4
网站活动 网站的访问量 网站的下载量 网络论坛的举办数量 期间参加论坛的人数 （最大—最小） 住房法草案论坛 当地经济发展论坛 在线订购的文件和报告的数量 网站上新发布的论文和报告的数量				
讨研会和会议 员工参与的讨研会和会议的数量 举办这些活动的不同城市的数量 活动的参与人数				

续表

指标	阶段 1	阶段 2	阶段 3	阶段 4
政策论坛 论坛或圆桌会议的数量 与会者的数量				
公共关系 员工在报纸上的发文量[a] 记者和编辑与员工的电话通话次数 专栏的数量 举行新闻发布会的数量 新闻发布会后报纸和电视的报道次数 员工因机构研究的专题在广播和电视上出现的次数				
出版物 政策简报 出版物的数量 发送给目标受众副本的数量				
报告、图书的出版 出版量 分发副本的数量 出售副本的数量 机构出版物的综述次数[b] 高校老师需要的赠阅本的数量				

a. 由员工撰写的或者员工的观点在该文中被引用或者文章的信息来源是该机构(署名是机构名);b. 可以是对已有的出版物综述的一系列的补充。

样表 2　客户视角的绩效指标:项目工作

指标	阶段 1	阶段 2	阶段 3	阶段 4
没有按时传递给客户的报告占总报告数量的百分比				
成本超标的项目数				
该期间因成本超标而停止的项目—总数				
从赞助商那里得到额外资助的项目数量				
成本超标的部分由内部资助的项目数量				
在过去一年里从老客户那里获得捐款或合同的数量				
所有捐款与合同的百分数				

样表 3　客户视角的绩效指标：培训和研讨会

指标	提供 1	提供 2	提供 3	提供 4
关于市政预算的研讨会				
注明所提供课程的日期				
意味着学生的分数小于 3.5[a] 的评估分数的百分比				
参与者的数量				
认证抵贷款的课程				
注明所提供课程的日期				
意味着学生的分数小于 3.5 的评估分数的百分比				
参与者的数量				

a. 用 1 到 5 来表示范围，5 代表学生最满意。

样表 4　客户视角的绩效指标：出版物

标题	出版六个月之后		出版六到十二个月之后		出版一年之后	
	出售的副本	其他分发的副本	出售的副本	其他分发的副本	出售的副本	其他分发的副本
其他分发的副本						
提高全民工人素质						
市场政策						
电价系统改革						
管理准则						
住房补贴						

样表 5　内部业务视角的绩效指标：项目支出

项目编号	项目的标题	总预算[a]	每天支出的百分比	工作时间（月）	时间百分比	花费和流失的百分比
722 - 00	经济预测	$ 120 000	35	12	42	0.83
745 - 00	区域研讨会	$ 32 000	75	6	50	1.5

a. 如果包含在奖励数量中，除去固定费用或利润。

样表 6　内部业务视角的绩效指标：员工在岗率 2002 年 1 月—8 月（时间分配比例）

日常开支账户									
中心	建议	综合管理	集中发展	集中管理	其他	外部调查[a]	常规支持[b]	边缘	合计
研究									
住房	6.5	—	4.5	13.7	0.4	64.1	—	10.9	100
改革法规	4.7	—	1.3	6.5	—	75.1	0.2	12.2	100
地方政府	7.4	—	3.1	4.4	—	71.1	0.1	14	100
社会助手	5.3	—	4.5	3.2	—	74.1	—	13	100
健康	6.2	—	5.4	3	—	70.4	0.3	14.7	100
支持									
代理	—	88	—	—	—	—	—	11.2	100
公共关系	—	—	14.3	0.5	36.8	9	26.2	13.3	100
不含政府机关	—	78.2	0.4	—	7.1	0.1	2.8	11.4	100
人力资源	—	4.1	0.9	6.3	1.8	3.6	10.9	72.4	100
互联网	1.3	—	0.1	—	55.8	30.5	—	12.4	100
办公管理	0.1	61.1	—	—	24.1	0.1	—	14.6	100
全部	5.2	8.5	4.7	3.6	6.3	56.2	1.7	13.7	100

注：也可以为每个中心的工作人员准备类似的表格来追踪个体研究人员的工作时间和应用情况。

a. 由特定项目的补助和与合同来资助的；b. 从收费收入和机构获得的无限额捐赠来资助的。

样表 7　内部业务视角的绩效指标：资金利用效率的建议，2002

中心	结果已知的提案			胜出的提案		有效措施	
	数量	奖励总额	提案上的花费[b]	数量	奖励总额	提案上的花费或没有获得的资金	奖励或提案上的花费[a]
住　　房	2	35 000	24 000	1	20 000	2 400	8
法律改革	5	240 000	6 000	2	97 000	3 000	16
地方政府	12	74 000	9 000	6	48 000	1 500	5
社会救助	3	640 000	7 500	1	450 000	7 500	60
健　　康	7	370 000	6 600	3	220 000	2 200	33
全　　部	29	1 359 000	31 500	13	825 000	2 423	26

注解：2001 年建议书的目录是在 2002 年赞助商做的决定。

a. 在所有提案上面的花费；b. 提案上的花费。

样表 8　内部业务视角的绩效指标：财务会计

应收账款，2002 年 8 月 15 日

项目编号	项目名称	发票编号	发票日期	发票数量	未付款	0—30 天	31—60 天	61—90 天	大于 90 天	总计
7230	美国	2131	9/27/01	23 400	23 400					23 400
		3154	2012/12/1	37 500	19 600				23 400	19 600
7274	当地政府	4431	6/20/02	44 736	21 678		21 678		19 600	21 678

注解：只包含这些项目未偿付的发票金额。

样表 9　内部业务视角的绩效指标：年度会计部门审查，2002 年

指标	2002	2001	2000	1999
受合同约束的项目总量				
由双边和多边捐赠的项目				
基建项目的数量				
其他捐赠项目的数量				
受合同/会计人员[a]约束的项目				
结束的项目				
结束的项目/会计人员				
正准备中的提案预算的数量				
提案预算数量/会计				
新招聘员工和离职员工的数量[b]				
新招聘员工和离职员工的数量/会计				
出差的费用数量[c]				
职工出差花费费用的数量/会计				

a. 全职的会计人员。

b. 要想减少收入及其他工资所得税，并且在某些情况下，将收入直接存入银行，需要额外的工作。

c. 这个条目是一个说明税收系统的某些特殊特性的一个例子，该系统要求会计人员付出额外的努力。在一些国家，如俄罗斯，将略高于最低水平的报酬视作旅行者的收入。这个额外的收入必须进行记录和对此进行纳税评估，对于那些有大量旅行计划的智库来说，这是一个非常大的负担。

样表 10 创新和学习视角的绩效指标:年度审查,2002

指标	2002	2001	2000	1999
A. 培训				
研究人员为适应新情况/学习新产品接受的培训次数				
·研究人员得到这样培训的机会的比例				
研究人员得到一般发展培训的次数				
·研究人员得到这样培训的机会的比例				
行政人员接受培训的次数的比例				
·行政人员接受培训的比例				
在员工培训上的开销/所有员工				
在员工培训上的开销/员工受到培训%				
开销的实际使用情况				
B. 员工提升				
聘请从事于创新主题或以加强团队实力为目的,聘请具有特殊技能的新的研究人员的数量				
C. 创新				
为了机构发展,在创新或者试点项目上的开销占所有开销资金的百分比				

参考文献

Bacon, F. R., Jr., and T. W. Butler, Jr. 1998. *Achieving Planned Innovation: A Proven System for Creating Successful New Products and Services.* New York: Free Press.

Ban, C., S.R. Faerman, and N.M. Riccucci. 1992. "Productivity and the Personnel Process." In *Public Productivity Handbook*, edited by M. Holzer(401 - 23). San Francisco: Jossey-Bass.

Bardach, E. 1984. " The Dissemination of Policy Research to Policymakers." *Knowledge: Creation, Diffusion, Utilization* 6(2): 125 - 44.

Bowsher, J. E. 1998. *Revolutionizing Workforce Performance: A Systems Approach to Mastery.* San Francisco: Jossey-Bass, Pfeiffer.

Bruckner, S. 1996. "Policy Research Centers in Russia: Tottering Toward an Uncertain Future." *NIRA Review*(summer): 32 - 36.

Bryson, J. M. 1995. *Strategic Planning for Public and Nonprofit Organizations.* San Francisco: Jossey-Bass.

Bullen, P., S. Lawrence, P. Schwenke, A. Williamson, and S. Williamson. 1997. *Nonprofits in Busine $ $.* Surry Hills, NSW, Australia: WorkVentures, Ltd.

Bunkder, K.A., K.E. Kram, and S. Ting. 2002. "The Young and the Clueless." *Harvard Business Review*, December: 81 - 87.

Burlingame, D.F., and W. F. Ilchman, eds. 1996. *Alternative Revenue*

Sources: Prospects, Requirements, and Concerns for Nonprofits. San Francisco: Jossey-Bass.

Carver, J. 1997. *Boards That Make a Difference: A New Design for Leadership in Nonprofit and Public Organizations.* 2nd ed. San Francisco: Jossey-Bass.

Center for International Private Enterprise (CIPE). 1998. *Financial Management Handbook.* Washington, DC: CIPE.

Charan, R. 1998. *Boards at Work: How Corporate Boards Create Competitive Advantage.* San Francisco: Jossey-Bass.

Charan, R., S. Drotter, and J. Noel. 2001. *The Leadership Pipeline.* San Francisco: Jossey Bass.

CIPE. See Center for International Private Enterprise.

Conger, J. A., and B. Benjamin. 1999. *Building Leaders: How Successful Companies Develop the Next Generation.* San Francisco: Jossey-Bass.

Corwin, R. G., and K. S. Louis. 1982. "Organization Barriers to the Utilization of Research." *Administrative Sciences Quarterly* 27: 623 – 40.

Covello, J. A., and B. J. Hazelgren. 1995. *The Complete Book of Business Plans.* Naperville, IL: Sourcebooks.

Darling, M., C. Parry, and J. Moore. 2005. "Learning in the Thick of It." *Harvard Business Review*, July-August: 84 – 92.

Davies, Lee. 1997. "The NGO-Business Hybrid: Is the Private Sector the Answer?" Washington, DC: The Johns Hopkins University, Nitze School of Advanced International Studies.

Dees, J. G. 2001a. "Mobilizing Resources." In *Enterprising Nonprofits: A Toolkit for Social Entrepreneurs*, edited by J. G. Dees, J. Emerson, and P. Economy(63 – 102). New York: John Wiley & Sons.

——. 2001b. "Mastering the Art of Innovation." In *Enterprising*

Nonprofits: A Toolkit for Social Entrepreneurs, edited by J. G. Dees, J. Emerson, and P. Economy (161 - 98). New York: John Wiley & Sons.

Dees, J. G., J. Emerson, and P. Economy, eds. 2001. *Enterprising Nonprofits: A Toolkit for Social Entrepreneurs.* New York: John Wiley & Sons.

Dibble, S. 1999. *Keeping Your Valuable Employees: Retention Strategies for Your Organization's Most Important Resource.* New York: John Wiley & Sons.

Dolowitz, D., and D. Marsh. 1996. "Who Learns from Whom: A Review of the Policy Transfer Literature." *Political Studies* 44:343 - 57.

Dotlich, D. L., and P. C. Cairo. 1999. *Action Coaching.* San Francisco: Jossey-Bass.

Feulner, E. J. 1985. "Ideas, Think-Tanks, and Governments." *Quadrant*, November: 22 - 6.

Foster, W., and J. Bradach. 2005. "Should Nonprofits Seek Profits?" *Harvard Business Review*, February: 92 - 100.

Fox, C. J. 1991. "Employee Performance Appraisal: The Keystone Made of Clay." In *Public Personnel Management: Current Concerns, Future Challenges*, edited by C. Ban and N. Riccorci (58 - 71). New York: Longman.

Freedom House. 1999. *Think Tanks in Central and Eastern Europe: A Comprehensive Directory.* Budapest: Freedom House.

Garrett, J. L., and Y. Islam. 1998. *Policy Research and the Policy Process: Do the Twain Ever Meet?* Gatekeeper Series no. 5A74. Stockholm: IIED.

Glen, R. M. 1990. "Performance Appraisal: An Unnerving Yet Useful Process." *Public Personnel Management* 19(1):1 - 10.

Greenberg, D., D. Linksz, and M. Mandell. 2003. *Social*

Experimentation and Public Policymaking. Washington, DC: Urban Institute Press.

Hall, P. 1990. "Policy Paradigms, Experts and the State: The Case of Macro-economic Policy Making in Britain." In *Social Scientists, Policy and the State*, edited by S. Brooks and A.-G. Gagnon. New York: Praeger.

Hayes, J. 2005. "Feedback about Think Tanks—Report on the Findings." Washington, DC: Stratalys Research. E-mail communication.

Heneman, R. L. 2001. *Business-Driven Compensation Policies*. New York: American Management Association.

Herzberg, F. 1987. "One More Time: How Do You Motivate Employees?" *Harvard Business Review*, September-October: 109 – 20.

Heskett, J. L. 1987. "Lesson in the Service Sector." *Harvard Business Review*, March-April: 118 – 26.

Holland, T. P., and M. Blackmon. 2000. *Measuring Board Effectiveness: A Tool for Strengthening Your Board*. Washington, DC: National Center for Nonprofit Boards.

Huberman, M. 1994. "Research Utilization: The State of the Art." *Knowledge and Policy: The International Journal of Knowledge Transfer and Utilization* 7(4): 13 – 33.

Johnson, E. 2000. "Think Tanks in Sub-Saharan Africa." In *Think Tanks & Civil Societies*, edited by J. G. McGann and R. K. Weaver (465 – 90). New Brunswick, NJ: Transaction Publishers.

Kaplan, R. S., and D. P. Norton. 1992. "The Balanced Scorecard—Measures that Drive Performance." *Harvard Business Review*, January-February.

Karatnycky, A., A. Motyl, and B. Shor. 1997. *Nations in Transit 1997*. New Brunswick, NJ: Transaction Publishers.

Karel, F. 2000. "Getting the Word Out: A Foundation Memoir and

Personal Journey. "In *To Improve Health and Health Care: The Robert Wood Johnson Anthology*, edited by S. L. Isaccs and J. R. Knickman (23 – 51). Princeton, NJ: The Robert Wood Johnson Foundation.

Kellerman, B. 2004. "Leadership, Warts and All." *Harvard Business Review*, January: 40 – 45.

Kerr, S. 2003. "The Best-Laid Plans Incentive Plans." *Harvard Business Review*, January: 27 – 33.

Kingdon, J. 1984. *Agendas, Alternatives and Public Policies.* Boston: Little Brown & Co.

Kingsley, T. 1993. "Ideas for Managing a Japanese Think Tank." In *A Japanese Think Tank: Exploring Alternative Models*, edited by R. Struyk, M. Ueno, and T Suzuki(appendix D). Washington, DC: The Urban Institute.

Kitzi, J. 2001. "Recognizing and Assessing New Opportunities." In *Enterprising Nonprofits: A Toolkit for Social Entrepreneurs*, edited by J.G. Dees, J. Emerson, and P. Economy(43 – 62). New York: John Wiley & Sons.

Kotler, P. 2000. *Marketing Management.* 10th ed. Upper Saddle River, NJ: Prentice Hall.

Langsford, J. W., and K. L. Brownsey, eds. 1992. *Think Tanks and Governance in the Asia-Pacific Region.* Halifax, Nova Scotia: Institute for Research on Public Policy.

LaPiana, D. 1997. *Beyond Collaboration: Strategic Restructuring of Nonprofit Organizations.* Washington, DC: National Center for Nonprofit Boards.

Ledford, G. E. Jr. 1995. "Designing Nimble Reward Systems." *Compensation and Benefits Review*(July-August): 46 – 54.

Lee, C.1996. "Performance Appraisal." *Training* 33(5):44 – 59.

Lee, U. 2005. "Estonia's Policy Analysis Industry Grows Up." *Local*

Governance Brief, spring-summer: 37 - 38.

Leigh, A., and M. Maynard. 1995. *Leading Your Team: How to Involve and Inspire Teams.* London: Nicholas Brealey Publishing.

Letts, C.W., W.P. Ryan, and A. Grossman. 1999. *High Performance Nonprofit Organizations: Managing Upstream for Greater Impact.* New York: John Wiley & Sons.

Liebovitz, H., and L. Wherry. 2004. "Research to Practice: Evaluating *Assessing the New Federalism* Dissemination Activities." *Assessing the New Federalism* Discussion Paper 04 - 02. Washington, DC: The Urban Institute.

Light, P. C. 1998. *Sustaining Innovation: Creating Nonprofit and Government Organizations that Innovate Naturally.* San Francisco: Jossey-Bass.

——. 2000. *Making Nonprofits Work: A Report on the Tides of Nonprofit Management Reform.* Washington, DC: Brookings Institution Press.

Liner, B., H. Hatry, E. Vinson, R. Allen, P. Dusenbury, S. Bryant, and R. Snell. 2001. *Making Results-Based State Government Work.* Washington, DC: The Urban Institute.

Lomas, J. 1993. "Diffusion, Dissemination, and Implementation: Who Should Do What?" *Annals New York Academy of Sciences*, pp. 226 - 37.

Majeska, K. 2001. "Understanding and Attracting Your 'Customer.' " In *Enterprising Nonprofits: A Toolkit for Social Entrepreneurs*, edited by J.G. Dees, J. Emerson, and P. Economy(199 - 250). New York: John Wiley & Sons.

Maxwell, M.M. 1996. "New Ventures in a Nonprofit Environment." In *Alternative Revenue Sources: Prospects, Requirements and Concerns for Nonprofits*, edited by D. F. Burlingame and W. F. Ilchman. San

Francisco: Jossey-Bass.

McAdams, J. L., and E. J. Hawk. 1994. *Organizational Performance and Rewards*. Scottsdale, AZ: American Compensation Association.

McGann, J. 1999. "Think Tanks: Catalysts for Ideas in Action—An International Survey." Philadelphia: Foreign Policy Research Institute.

McMurtry, S. L., F. E. Netting, and P. M. Kettner. 1991. "How Nonprofits Adapt to a Stringent Environment," *Nonprofit Management & Leadership* 1(3):235 - 52.

Morse, K., and R. Struyk. 2006. *Policy Analysis for Effective Development: Strengthening Transition Economies*. Boulder, CO: Lynne Rienner Publishers.

Morse, K., M. Pinegina, C. Romanik, M. Shapiro, and R. Struyk. 2002. "In-Service Training in Public Policy for Russian Local Government Civil Servants and Advocacy NGO Staff." Report to the Institute for Urban Economics. Washington, DC: The Urban Institute.

Nadler, D. A. 2004. "Building Better Boards." *Harvard Business Review*, May: 102 - 11.

Nalbantian, H. R., and A. Szostak. 2004. "How Fleet Bank Fought Employee Flight." *Harvard Business Review*, April: 116 - 25.

Ness, J. A., and T. C. Cucuzza. 1995. "Tapping the Full Potential of ABC." *Harvard Business Review*, July-August.

Nicholson, N. 2003. "How to Motivate Your Problem People." *Harvard Business Review*, January: 57 - 65.

Perry, J. L. 1991. "Linking Pay to Performance: The Controversy Continues." In *Public Personnel Management: Current Concerns, Future Challenges*, edited by C. Ban and N. Riccorci(73 - 86). New York: Longman.

Platt, J. 1987. "Research Dissemination: A Case Study." *The Quarterly Journal of Social Affairs* 3(3):181 - 98.

Quigley, K. F. F. 1997. *For Democracy's Sake: Foundations and Democracy Assistance in Central Europe.* Washington, DC: The Woodrow Wilson Center Press.

Rabin, J., C. E. Teasley III, A. Finkle, and L. F. Carter. 1985. *Personnel: Managing Human Resources in the Public Sector.* San Diego: Harcourt Brace Jovanovich.

Rees, F. 2001. *How to Lead Work Teams.* San Francisco: Jossey-Bass, Pfeiffer.

Rich, A. 2001. "U. S. Think Tanks and the Intersection of Ideology, Advocacy, and Influence." *NIRA Review* 8(1):54 – 59.

Richman, B., and R. Struyk. 2002. "Local Administration of Social Assistance Programs in Russia." *International Journal of Public Administration* 25(6):773 – 804.

Robinson, M.K. 2001. *Nonprofit Boards that Work: The End of One-Size-Fits-All Governance.* New York: John Wiley & Sons.

Rothwell, W. J., and H. C. Kazanas. 1994. *Improving On-the-Job Training.* San Francisco: Jossey-Bass.

Saywell, D., and A. Cotton. 1999. *Spreading the Word: Practical Guidelines for Research Dissemination Strategies.* Leicestershire, UK: Loughborogh University. Available at www. lboro. ac. uk/wedc/ publications.

Shultz, S. F. 2001. *The Board Book: Making Your Corporate Board a Strategic Force in Your Company's Success.* New York: American Management Association.

Simons, R. 2005. "Defining High-Performance Jobs." *Harvard Business Review*, July-August: 55 – 62.

Singer, M.I., and J.A. Yankey. 1991. "Organizational Metamorphosis: A Study of Eighteen Nonprofit Mergers, Acquisitions, and Consolidations." *Nonprofit Management & Leadership* 1(4):57 – 69.

Slesinger, L. H. 1995. *Self-Assessment for Nonprofit Governing Boards.* Washington, DC: Center for Nonprofit Boards.

Smith, J. S. 1991. *The Idea Brokers: Think Tanks and the Rise of the New Policy Elite.* New York: The Free Press.

Stapleton, B. 1983. "Disseminating Social Services Research." *Research, Policy and Planning* 1(2):14 - 17.

Stone, D. 2000. "Non-Governmental Policy Transfer: The Strategies of Independent Policy Institutes." *Governance: An International Journal of Policy and Administration* 13(1):45 - 62.

Stone, D., with S. Maxwell and M. Keating. 2001. "Bridging Research and Policy." Paper presented at an International Workshop, Coventry, UK.

Stone, D., A. Denham, and M. Garnett. 1998. *Think Tanks across Nations: A Comparative Approach.* Manchester: Manchester University Press.

Stone, M. M., B. Bigelow, and W. Crittenden. 1999. "Research on Strategic Management in Nonprofit Organizations: Synthesis, Analysis, and Future Directions." *Administration & Society* 31(3):378 - 423.

Struyk, R. 1993. "Learning from the U.S. and European Experience." In *A Japanese Think Tank: Exploring Alternative Models*, edited by R. Struyk, M. Ueno, and T. Suzuki (31 - 55). Washington, DC: The Urban Institute.

——. 1999. *Reconstructive Critics: Think Tanks in Post-Soviet Bloc Democracies.* Washington, DC: Urban Institute Press.

——. 2001. "A Course in Program Evaluation: An Outline." Prepared for the National Institute for Research Advancement, Tokyo. Washington, DC: The Urban Institute.

Struyk, R., M. Ueno, and T. Suzuki. 1993. *A Japanese Think Tank: Exploring Alternative Models.* Washington, DC: The Urban Institute.

Sundquist, J. L. 1978. "Research Brokerage: The Weak Link." In *Knowledge and Policy: The Uncertain Connection*, edited by L. E. Lynn. Washington, DC: National Academy of Sciences.

Telgarsky, J., and M. Ueno, eds. 1996. *Think Tanks in a Democratic Society: An Alternative Voice.* Washion, DC: The Urban Institute.

Tschirbart, M. 1996. "Maintaining Legitimacy and Reputation through Impression Management." In *Alternative Revenue Sources: Prospects, Requirements and Concerns for Nonprofits*, edited by D.F. Burlingame and W.F. Ilchman(75 - 86). San Francisco: Jossey-Bass.

Wernet, S.P., and S. A. Jones. 1992. "Merger and Acquisition Activity between Nonprofit Social Service Organizations: A Case Study." *Nonprofit and Voluntary Sector Quarterly* 21(4):367 - 80.

Wheeler, T. L., and J. D. Hunger. 2000. *Strategic Management and Business Policy.* 7th ed. Upper Saddle River, NJ: Prentice Hall.

Wilson, T. 1994. *Innovative Reward Systems for the Changing Workplace.* New York: McGraw-Hill.

Young, D., and L. M. Salamon. 2002. "Commercialization, Social Ventures, and ForProfit Competition." In *The State of Nonprofit America*, edited by L. M. Salamon (423 - 46). Washington, DC: Brookings Institution Press.

附表1 智库中英文名称对照表

英文名称	中文名称	国别
Abt Associates	Abt联合公司	英国
Access Association	获取联盟(有限责任公司)	保加利亚
Agency for Social Analysis	社会分析局	保加利亚
Agroconsult Economic Consulting	农业经济咨询	匈牙利
American Enterprise Institute(AEI)	美国企业研究所	美国
Armenian Center for National and International Studies	亚美尼亚国内外事务中心	亚美尼亚
Brookings Institution	布鲁金斯学会	美国
Carnegie Endowment for International Peace	卡内基国际和平基金会	美国
Center for Democracy and Free Enterprise (CDFE)	民主与自由企业中心	捷克
Center for Ethnopolitical and Regional Research	种族政治与地区研究中心	俄罗斯
Center for European Policy Studies	欧洲政策研究中心	比利时
Center for Health Services Research	健康服务研究中心	亚美尼亚
Center for International Private Enterprise (CIPE)	国际私营企业中心	美国
Center for Liberal Strategies	自由战略中心	保加利亚
Center for Policy Studies-CEPOS	丹麦政治研究中心	丹麦
Center for Political Studies and Comparative Analysis	政治研究与比较分析中心	罗马尼亚

续表

英文名称	中文名称	国别
Center for Political Technologies	政治科技中心	俄罗斯
Center for Russian Environmental Policy	俄罗斯环境政策中心	俄罗斯
Center for Security and Defense Studies	安全及国防研究中心	匈牙利
Center for Security Studies	安全研究中心	波斯尼亚和黑塞哥维那（波黑）
Center for Social and Economic Research (CASE)	社会经济研究中心	波兰
Center for Social Practices	社会实践中心	保加利亚
Center for Strategic and International Studies	战略与国际研究中心	美国
Center for Strategic Studies—XXI Century Foundation	战略研究中心——21 世纪基金会	保加利亚
Center for the Study of Democracy (CSD)	民主研究中心	保加利亚
Center for the Study of Social and Political Change—Sofia Foundation	社会与政治变革研究中心——索菲亚分部	保加利亚
Council on Foreign Relations (CFR)	外交关系协会	美国
Crakow Real Estate Institute	克拉科夫不动产研究所	波兰
E-A Ratings Service	E-A 评级服务公司	俄罗斯
Economic Institute of Sarajevo	萨拉热窝经济研究所	波斯尼亚和黑塞哥维那（波黑）
Economic Policy Planning Unit	经济政策规划组	波斯尼亚和黑塞哥维那（波黑）
Economics 2000	经济学 2000	保加利亚
Economics Institute of Banja Luka	巴尼亚卢卡经济研究所	波斯尼亚和黑塞哥维那（波黑）
EpiCenter: Center for Political and Economic Research	Epi 中心:政治与经济研究中心	俄罗斯

续表

英文名称	中文名称	国别
European Information Correspondents Center for Bulgaria	保加利亚欧洲信息通讯员中心	保加利亚
Expert Institute	专家研究所	俄罗斯
Expert Institute of the Russian Union of Industrialists and Entrepreneurs	俄罗斯产业与企业家同盟研究所	俄罗斯
Foundation for Market Economy	市场经济基金会	匈牙利
Foundation for Small Enterprise Economic Development	小型企业经济发展基金会	匈牙利
Freedom House	民主之家	美国
Fund of Efficient Politics	有效政治基金	俄罗斯
Gdansk Institute for Market Economics	格但斯克市场经济研究所	波兰
GKI Economic Research Company	GKI 经济研究公司	匈牙利
Heritage Foundation	传统基金会	美国
Hoover Institution	胡佛研究所	美国
Ianko Sakazov Foundation	埃尔克·赛凯洛韦基金会	保加利亚
Institute for Development Policy and Management	发展政策与管理研究所	英国
Institute for Economic Research	经济研究中心	德国
Institute for International Economics	皮特森国际经济研究所	美国
Institute for Market Economy	市场经济研究所	保加利亚
Institute for Strategic Analysis and Development of Entrepreneurship (ISAPP)	企业家精神战略分析与发展研究所	俄罗斯
Institute for the Economy in Transition (IET)	转型经济研究所	俄罗斯
Institute for Urban Economics (IUE)	城市经济研究所	俄罗斯
Institute fuer Wirtschaft Forschung(Institute for Economic Research)	经济研究所	德国
Institute of Central European Studies	中欧研究所	匈牙利

续表

英文名称	中文名称	国别
Institute of Economic Transition	经济转型研究所	俄罗斯
International Center for Policy Studies	国际政策研究中心	乌克兰
International Fund for Economic and Social Reforms (Fund Reforma)	经济与社会改革国际基金会(改革基金会)	俄罗斯
Magistros Physicians Association	马吉斯托茨医师协会	亚美尼亚
MDRC (Manpower Demonstration Research Corporation)	人力示范研究公司	美国
Metropolitan Research Institute (MRI)	大都会研究所	匈牙利
Open Society Institute	开放社会研究所	美国
Public Policy Institute	公共政策研究所	匈牙利
Research Company	Research 公司	匈牙利
St. Petersburg Center for Humanities and Political Science Strategy	圣彼得堡人文科学与政治科学战略研究中心	俄罗斯
Standard & Poor's (S&P)	标准普尔	美国
Stockholm International Peace Institute	斯德哥尔摩国际和平研究所	瑞典
Szazadveg Political School and Policy Research Center	匈牙利世纪末基金会政治学校与政策研究中心	匈牙利
TARKI-Social Research Institute(Association for Social Research and Information-TARKI)	TARKI 社会研究所	匈牙利
Transformation Society Research Institute	转型社会研究所	亚美尼亚
Urban Institute	城市研究所	美国
Viitorul Foundation	维托鲁基金会	摩尔多瓦
Vitosha Research (VR)	维托沙研究所	保加利亚

附表2　人名对照表

中文名	英文名
艾勒姆	Islam
埃默森	Emerson
安德烈·卡卡林	Khakhalin, Andrei
安德烈·莫尔恰诺夫	Molchanov, Andrei
安德烈·苏科	Suchkov, Andrei
安德鲁·里奇	Rich, Andrew
巴达克	Bardach
班恩	Ban
邦克德	Bunkder
鲍舍	Bowsher
鲍勃·普拉年斯基	Planansky, Bob
鲍里斯·涅姆佐夫	Nemstov, Boris
鲍里斯·叶利钦	Yeltsin, Boris
巴特勒	Butler
本杰明	Benjamin
比奇洛	Bigelow
伯顿·里奇曼	Richman, Burton
博洛迪亚·安奥波克金	Anopochkin, Volodia
伯林盖姆	Burlingame
布莱克蒙	Blackmon

续表

中文名	英文名
布赖森	Bryson
布朗西	Brownsey
布劳达奇	Bradach
布鲁克纳	Bruckner
布伦	Bullen
查兰	Charan
理查德・琼斯	Jones，Richard
戴维斯	Davies
达林	Darling
道洛维茨	Dolowitz
德纳姆	Denham
迪布尔	Dibble
迪马・戈夫曼	Gofman，Dima
迪赛拉瓦・赛特科夫	Petkov，Dessislava
迪斯	Dees
多特利奇	Dotlich
费尔曼	Faerman
福克斯	Fox
弗拉基米尔・加赛卡	Gasyak，Vladimir
福斯特	Foster
福伊尔纳	Feulner
戈勒姆・W	W. Gorham
格林伯格	Greenberg
格伦	Glen
格罗斯曼	Grossman
哈罗德・利波维茨	Liebovitz，Harold

续表

中文名	英文名
赫茨伯格	Herzberg
黑兹尔格伦	Hazelgren
亨格	Hunger
赫尼曼	Heneman
赫斯克特	Heskett
惠勒	Wheeler
霍尔	Hall
霍克	Hawk
霍兰	Holland
加博尔・皮泰里	Péteri，Gábor
加勒特	Garrett
加林娜・高利科瓦	Golenkova，Galina
加尼特	Garnett
基茨	Kitzi
杰夫・海斯	Hayes，Jeff
杰弗瑞・P. 泰尔加斯卡	Telgarsky，Jfeerey P.
金顿	Kingdon
基廷	Keating
卡弗	Carver
凯勒曼	Kellerman
凯瑟琳・库里耶	Courrier，Kathleen
凯特纳	Kettner
凯赞纳斯	Kazanas
卡拉特尼茨基	Karatnycky
卡雷尔	Karel
卡萨日瓦・B. 娜杰日达	Kosareva，Nadezhda B.
康格	Conger

续表

中文名	英文名
卡伊罗	Cairo
科顿	Cotton
克尔	Kerr
克莱姆	Kram
克里滕登	Crittenden
克里斯廷·莫尔斯	Morse，Kristin
科特勒	Kotler
科韦洛	Covello
科温	Corwin
库库扎	Cucuzza
莱茨	Letts
莱德弗	Ledford
莱特	Light
兰斯福德	Langsford
劳拉·梅克勒	Meckler，Laura
劳拉·惠里	Wherry，Laura
雷宾	Rabin
雷蒙德·J. 斯特鲁伊克	Struyk，Raymond J.
李	Lee
利	Leigh
理查德·琼斯	Richard Jones
列多夫斯基·M. Yu	M. Yu. Ledovskiy
里库奇	Riccucci
莉娜·贝罗泽斯卡娅	Belozerskaya，Lena
莉娜·赛多娃	Sedova，Lena
莉娜·吉马娃	Khamova，Lena
莉娜·马卡娃	Makhova，Lena

续表

中文名	英文名
林茨	Linksz
利嫩	Liner
丽莎·勒维娜	Levina，Liza
里斯	Rees
鲁滨逊	Robinson
罗伯特·D. 赖肖尔	Reischauer，Robert D.
罗伯特·史密斯	Smith，Robert
洛马斯	Lomas
罗纳德	Reagan，Ronald
罗思韦尔	Rothwell
罗特	Drotter
路易斯	Louis
麦根	McGann
麦克默特里	McMurtry
迈克尔·哈里顿	Harrington，Michael
麦克亚当斯	McAdams
马克斯韦尔	Maxwell
曼德尔	Mandell
马什	Marsh
马耶斯卡	Majeska
梅纳德	Maynard
莫尔斯	Morse
莫泰尔	Motyl
穆尔	Moore
纳巴蒂娜	Nalbantian
内斯	Ness
妮廷	Netting

续表

中文名	英文名
诺埃尔	Noel
帕里	Parry
培根	Bacon
皮亚纳	LaPiana
普拉特	Platt
乔治·M.格斯	Guess，George M.
乔治·扎多斯卡	Zadonsky，Georgy
奇尔贝特	Tschirbart
琼斯	Jones
奎格利	Quigley
瑞安	Ryan
赛韦尔	Saywell
萨拉蒙	Salamon
萨莎·普扎诺夫	Puzanov，Sasha
森德奎斯特	Sundquist
绍斯塔克	Szostak
施莱辛格	Slesinger
史密斯	Smith
舒尔茨	Shultz
西蒙斯	Simons
斯特普尔顿	Stapleton
斯通	Stone
苏祖基	Suzuki
塔蒂亚娜·库塔科娃	Kutakova，Tatiana
塔蒂亚娜·扎科瓦	Zykova，Tatiana
廷	Ting
威尔逊	Wilson

续表

中文名	英文名
维克多·亚萨尼	Yashanin，Victor
沃内特	Wernet
肖尔	Shor
辛格	Singer
休伯曼	Huberman
亚霍瑞纳	Jahorina
扬	Young
扬克	Yankey
叶连娜·叶拉金娜	Elagina，Elena
伊尔西曼	Ilchman
伊戈尔·罗米	Rumiantsev，Igor
伊科诺米	Economy
伊拉·托斯托瓦	Tolstova，Ira
尤恩奥	Ueno
约翰·罗杰斯	Rogers，John
约翰逊	Johnson

凤凰文库书目

一、马克思主义研究系列

《走进马克思》 孙伯 张一兵 主编
《回到马克思:经济学语境中的哲学话语》 张一兵 著
《当代视野中的马克思》 任平 著
《回到列宁:关于"哲学笔记"的一种后文本学解读》 张一兵 著
《回到恩格斯:文本、理论和解读政治学》 胡大平 著
《国外毛泽东学研究》 尚庆飞 著
《重释历史唯物主义》 段忠桥 著
《资本主义理解史》(6卷) 张一兵 主编
《阶级、文化与民族传统:爱德华·P. 汤普森的历史唯物主义思想研究》 张亮 著
《形而上学的批判与拯救》 谢永康 著
《21世纪的马克思主义哲学创新:马克思主义哲学中国化与中国化马克思主义哲学》 李景源 主编
《科学发展观与和谐社会建设》 李景源 吴元梁 主编
《科学发展观:现代性与哲学视域》 姜建成 著
《西方左翼论当代西方社会结构的演变》 周穗明 王玫 等著
《历史唯物主义的政治哲学向度》 张文喜 著
《信息时代的社会历史观》 孙伟平 著
《从斯密到马克思:经济哲学方法的历史性阐释》 唐正东 著
《构建和谐社会的政治哲学阐释》 欧阳英 著
《正义之后:马克思恩格斯正义观研究》 王广 著
《后马克思主义思想史》 [英]斯图亚特·西姆 著 吕增奎 陈红 译
《后马克思主义与文化研究:理论、政治与介入》 [英]保罗·鲍曼 著 黄晓武 译
《市民社会的乌托邦:马克思主义的社会历史哲学阐释》 王浩斌 著
《唯物史观与人的发展理论》 陈新夏 著
《西方马克思主义与苏联:1917年以来的批评理论和争论概览》 [荷]马歇尔·范·林登 著 周穗明 译 翁寒松 校
《物与无:物化逻辑与虚无主义》 刘森林 著

二、政治学前沿系列

《公共性的再生产:多中心治理的合作机制建构》 孔繁斌 著
《合法性的争夺:政治记忆的多重刻写》 王海洲 著
《民主的不满:美国在寻求一种公共哲学》 [美]迈克尔·桑德尔 著 曾纪茂 译
《权力:一种激进的观点》 [英]斯蒂芬·卢克斯 著 彭斌 译
《正义与非正义战争:通过历史实例的道德论证》 [美]迈克尔·沃尔泽 著 任辉献 译
《自由主义与现代社会》 [英]理查德·贝拉米 著 毛兴贵 等译
《左与右:政治区分的意义》 [意]诺贝托·博比奥 著 陈高华 译
《自由主义中立性及其批评者》 [美]布鲁斯·阿克曼 等著 应奇 编
《公民身份与社会阶级》 [英]T. H. 马歇尔 等著 郭忠华 刘训练 编
《当代社会契约论》 [美]约翰·罗尔斯 等著 包利民 编

《马克思与诺齐克之间》 [英]G. A. 柯亨 等著 吕增奎 编
《美德伦理与道德要求》 [英]欧若拉·奥尼尔 等著 徐向东 编
《宪政与民主》 [英]约瑟夫·拉兹 等著 佟德志 编
《自由多元主义的实践》 [美]威廉·盖尔斯敦 著 佟德志 苏宝俊 译
《国家与市场:全球经济的兴起》 [美]赫尔曼·M. 施瓦茨 著 徐佳 译
《税收政治学:一种比较的视角》 [美]盖伊·彼得斯 著 郭为桂 黄宁莺 译
《控制国家:从古雅典至今的宪政史》 [美]斯科特·戈登 著 应奇 陈丽微 孟军 李勇 译
《社会正义原则》 [英]戴维·米勒 著 应奇 译
《现代政治意识形态》 [澳]安德鲁·文森特 著 袁久红 译
《新社会主义》 [加拿大]艾伦·伍德 著 尚庆飞 译
《政治的回归》 [英]尚塔尔·墨菲 著 王恒 臧佩洪 译
《自由多元主义》 [美]威廉·盖尔斯敦 著 佟德志 庞金友 译
《政治哲学导论》 [英]亚当·斯威夫特 著 佘江涛 译
《重新思考自由主义》 [英]理查德·贝拉米 著 王萍 傅广生 周春鹏 译
《自由主义的两张面孔》 [英]约翰·格雷 著 顾爱彬 李瑞华 译
《自由主义与价值多元论》 [英]乔治·克劳德 著 应奇 译
《帝国:全球化的政治秩序》 [美]麦克尔·哈特 [意]安东尼奥·奈格里 著 杨建国 范一亭 译
《反对自由主义》 [美]约翰·凯克斯 著 应奇 译
《政治思想导读》 [英]彼得·斯特克 大卫·韦戈尔 著 舒小昀 李霞 赵勇 译
《现代欧洲的战争与社会变迁:大转型再探》 [英]桑德拉·哈尔珀琳 著 唐皇凤 武小凯 译
《道德原则与政治义务》 [美]约翰·西蒙斯 著 郭为桂 李艳丽 译
《政治经济学理论》 [美]詹姆斯·卡波拉索 戴维·莱文著 刘骥 等译
《民主国家的自主性》 [英]埃里克·A. 诺德林格 著 孙荣飞 等译
《强社会与弱国家:第三世界的国家社会关系及国家能力》 [英]乔·米格德尔 著 张长东 译
《驾驭经济:英国与法国国家干预的政治学》 [美]彼得·霍尔 著 刘骥 刘娟凤 叶静 译
《社会契约论》 [英]迈克尔·莱斯诺夫 著 刘训练 等译
《共和主义:一种关于自由与政府的理论》 [澳]菲利普·佩蒂特 著 刘训练 译
《至上的美德:平等的理论与实践》 [美]罗纳德·德沃金 著 冯克利 译
《原则问题》 [美]罗纳德·德沃金 著 张国清 译
《社会正义论》 [英]布莱恩·巴利 著 曹海军 译
《马克思与西方政治思想传统》 [美]汉娜·阿伦特 著 孙传钊 译
《作为公道的正义》 [英]布莱恩·巴利 著 曹海军 允春喜 译
《古今自由主义》 [美]列奥·施特劳斯 著 马志娟 译
《公平原则与政治义务》 [美]乔治·格劳斯科 著 毛兴贵 译
《谁统治:一个美国城市的民主和权力》 [美]罗伯特·A. 达尔 著 范春辉 等译
《论伦理精神》 张康之 著
《人权与帝国:世界主义的政治哲学》 [英]科斯塔斯·杜兹纳 著 辛亨复 译
《阐释和社会批判》 [美]迈克尔·沃尔泽 著 任辉献 段鸣玉 译
《全球时代的民族国家:吉登斯讲演录》 [英]安东尼·吉登斯 著 郭忠华 编
《当代政治哲学名著导读》 应奇 主编
《拉克劳与墨菲:激进民主想象》 [美]安娜·M. 史密斯 著 付琼 译
《英国新左派思想家》 张亮 编
《第一代英国新左派》 [英]迈克尔·肯尼 著 李永新 陈剑 译

《转向帝国:英法帝国自由主义的兴起》 [美]珍妮弗·皮茨 著 金毅 许鸿艳 译
《论战争》 [美]迈克尔·沃尔泽 著 任辉献 段鸣玉 译
《现代性的谱系》 张凤阳 著
《近代中国民主观念之生成与流变:一项观念史的考察》 闾小波 著
《阿伦特与现代性的挑战》 [美]塞瑞娜·潘琳 著 张云龙 译
《政治人:政治的社会基础》 [美]西摩·马丁·李普塞特 著 郭为桂 林娜 译
《社会中的国家:国家与社会如何相互改变与相互构成》 [美]乔尔·S.米格代尔 著 李杨 郭一聪 译 张长东 校
《伦理、文化与社会主义:英国新左派早期思想读本》 张亮 熊婴 编

三、纯粹哲学系列

《哲学作为创造性的智慧:叶秀山西方哲学论集(1998—2002)》 叶秀山 著
《真理与自由:康德哲学的存在论阐释》 黄裕生 著
《走向精神科学之路:狄尔泰哲学思想研究》 谢地坤 著
《从胡塞尔到德里达》 尚杰 著
《海德格尔与存在论历史的解构:〈现象学的基本问题〉引论》 宋继杰 著
《康德的信仰:康德的自由、自然和上帝理念批判》 赵广明 著
《宗教与哲学的相遇:奥古斯丁与托马斯·阿奎那的基督教哲学研究》 黄裕生 著
《理念与神:柏拉图的理念思想及其神学意义》 赵广明 著
《时间性:自身与他者——从胡塞尔、海德格尔到列维纳斯》 王恒 著
《意志及其解脱之路:叔本华哲学思想研究》 黄文前 著
《真理之光:费希特与海德格尔论 SEIN》 李文堂 著
《归隐之路:20 世纪法国哲学的踪迹》 尚杰 著
《胡塞尔直观概念的起源:以意向性为线索的早期文本研究》 陈志远 著
《幽灵之舞:德里达与现象学》 方向红 著
《形而上学与社会希望:罗蒂哲学研究》 陈亚军 著
《福柯的主体解构之旅:从知识考古学到"人之死"》 刘永谋 著
《中西智慧的贯通:叶秀山中国哲学文化论集》 叶秀山 著
《学与思的轮回:叶秀山 2003—2007 年最新论文集》 叶秀山 著
《返回爱与自由的生活世界:纯粹民间文学关键词的哲学阐释》 户晓辉 著
《心的秩序:一种现象学心学研究的可能性》 倪梁康 著
《生命与信仰:克尔凯郭尔假名写作时期基督教哲学思想研究》 王齐 著
《时间与永恒:论海德格尔哲学中的时间问题》 黄裕生 著
《道路之思:海德格尔的"存在论差异"思想》 张柯 著
《启蒙与自由:叶秀山论康德》 叶秀山 著
《自由、心灵与时间:奥古斯丁心灵转向问题的文本学研究》 张荣 著
《回归原创之思:"象思维"视野下的中国智慧》 王树人 著

四、宗教研究系列

《汉译佛教经典哲学研究》(上下卷) 杜继文 著
《中国佛教通史》(15 卷) 赖永海 主编
《中国禅宗通史》 杜继文 魏道儒 著
《佛教史》 杜继文 主编

《道教史》 卿希泰 唐大潮 著
《基督教史》 王美秀 段琦 等著
《伊斯兰教史》 金宜久 主编
《中国律宗通史》 王建光 著
《中国唯识宗通史》 杨维中 著
《中国净土宗通史》 陈扬炯 著
《中国天台宗通史》 潘桂明 吴忠伟 著
《中国三论宗通史》 董群 著
《中国华严宗通史》 魏道儒 著
《中国佛教思想史稿》(3卷) 潘桂明 著
《禅与老庄》 徐小跃 著
《中国佛性论》 赖永海 著
《禅宗早期思想的形成与发展》 洪修平 著
《基督教思想史》 [美]胡斯都·L. 冈察雷斯 著 陈泽民 孙汉书 司徒桐 莫如喜 陆俊杰 译
《圣经历史哲学》(上下卷) 赵敦华 著
《禅宗早期思想的形成与发展》 洪修平 著
《如来藏与中国佛教》 杨维中 著

五、人文与社会系列

《环境与历史:美国和南非驯化自然的比较》 [美]威廉·贝纳特 彼得·科茨 著 包茂红 译
《阿伦特为什么重要》 [美]伊丽莎白·扬-布鲁尔 著 刘北成 刘小鸥 译
《现代性的哲学话语》 [德]于尔根·哈贝马斯 著 曹卫东 等译
《追寻美德:伦理理论研究》 [美]A. 麦金太尔 著 宋继杰 译
《现代社会中的法律》 [美]R. M. 昂格尔 著 吴玉章 周汉华 译
《知识分子与大众:文学知识界的傲慢与偏见,1880—1939》 [英]约翰·凯里 著 吴庆宏 译
《自我的根源:现代认同的形成》 [加拿大]查尔斯·泰勒 著 韩震 等译
《社会行动的结构》 [美]塔尔科特·帕森斯 著 张明德 夏遇南 彭刚 译
《文化的解释》 [美]克利福德·格尔茨 著 韩莉 译
《以色列与启示:秩序与历史(卷1)》 [美]埃里克·沃格林 著 霍伟岸 叶颖 译
《城邦的世界:秩序与历史(卷2)》 [美]埃里克·沃格林 著 陈周旺 译
《战争与和平的权利:从格劳秀斯到康德的政治思想与国际秩序》 [美]理查德·塔克 著 罗炯 等译
《人类与自然世界:1500—1800年间英国观念的变化》 [英]基思·托马斯 著 宋丽丽 译
《男性气概》 [美]哈维·C. 曼斯菲尔德 著 刘玮 译
《黑格尔》 [加拿大]查尔斯·泰勒 著 张国清 朱进东 译
《社会理论和社会结构》 [美]罗伯特·K. 默顿 著 唐少杰 齐心 等译
《个体的社会》 [德]诺贝特·埃利亚斯 著 翟三江 陆兴华 译
《象征交换与死亡》 [法]让·波德里亚著 车槿山 译
《实践感》 [法]皮埃尔·布迪厄 著 蒋梓骅 译
《关于马基雅维里的思考》 [美]利奥·施特劳斯 著 申彤 译
《正义诸领域:为多元主义与平等一辩》 [美]迈克尔·沃尔泽 著 褚松燕 译
《传统的发明》 [英]E. 霍布斯鲍姆 T. 兰格 著 顾杭 庞冠群 译
《元史学:十九世纪欧洲的历史想象》 [美]海登·怀特 著 陈新 译

《卢梭问题》 [德]恩斯特·卡西勒 著 王春华 译
《自足语义学:为语义最简论和言语行为多元论辩护》 [挪威] 赫尔曼·开普兰 [美]厄尼·利珀尔 著 周允程 译
《历史主义的兴起》 [德]弗里德里希·梅尼克 著 陆月宏 译
《权威的概念》 [法]亚历山大·科耶夫 著 姜志辉 译

六、海外中国研究系列

《帝国的隐喻:中国民间宗教》 [英]王斯福 著 赵旭东 译
《王弼〈老子注〉研究》 [德]瓦格纳 著 杨立华 译
《章学诚思想与生平研究》 [美]倪德卫 著 杨立华 译
《中国与达尔文》 [美]詹姆斯·里夫 著 钟永强 译
《千年末世之乱:1813年八卦教起义》 [美]韩书瑞 著 陈仲丹 译
《中华帝国后期的欲望与小说叙述》 黄卫总 著 张蕴爽 译
《私人领域的变形:唐宋诗词中的园林与玩好》 [美]王晓山 著 文韬 译
《六朝精神史研究》 [日]吉川忠夫 著 王启发 译
《中国社会史》 [法]谢和耐 著 黄建华 黄迅余 译
《大分流:欧洲、中国及现代世界经济的发展》 [美]彭慕兰 著 史建云 译
《近代中国的知识分子与文明》 [日]佐藤慎一 著 刘岳兵 译
《转变的中国:历史变迁与欧洲经验的局限》 [美]王国斌 著 李伯重 连玲玲 译
《中国近代思维的挫折》 [日]岛田虔次 著 甘万萍 译
《为权力祈祷》 [加拿大]卜正民 著 张华 译
《洪业:清朝开国史》 [美]魏斐德 著 陈苏镇 薄小莹 译
《儒教与道教》 [德]马克斯·韦伯 著 洪天富 译
《革命与历史:中国马克思主义历史学的起源,1919—1937》 [美]德里克 著 翁贺凯 译
《中华帝国的法律》 [美]D. 布朗 等著 朱勇 译
《文化、权力与国家》 [美]杜赞奇 著 王福明 译
《中国的亚洲内陆边疆》 [美]拉铁摩尔 著 唐晓峰 译
《古代中国的思想世界》 [美]史华兹 著 程钢 译 刘东 校
《中国近代经济史研究:明末海关财政与通商口岸市场圈》 [日]滨下武志 著 高淑娟 孙彬 译
《中国美学问题》 [美]苏源熙 著 卞东坡 译 张强强 朱霞欢 校
《翻译的传说:构建中国新女性形象》 胡缨 著 龙瑜宬 彭珊珊 译
《〈诗经〉原意研究》 [日]家井真 著 陆越 译
《缠足:"金莲崇拜"盛极而衰的演变》 [美]高彦颐 著 苗延威 译
《从民族国家中拯救历史:民族主义话语与中国现代史研究》 [美]杜赞奇 著 王宪明 高继美 李海燕 李点 译
《传统中国日常生活中的协商:中古契约研究》 [美]韩森 著 鲁西奇 译
《欧几里得在中国:汉译〈几何原本〉的源流与影响》 [荷]安国风 著 纪志刚 郑诚 郑方磊 译
《毁灭的种子:二战及战后的国民党中国》 [美]易劳逸 著 王建朗 王贤知 贾维 译
《理解农民中国:社会科学哲学的案例研究》 [美]李丹 著 张天虹 张胜波 译
《18世纪的中国社会》 [美]韩书瑞 罗友枝 著 陈仲丹 译
《开放的帝国:1600年的中国历史》 [美]韩森 著 梁侃 邹劲风 译
《中国人的幸福观》 [德]鲍吾刚 著 严蓓雯 韩雪临 伍德祖 译
《明代乡村纠纷与秩序》 [日]中岛乐章 著 郭万平 高飞 译

《朱熹的思维世界》 [美]田浩 著
《礼物、关系学与国家:中国人际关系与主体建构》 杨美慧 著 赵旭东 孙珉 译 张跃宏 校
《美国的中国形象:1931—1949》 [美]克里斯托弗·杰斯普森 著 姜智芹 译
《清代内河水运史研究》 [日] 松浦章 著 董科 译
《中国的经济革命:20 世纪的乡村工业》 [日]顾琳 著 王玉茹 张玮 李进霞 译
《明清时代东亚海域的文化交流》 [日]松浦章 著 郑洁西 译
《皇帝和祖宗:华南的国家与宗族》 科大卫 著 卜永坚 译
《中国善书研究》 [日]酒井忠夫 著 刘岳兵 何莺莺 孙雪梅 译
《大萧条时期的中国:市场、国家与世界经济》 [日]城山智子 著 孟凡礼 尚国敏 译
《虎、米、丝、泥:帝制晚期华南的环境与经济》 [美]马立博 著 王玉茹 译
《矢志不渝:明清时期的贞女现象》 [美]卢苇菁 著 秦立彦 译
《山东叛乱:1774 年的王伦起义》 [美]韩书瑞 著 刘平 唐雁超 译
《一江黑水:中国未来的环境挑战》 [美]易明 著 姜智芹 译
《施剑翘复仇案:民国时期公众同情的兴起与影响》 [美]林郁沁 著 陈湘静 译
《工程国家:民国时期(1927－1937)的淮河治理及国家建设》 [美]戴维·艾伦·佩兹 著 姜智芹 译
《西学东渐与中国事情》 [日]增田涉 著 周启乾 译
《铁泪图:19 世纪中国对于饥馑的文化反应》 [美]艾志端 著 曹曦 译
《危险的边疆:游牧帝国与中国》 [美]巴菲尔德 著 袁剑 译
《华北的暴力与恐慌:义和团运动前夕基督教传播和社会冲突》 [德]狄德满 著 崔华杰 译
《历史宝筏:过去、西方与中国的妇女问题》 [美]季家珍 著 杨可 译
《姐妹们与陌生人:上海棉纱厂女工,1919—1949》 [美]艾米莉·洪尼格 著 韩慈 译
《银线:19 世纪的世界与中国》 林满红 著 詹庆华 林满红 译
《寻求中国民主》 [澳]冯兆基 著 刘悦斌 徐硙 著
《中国乡村的基督教:1860—1900 江西省的冲突与适应》 [美]史维东 著 吴薇 译
《认知变异:反思人类心智的统一性与多样性》 [英]G. E. R. 劳埃德 著 池志培 译
《假想的满大人:同情、现代性与中国疼痛》 [美]韩瑞 著 袁剑 译
《男性特质论:中国的社会与性别》 [澳]雷金庆 著 [澳]刘婷 译
《中国的捐纳制度与社会》 伍跃 著
《文书行政的汉帝国》 [日]富谷至 著 刘恒武 孔李波 译
《城市里的陌生人:中国流动人口的空间、权力与社会网络的重构》 [美]张骊 著 袁长庚 译
《重读中国女性生命故事》 游鉴明 胡缨 季家珍 主编
《跨太平洋位移:20 世纪美国文学中的民族志、翻译和文本间旅行》 黄运特 著 陈倩 译

七、历史研究系列

《中国近代通史》(10 卷) 张海鹏 主编
《极端的年代》 [英]艾瑞克·霍布斯鲍姆 著 马凡 等 译
《漫长的 20 世纪》 [意]杰奥瓦尼·阿瑞基 著 姚乃强 译
《在传统与变革之间:英国文化模式溯源》 钱乘旦 陈晓律 著
《世界现代化历程》(10 卷) 钱乘旦 主编
《近代以来日本的中国观》(6 卷) 杨栋梁 主编
《中华民族凝聚力的形成与发展》 卢勋 杨保隆 等著
《明治维新》 [英]威廉·G. 比斯利 著 张光 汤金旭 译

《在垂死皇帝的王国:世纪末的日本》 [美]诺玛·菲尔德 著　曾霞 译
《戊戌政变的台前幕后》 马勇 著
《战后东北亚主要国家间领土纠纷与国际关系研究》 李凡 著

八、当代思想前沿系列

《世纪末的维也纳》 [美]卡尔·休斯克 著　李锋 译
《莎士比亚的政治》 [美]阿兰·布鲁姆 哈瑞·雅法 著　潘望 译
《邪恶》 [英]玛丽·米奇利 著　陆月宏 译
《知识分子都到哪里去了:对抗 21 世纪的庸人主义》 [英]弗兰克·富里迪 著　戴从容 译
《资本主义文化矛盾》 [美]丹尼尔·贝尔 著　严蓓雯 译
《流动的恐惧》 [英]齐格蒙特·鲍曼 著　谷蕾 杨超 等译
《流动的生活》 [英]齐格蒙特·鲍曼 著　徐朝友 译
《流动的时代:生活于充满不确定性的年代》 [英]齐格蒙特·鲍曼 著　谷蕾　武媛媛 译
《未来的形而上学》 [美]爱莲心 著　余日昌 译
《感受与形式》 [美]苏珊·朗格 著　高艳萍 译
《资本主义及其经济学:一种批判的历史》 [美]道格拉斯·多德 著　熊婴 译　刘思云 校

九、教育理论研究系列

《教育研究方法导论》 [美]梅雷迪斯·D. 高尔等 著　许庆豫等 译
《教育基础》 [美]阿伦·奥恩斯坦 著　杨树兵等 译
《教育伦理学》 贾馥茗 著
《认知心理学》 [美]罗伯特·L. 索尔索 著　何华等 译
《现代心理学史》 [美]杜安·P. 舒尔茨 著　叶浩生等 译
《学校法学》 [美]米歇尔·W. 拉莫特 著　许庆豫等 译

十、艺术理论研究系列

《另类准则:直面 20 世纪艺术》 [美]列奥·施坦伯格 著　沈语冰 刘凡 谷光曙 译
《弗莱艺术批评文选》 [英]罗杰·弗莱 著　沈语冰 译
《当代艺术的主题:1980 年以后的视觉艺术》 [美]简·罗伯森 克雷格·迈克丹尼尔 著　匡骁 译
《艺术与物性:论文与评论集》 [美]迈克尔·弗雷德 著　张晓剑 沈语冰 译
《现代生活的画像:马奈及其追随者艺术中的巴黎》 [英]T. J. 克拉克 著　沈语冰 诸葛沂 译
《自我与图像》 [英]艾美利亚·琼斯 著　刘凡 谷光曙 译
《艺术社会学》 [英]维多利亚·D. 亚历山大 著　章浩 沈杨 译

十一、中国经济问题研究系列

《中国经济的现代化:制度变革与结构转型》 肖耿 著
《世界经济复苏与中国的作用》 [英]傅晓岚 编　蔡悦等 译
《中国未来十年的改革之路》 《比较》研究室 编